雁苑文丛·甘肃文旅高质量发展研究系列

高亚芳◎主编

黄河流域旅游业
高质量发展研究

田小波◎著

中国经济出版社
CHINA ECONOMIC PUBLISHING HOUSE
·北 京·

图书在版编目（CIP）数据

黄河流域旅游业高质量发展研究/ 田小波著 .
北京：中国经济出版社，2024. 12（2025. 4 重印）. --ISBN 978-7
-5136-8022-6

Ⅰ. F592. 7

中国国家版本馆 CIP 数据核字第 20246EN375 号

责任编辑　郭国玺
责任印制　李　伟
封面设计　任燕飞工作室

出版发行　中国经济出版社
印 刷 者　北京艾普海德印刷有限公司
经 销 者　各地新华书店
开　　本　710mm×1000mm　1/16
印　　张　17. 25
字　　数　282 千字
版　　次　2024 年 12 月第 1 版
印　　次　2025 年 4 月第 2 次
定　　价　98. 00 元
广告经营许可证　京西工商广字第 8179 号

中国经济出版社 **网址** http：//epc. sinopec. com/epc/ **社址** 北京市东城区安定门外大街 58 号 **邮编** 100011
本版图书如存在印装质量问题，请与本社销售中心联系调换（联系电话：010-57512564）

本书为
兰州文理学院出版基金资助项目
兰州文理学院博士科研启动经费资助项目（2023BSQD08）
兰州文理学院学术文库成果

总　序

文化和旅游融合发展是以习近平同志为核心的党中央立足党和国家事业全局、把握文化和旅游发展规律作出的战略决策，也是文化强国战略的重要内容和中国式现代化的重要抓手，更是将文化和旅游业打造成支柱产业的题中应有之义。自从 2018 年原文化部和国家旅游局组建文化和旅游部以及 2019 年党的十九大报告提出我国经济发展进入高质量发展新阶段以来，文旅融合高质量发展成为当前我国学界和政界共同关注的重要课题和热点问题。把文化旅游业培育成为支柱产业，其实质就是发展美学经济，增强文化软实力，提升经济发展硬实力，充分激发人民群众的文化自信，积极投身建设“美丽中国”的伟大实践。近年来，全国各地通过一系列改革创新举措，让文旅资源“活”起来、业态“多”起来、消费“热”起来，把文旅资源大省打造成文旅强省，为经济发展注入强劲动能。新的时代背景下，充分发挥旅游业关联性强、辐射面大的独特优势，全面推动“文旅+”“+文旅”等旅游新产品新场景新业态的发展，将文化内涵、文化价值融入旅游产业链各环节，促进地区旅游发展和特色文化传播，实现旅游业态价值升级已成为时代之需和人民之盼，同时也是构建产业发展新模式以及培育新质生产力的重要抓手。

作为文化旅游资源大省，甘肃省近年来在文旅产业发展上取得了显著成效，省委、省政府先后出台了《关于加快建设旅游强省的意见》《甘肃省人民政府办公厅关于大力促进全省文化旅游产业提质增效的意见》等重要文件，召开甘肃省文化旅游发展大会，成立甘肃省文旅产业发展领导小组，加大资金投入，推动文旅资源的产品化，完善文旅产业发展保障体系，加快文旅产业的“出圈”营销，着力构建现代化的文旅产业体系，并将其作为甘肃省战略性支柱产业。甘肃省以壮阔大气的山川和历史的诗意，迎接了党的十八大以来习近平总书记的三次调研和视察。特别是2024年9月，习近平总书记视察甘肃时明确提出，要“促进文化和旅游深度融合，把文化旅游业打造成支柱产业”。但是，要实现这一目标，目前仍面临着文旅产业结构优化升级、产业发展质效提升、产业发展路径创新等多重考验，与其他省份相比仍有较大提升空间。如何高效推动文旅资源的活化利用，加快文旅产业的转型升级，促进旅游地居民增收，实现文化产业与旅游产业深度融合与高质量发展，已成为甘肃省必须面对的战略性、研究性课题。

兰州文理学院是甘肃省首批向应用技术型大学转型发展试点院校之一，也是甘肃省唯一一所聚焦文旅学科专业建设的应用型大学，是省政府旅游智库秘书处所在单位，有2011协同创新中心——甘肃省全域旅游协同创新中心、文旅产业高质量发展研究院等省级科研平台和9个文旅产业服务基地。兰州文理学院旅游学院作为极具特色的旅游专业学院，始终是甘肃省实现文旅强省战略的前沿阵地之一。多年来，旅游学院各位教师深耕陇原大地，对甘肃文旅产业发展面临的诸多问题与挑战进行了广泛而深入的调查研究，在服务甘肃省文旅产业发展方面进行了积极的探索，特别是在乡村旅游、文化旅游、生态旅游、旅游资源开发利用与旅游规划等方面，做出了一系列价值高、应用性强的研究成果，为甘肃省及各市州县区的旅游业发展提供了有力的智力支持和理论指导。秉持打造高水平文旅研究团队、提升高校服务地方旅游业发展能力、加快研究成果转化利用的理念，兰州文理学院旅游学院积极开展甘肃文旅产业高质量发展专项研究，编制了“雁苑文丛·甘肃文旅高质量发展研究系列”（以下简称丛书）。

丛书聚焦于甘肃文旅产业高质量发展的核心议题，涵盖茶文化、非遗文化、全域旅游、乡村振兴等研究领域，探讨地方文化、非物质文化遗产的价值阐释和创新性发展，“两山”理论视阈下的价值实现最大化，“两创”方针指引下的文旅高质量发展和乡村振兴等问题，由多名长期从事旅游教学科研工作的专家、学者和中青年学术骨干共同完成。丛书首批推出4部学术著作，情况如下：《地域性文化旅游融合发展研究：以甘肃康县茶文化为例》，从茶文化的起源、茶文化与旅游业的融合发展等视角提出了甘肃康县茶文化与旅游高质量融合发展的具体策略；《全域旅游高质量发展路径与实践：基于甘肃省张掖市甘州区的案例研究》从乡村振兴与全域统筹视角总结出甘州区乡村旅游的开发模式与亮点经验，为同类地区乡村旅游开发提供理论与实践借鉴；《非物质文化遗产传承与保护：以甘肃非遗代表性项目为例》从专家和传承人的视角概述了甘肃代表性非遗项目的价值阐释和创新性发展，深入探讨甘肃非物质文化遗产的传承与保护问题；《黄河流域旅游业高质量发展研究》从文旅产业高质量发展角度出发，分析了包含甘肃省在内的黄河流域各省市文旅产业发展水平的时空演变、影响因素及对策建议。另 2 部学术著作将陆续推出。

丛书依托兰州文理学院旅游学院优势学科，立足陇原大地，坚持综合研究与专题研究相结合、旅游传统产业与新兴产业相结合、学术问题与现实问题相结合，客观解读文旅产业高质量发展重大议题，科学把握文旅融合高质量发展新趋势，深度探讨文旅产业高质量发展新思路，力求全面刻画甘肃省文旅产业及细分领域的高质量发展路径，旨在为读者正确理解甘肃省文旅产业高质量发展提供综合、细化、动态、比较的视角，为各级政府、旅游企业的相关决策提供参考和借鉴。整体而言，丛书主要有三大特点：一、聚焦产业发展实际，成果落地性强；二、凸显旅游专题特色，专题研究系统深入；三、多学科交叉融合，共创研究新成果。

丛书的完成离不开兰州文理学院的大力支持，离不开旅游学院领导的重视和指导，更离不开各位专家学者的倾力付出。在此，我们一并表示衷心的感谢！

丛书即将付梓，虽已尽心尽力，但难免有不成熟和疏漏之处，敬请读者斧正。

2024 年 12 月于兰州文理学院

目　录

绪　论

第一节　研究背景与意义

一、研究背景

（一）理论背景

1. 可持续发展理论

从 1987 年联合国发布《我们共同的未来》到 2015 年发布《变革我们的世界：2030 年可持续发展议程》（SDGs），可持续发展理论不断丰富与完善，其核心始终强调经济、社会、环境的协调发展，各要素之间并非简单的叠加或替代关系（Elkington，1999）。当前，可持续发展理论更加强调以人为中心的核心理念，更加突出公平正义、生活质量和人的全面发展，围绕人的发展进行社会经济的治理，旨在建立持久、包容、可持续的社会（高培勇等，2020）。旅游可持续发展是可持续发展理论在旅游业中的具体应用，自 1997 年《关于旅游业的 21 世纪议程》发布以来，旅游可持续发展的理念深入全球各个国家，并进入实践阶段。世界旅游组织一直以 3 项指标监测旅游可持续发展，即自然遗产和生物的多样性、社区文化的原真性、社会经济利益的公平分配。SDGs 中强调旅游可持续发展应该更加关注以旅游带动社会经济的综合发展，更强调以人为中心的发展，将人的福祉作为旅游发展的根本衡量尺度

（白廷斌等，2010；Dwyer，2020；Vogt et al.，2020；Jamal et al.，2021），强调旅游发展的长期性和公平性（Tosun，1998；Ahe et al.，2002），倡导并坚持包容性的旅游发展进程，将社会公正、环境危机、社会福祉、文化价值、治理能力等都纳入旅游可持续发展议程之中（Moyle et al.，2020）。

2. 新发展理念

进入新时代以来，面对错综复杂的国际环境和国内社会主要矛盾的转变，党的十八届五中全会提出了“创新、协调、绿色、开放、共享”的新发展理念。其核心思想在于促进经济从高速增长转向高质量发展，转变经济发展方式，优化经济结构，转换发展动能，提升发展效率（国家发展改革委经济研究所课题组，2019；林兆木，2018）。其中，创新是引领发展的第一动力，协调是实现高质量发展的内在要求，绿色是普遍形态，开放是必由之路，共享是根本目的（李梦欣等，2019；任保平，2018）。习近平总书记也多次在讲话中提出，要坚定不移贯彻新发展理念，努力推动质量变革、效率变革和动力变革。“十四五”规划将贯彻新发展理念列为我国社会经济发展必须遵循的原则，并指出要把新发展理念贯穿发展全过程和各领域。新发展理念提出后，旅游学界积极借鉴、应用该理念，在旅游业高质量评价中普遍以新发展理念为准绳，开展不同时空尺度的旅游业高质量发展评价（孙晓等，2021；魏敏等，2020）。尽管目前学界关于旅游业高质量发展评价体系尚未达成一致，但是从已有研究中可以发现，新发展理念目前已成为旅游业高质量发展水平评测的主流思想和理论，在当前的旅游业高质量发展研究中占据着主导地位。

3. 旅游地域系统理论

旅游地域系统发端于1978年苏联地理学家科特利亚罗夫提出的“游憩地域综合体”的概念（张亚林，1989），该术语于20世纪80年代传入国内，其主要通过系统论思想研究旅游问题，探讨旅游活动中不同要素之间的相互依赖、相互作用的系统平衡和协调发展过程。虽然学界对旅游地域系统并未达成完全一致的认识，但是总体来讲，学界普遍认为旅游地域系统是由旅游主体、旅游客体和旅游通道3个子系统组成的，它是一个地理空间上的实体单元，具有层次性、开放性、地域性等特点。对旅游地域系统的认识也有宏观和微观之分，宏观的旅游地域系统不仅考虑了旅游客源系统，并且在系统要素、地域结构分析中将其视作一个子系统进行处理，而微观的旅游地域系统仅关注旅游活动发生的本体空间，也就是旅游目的地系统（涂人猛，1994）。虽然对旅游地域系统有宏观和微观不同视角的理解，但都将旅游地域系统视为一定的地域中，由自然、人文等众多要素相互关联、相互作用形成的一个有机整体，具有动态演进的过程。本研究主要采纳对旅游地域系统微观视角的理解，侧重强调旅游目的地系统高质量发展的要素组成及其结构特点，是对旅游地域系统和高质量发展的有机融合。

（二）现实背景

1. 中国旅游业发展进入新常态

从新中国旅游业发展的历程看，新中国成立初期至改革开放伊始旅游作为外交工具，具有鲜明的事业性。改革开放至 21 世纪初，旅游业被界定为具有单一经济功能的产业，赚取外汇成为旅游业发展的主要职能（张城铭等，2019；石培华，2022）。2009 年国务院 41 号文件发布后，旅游业被确定为国民经济支柱型产业，旅游业的综合带动优势得以彰显。党的十八大以后，随着社会主要矛盾的转移和人民生活水平的提高，旅游发展在提高国民生活质量和福祉方面作用日益凸显，旅游业成为高质量生活的标志和幸福产业之首（见表 0-1）。显而易见，自新中国成立至今 70 多年的旅游业发展实践中，旅游业不仅是一种经济产业，更是关乎国民生活质量、社会文化传承、公民素质养成的社会事业，旅游对国家发展的贡献不仅是经济性的，更是与国民幸福、社会公平、环境保护密切相关的（张广瑞，2015；胡静等，2019），旅游业的事业性成为当前旅游业发展中更值得关注的现象，这是旅游业进入新常态的主要表现。此外，随着市场消费主体的变化，旅游市场需求刺激旅游产品供给发生变化，供需之间的不均衡将可能长期存在，并制约着旅游业的高质量发展（于洪雁等，2020）。而随着“旅游+”和“+旅游”战略的实施，旅游业的界限更趋模糊，旅游与相关产业的深入融合发展也成为旅游业发展进入新常态的重要表现形式之一。

表 0-1 中国旅游业发展的阶段性定位与特点

发展阶段	政策定位	发展特点	相关文件及颁发时间
现代旅游起始阶段（1978—1988 年）	既是经济事业，又是外事工作	以创汇为主要目标，入境旅游迅速发展	《国务院关于加强旅游工作的决定》（1981 年）、《关于当前旅游体制改革几个问题的报告》（1985 年）、《旅行社管理暂行条例》（1985 年）、《旅游涉外饭店星级的划分和评定》（1987 年）
国内旅游兴起、走强阶段（1989—1996 年）	重要经济产业	基于扩大内需的考虑，国内旅游逐渐兴起并走强；国内旅游纳入常规统计；双休日制度施行	《关于积极发展国内旅游业的意见》（1993 年）
旅游产业大发展阶段（1996—2009 年）	经济新增长点	“黄金周”制度确立，在线旅游兴起，国内旅游、入境旅游双双大发展	《旅行社管理条例》（1996 年）、《全国年节及纪念日放假办法》（1999 年）、《导游人员管理条例》（1999 年）、《国务院关于进一步加快旅游业发展的通知》（2001 年）、《中国公民出国旅游管理办法》（2002 年）
旅游新常态阶段（2010 年至今）	战略支柱产业	市场化、法治化进程加快，文旅融合发展，旅游业进入以新战略、新需求、新供给、新业态为特征的新常态	《加快发展旅游业的意见》（2009 年）、《国民旅游休闲纲要（2013—2020 年）》、《中华人民共和国旅游法》（2013 年）、《“十三五”旅游业发展规划》（2016 年）、《“十四五”文化和旅游发展规划》（2021 年）

资料来源：作者自行整理。

2. 旅游业高质量发展是贯彻落实高质量发展战略的时代需要

自党的十九大提出我国经济发展进入高质量发展阶段的论断后，当前我国经济、社会、生态等各方面都在朝高质量发展的目标发力，高质量发展成为中国社会经济发展的主题。旅游业高质量发展虽然没有被明确确定为国家发展战略，但从党的十九大以后国家层面出台的多项政策措施来看（见表 0-2），旅游业高质量发展是“十四五”乃至更长时期旅游业发展的着力点和落脚点，可以说，高质量发展已然成为新时期旅游业发展的核心命题。旅游业作为国民经济的重要组成部门和支柱产业，在优化经济结构、拉动内需扩大消费、提升居民幸福感、增加民间交流、促进区域协调发展、保护生态环境等方面具有不可替代的重要作用（何建民，2018），而这些作用对高质量发展所要求的贯彻落实新发展理念，构建国际国内新发展格局意义重大。因此，可以说，旅游业高质量发展是高质量发展战略在旅游业领域的具体体现，具有时代紧迫性和极端重要性。同时，高质量的旅游发展在落实国家高质量发展战略的过程中，也是促使旅游业提质增效和转型升级的有效手段。

表 0-2 近年来国家层面关于旅游业高质量发展的相关文件

文件名称	颁发部门	颁发时间	主要任务及举措
《文化和旅游部关于推动国家级文化产业园区高质量发展的意见》	文化和旅游部	2021 年 12 月	加强统筹规划，提升创新发展水平，增强发展动能，优化服务环境，支持保障措施
《关于推动公共文化服务高质量发展的意见》	文化和旅游部、国家发展改革委、财政部	2021 年 3 月	深入推进公共文化服务标准化建设、完善基层公共文化服务网络、创新拓展城乡公共文化空间、促进公共文化服务提质增效、做大做强全民艺术普及品牌、加快推进公共文化服务数字化、进一步强化社会参与、促进文化志愿服务特色化发展、加强乡村文化治理九项措施
《关于进一步加大开发性金融支持文化产业和旅游产业高质量发展的意见》	文化和旅游部、国家开发银行	2021 年 4 月	支持重点重大项目建设，支持试点示范工作推进，支持产业创新发展，支持各类市场主体发展壮大，支持产业国际合作。做好融资规划，做好资金支持，提供综合性金融服务。深化部行合作，建立协调机制，开展落实评估，做好信息报送
《文化和旅游部关于推动数字文化产业高质量发展的意见》	文化和旅游部	2020 年 11 月	加强内容建设，加快新型基础设施建设，推动技术创新和应用，激发数据资源要素潜力，培育市场主体构建产业标准体系；促进优秀文化资源数字化，深化融合发展，发展平台经济，培育云演艺业态，丰富云展览业态，发展沉浸式业态，提升数字文化装备实力，满足新兴消费需求等
《关于深化“互联网+旅游”推动旅游业高质量发展的意见》	文化和旅游部、国家发展改革委等十部门	2020 年 11 月	到 2022 年，建成一批智慧旅游景区、度假区、村镇和城市，加快建设智慧旅游景区，完善旅游信息基础设施，创新旅游公共服务模式，加大线上旅游营销力度，加强旅游监管服务，提升旅游治理能力，扶持旅游创新创业，保障旅游数据安全等

续表

文件名称	颁发部门	颁发时间	主要任务及举措
《“十四五”旅游业发展规划》	国务院	2022年1月	以推动旅游业高质量发展为主题，以改革创新为根本动力，深化旅游业供给侧结构性改革，注重需求侧管理，满足人民日益增长的美好生活需要，着力推动文化和旅游深度融合，着力完善现代旅游业体系，加快旅游强国建设，努力实现旅游业更高质量、更有效率、更加公平、更可持续、更为安全地发展。坚持创新驱动发展，优化旅游空间布局，构建科学保护利用体系，完善旅游产品供给体系，拓展大众旅游消费体系，建立现代旅游治理体系，完善旅游开放合作体系

资料来源：从国务院、文旅部官网检索整理所得。

3. 旅游业高质量发展是推动黄河流域社会经济发展和生态保护的重要路径

2019年9月郑州座谈会召开以后，黄河流域生态保护和高质量发展成为继长江经济带之后国家层面第二个基于地理单元的区域高质量发展战略。该战略提出后，沿黄各省（区）积极响应国家号召，并从自身实际出发制定落实方案，提出了各自省域内旅游业高质量发展战略，并从不同侧面提出了本省（区）旅游业高质量发展的相关举措（见表0-3）。黄河流域是中华文明的主要发祥地，中国重要的生态屏障、经济地带，在国家发展格局中具有极为重要的战略地位（陆大道等，2019；杨永春等，2020）。同时，黄河流域文化遗存十分丰富，具有发展文化旅游得天独厚的资源优势和打造成中国乃至世界文化旅游核心带的巨大潜力。但是，当前黄河流域旅游业发展中依然存在产业供需不匹配，社会、环境效益低下，发展动能不足，产业升级缓慢，区域内部协调合作不够等突出问题（张新成等，2020）。而旅游业作为推动区域发展的重要驱动力，在国内外的发展实践中已经证明了旅游是推动区域社会经济发展和生态环境保护的重要力量。由此看来，面对黄河流域发展中存在的现实困境和旅游业推动区域发展的巨大优势，黄河流域旅游业高质量发展是实现整个流域高质量发展的重要路径选择，黄河流域旅游业高质量发展不仅有助于流域旅游业提质升级，而且对黄河文化传承、生态环境保护和产业结构优化具有积极意义。

表 0–3 黄河流域各省（区）有关旅游高质量发展的相关文件或报道

省（区）	文件或报道	主要举措	来源	时间
青海	着力推进文化旅游高质量发展	加强基础设施建设，加大城乡环境整治力度，强化政策扶持，加快文旅产业创新发展，推动旅游与相关行业深度融合发展	《中国旅游报》	2020 年 5 月
四川	高质量建设天府旅游名县	进一步整合分散的文旅资源，制定配套政策和保障措施；丰富产品供给、提升服务意识、加强质量和标准化建设、坚持文化和旅游融合发展、推进智慧化建设、坚持绿色生态优先、提升美誉度等	《中国旅游报》	2019 年 1 月
	推动旅游景区高质量发展			2019 年 11 月
	推动文化旅游产业高质量发展			2020 年 9 月
甘肃	开展旅游服务质量提升行动	把旅游服务质量监管和提升纳入地方各级人民政府质量工作总体部署和考核范畴，建立健全旅游服务质量监管和提升制度体系，建立和完善旅游服务质量评价体系等	甘肃省文化旅游厅	2022 年 2 月
宁夏	推动文化和旅游高质量发展	打好“黄河文化、大漠星空、酒庄休闲、红色主题、动感体验、长城遗址”6 张牌，打造“大西北旅游银川再出发”IP，抓好长城国家文化公园、黄河国家文化公园等九大文化和旅游重点项目建设	《中国旅游报》	2021 年 2 月
内蒙古	全力推进旅游业高质量发展	实施重点景区品质提升行动和文化旅游数字化工程，组建文旅投资集团，支持黄河“几”字弯、阿尔山、额济纳等优势区块率先发展，打造一批资源深度整合、文旅深度融合的新样板	《中国旅游报》	2022 年 2 月

续表

<table>
<tr><th>省（区）</th><th>文件或报道</th><th>主要举措</th><th>来源</th><th>时间</th></tr>
<tr><td>陕西</td><td>推动公共文化服务高质量发展</td><td>推动出台公共数字文化服务标准规范，设立研学实践基地，探索开展创意市集、嘉年华等文旅深度融合服务。优化公共文化设施空间布局和功能结构，鼓励图书馆、文化馆探索建立新型中心馆—总分馆体系</td><td>《中国文化报》</td><td>2022 年 2 月</td></tr>
<tr><td>山西</td><td>《关于深化文化和旅游融合发展的实施意见》</td><td>推动文化和旅游资源利用融合、文化和旅游产品融合、文化和旅游项目建设融合、文化和旅游市场融合，开展融合发展试点示范探索、深化旅游景区“两权分离”改革、创新投融资机制、创新公共服务融合机制</td><td>《中国旅游报 》</td><td>2021 年 2 月</td></tr>
<tr><td rowspan="3">河南</td><td>加强黄河文化保护传承弘扬</td><td rowspan="3">规划建设黄河文化遗产保护廊道，推动一批重大工程项目列入省级及国家级黄河流域生态保护和高质量发展规划；深入转变旅游资源观念、要素观念、市场观念，推动旅游业态更新、格局重构；推动文旅文创融合战略全面落实，努力打造中华文化传承创新中心、世界文化旅游胜地，打造国际级黄河文化旅游带</td><td rowspan="3">《中国旅游报》</td><td>2021 年 1 月</td></tr>
<tr><td>加快建设文化和旅游强省</td><td>2020 年 3 月</td></tr>
<tr><td>深入实施文旅文创融合战略</td><td>2021 年 9 月</td></tr>
<tr><td rowspan="3">山东</td><td>《大力推进全域旅游高质量发展实施方案》</td><td rowspan="3">构建“十大文化品牌旅游目的地+旅游城市+旅游连绵带+旅游度假区与旅游景区+旅游镇村”的旅游目的地体系，推进全域旅游集群发展，推进全域旅游跨界融合；合理规划布局，明确相关标准，加强分类指导，打造特色品牌，加强规范管理，拉长产业链条；发挥好产业集群效应，打造精品业态并做好宣传推介；进一步加大协调督导和落实力度，创新体制机制，做好统筹协调、评估总结等工作</td><td>山东省旅游数据和信息中心</td><td>2018 年 10 月</td></tr>
<tr><td>《促进旅游民宿高质量发展的指导意见》</td><td>山东省文化和旅游厅</td><td>2020 年 3 月</td></tr>
<tr><td>《山东省精品旅游发展专项规划（2018—2022 年）》</td><td>《中国旅游报》</td><td>2020 年 3 月</td></tr>
</table>

资料来源：从国家文旅部官网、黄河流域各省级政府官网检索整理所得。

二、研究意义

（一）理论意义

第一，构建旅游业高质量发展的理论分析框架。从旅游业发展的双重属性（产业性和事业性）视角切入，以地理学、旅游学等相关领域基础理论为指导，深度分析旅游业高质量发展的概念、内涵及特征，科学阐释旅游业高质量发展的评价维度，识别旅游业高质量发展的制约因素，并分析其空间影响，在此基础上提出发展建议，从而建立起旅游业高质量发展的理论分析框架，有助于丰富旅游业高质量发展的理论建设，为中国不同区域旅游业高质量发展提供理论指导。

第二，丰富完善旅游业高质量发展评价的测度体系。当前，旅游业高质量发展评价重点关注旅游业发展的产业属性及其功能，较少涉及旅游业社会性功能的评价。本研究将基于对旅游业双重属性的认识，在双重属性视角下构建旅游业高质量发展评价框架，科学遴选产业性、事业性评价要素和具体指标，探索建立一套旅游产业和旅游事业相结合的综合测度体系，以进一步丰富旅游业高质量发展评价研究，并且为不同区域旅游业高质量发展评价提供借鉴和参考。

第三，扩展旅游业高质量发展评价的研究尺度。目前有关中国旅游业高质量发展评价研究多基于单一的省域尺度，空间尺度不够精细，多尺度的空间分析较少。时间尺度上，以时间截面数据为主，面板数据的使用尚不常见。为此，本研究将采用省域、市域两级空间尺度，不仅将研究尺度扩展到市域，而且更注重多空间尺度的对比研究，时间上使用面板数据，不仅使数据更加翔实，研究结论更具科学性和说服力，而且有助于从时空演变过程中把握旅游业高质量发展的一般规律和趋势。

第四，揭示旅游业高质量发展的影响机理。通过旅游业高质量发展影响因素理论分析，科学识别旅游业高质量发展的影响因子，构建旅游业高质量发展影响因子体系。借助面板数据分析模型，深入阐释各因素对旅游业高质量发展的影响作用，探究旅游业高质量发展各影响因子的作用力大小及其地区差异，有助于为其他区域旅游业高质量发展影响因素理论分析提供参考。

第五，深化旅游业高质量发展空间效应的研究。目前，旅游业高质量发展评价多关注省际差异，对差异形成的原因缺乏空间层面的关注，很少考虑不同要素对旅游业高质量发展的空间影响效应。为此，在空间自相关检验的基础上，本研究首次将空间计量模型、MGWR 等分析方法引入旅游业高质量发展空间效应研究中，用以揭示市域尺度下旅游业高质量发展的空间溢出效应和空间异质性，探讨各因素对旅游业高质量发展产生影响后的空间效果，深化对旅游业高质量发展空间效应的认识。

（二）现实意义

第一，有利于为黄河流域旅游业协调均衡发展提供科学依据和决策参考。推动黄河流域生态保护和高质量发展需要积极发挥旅游业的作用。本文通过理论阐释、实证分析和对策建议的逻辑思路，深入分析黄河流域旅游业高质量发展的空间分异特征，厘清黄河流域旅游业高质量发展的影响因素，阐释其作用机理，进而提出具体的对策建议，从而为缩小黄河流域旅游业发展的空间差异，精准掌握旅游业高质量发展的影响因素，推动旅游业协调均衡发展提供科学依据和决策参考。

第二，有利于建立区域旅游业高质量发展评价的技术规范和实践准则。旅游业发展质量的空间差异是重要的旅游国情，借助科学的评测体系评价区域旅游业发展的空间差异是推动区域旅游业协调发展的基础。开展黄河流域旅游业高质量发展的区域差异分析，有助于流域摸清旅游业高质量发展的具体“国情”，探索建立区域旅游业高质量发展评价的技术规范和实践准则。

第三，有利于在旅游业发展中积极贯彻落实高质量发展战略。旅游业是国民经济的支柱型产业，没有旅游业的高质量发展，社会经济的高质量发展战略就难以实现。开展区域旅游业高质量发展评价研究，是在区域旅游业发展中贯彻落实我国高质量发展战略的具体体现，具有极其重要的紧迫性和现实必要性。开展旅游业高质量发展研究，有利于为社会经济高质量发展探索路子、总结规律，是贯彻落实社会经济高质量发展战略的重要领域。

第二节 研究目标与内容

一、研究目标

本书从旅游业高质量发展的研究进展入手，通过理论分析建构旅游业高质量发展的评价指标体系，以黄河流域为例研究其旅游业高质量发展的时空变化过程，探索旅游业高质量发展的影响因素及其空间效应，并提出黄河流域旅游业高质量发展的具体对策。具体目标如下：

（1）丰富并深化旅游业高质量发展的理论认识。从对旅游业高质量发展的概念和旅游业双重属性（产业性和事业性）的解读入手，深入探讨旅游业高质量发展的内涵特征，搭建旅游业高质量发展的理论分析框架，从而加深对旅游业高质量发展的理论认识。

（2）揭示黄河流域省、市域单元旅游业高质量发展的空间格局演变规律。通过建构省、市域单元旅游业高质量发展的评价指标体系，评价黄河流域省、市域单元旅游业高质量发展水平，刻画其时空格局演变特征，探索黄河流域旅游业高质量发展的时空变化规律。

（3）探寻旅游业高质量发展的影响因素及其空间效应。通过理论分析搭建旅游业高质量发展影响因素的 SIC 框架，并以黄河流域为例验证该理论框架的合理性，进而总结归纳旅游业高质量发展的影响因素，并探索这些因素对黄河流域旅游业高质量发展的空间效应，丰富并深化空间视角下各因素对区域旅游业高质量发展的影响机理研究。

（4）为黄河流域旅游业高质量发展提供对策建议。基于本书对黄河流域旅游业高质量发展时空动态、影响因素等的分析，结合流域旅游业发展现状，提出具有针对性的黄河流域旅游业高质量发展对策建议，以便为推动黄河流域旅游业高质量发展提供参考借鉴。

二、研究内容

为实现研究目标，理顺全文脉络，本书的内容主要由四部分九个章节组成，具体来说：

首先是绪论部分，分析本书的研究背景及意义，明确选题依据；明确本书的研究目标，根据研究目标设计文章的研究思路、主要内容和研究方法，并阐明研究区域和研究时段。

其次是理论探讨部分，包括第一章和第二章，为下文的实证分析提供理论支撑。第一章系统梳理了国内外与本选题相关的研究文献，探寻当前研究中的不足及需要进一步解决的关键科学问题，为本书的研究找到切入点；第二章以经济学、地理学、社会学等学科相关理论为基础，厘清旅游业高质量发展的相关概念，阐明旅游业双重属性，阐释旅游业高质量发展的内涵及特征，进而构建区域旅游业高质量发展的理论分析框架。

再次是实证分析部分，包括第三章至第七章。第三章根据前述旅游业高质量发展的理论分析框架，从旅游产业侧和事业侧科学遴选具体指标，建立区域旅游业高质量发展的评测体系；第四章和第五章以黄河流域为例，分析2010—2019年省、市域单元旅游经济产业高质量发展、旅游社会事业高质量发展以及二者综合水平的时空变化过程，探析其演化规律，并借助空间马尔可夫链考察研究期内黄河流域旅游业高质量发展水平的状态波动情况；第六章科学识别旅游业高质量发展的影响因子，并借助面板数据分析模型深入系统分析黄河流域旅游业高质量发展影响因子的具体效用及其在流域内部的差异性作用；第七章从空间视角切入，借助空间自相关、空间杜宾模型、MGWR等方法，探究不同时期各因素对黄河流域旅游业高质量发展的空间依赖效应、空间溢出效应及其空间异质性。

最后是结论、创新与展望，为第九章。第一，基于对旅游业高质量发展时空演化、影响因素及空间效应的研究全面总结全书，明确并深化研究价值；第二，根据主要研究结论为黄河流域旅游业高质量发展提供对策建议；第三，总结归纳全文的创新点，明确本研究的特别之处；第四，反思本研究的不足之处，并指出未来可以完善的内容，展望值得继续探索的主题和方向。

第三节 研究思路与方法

一、研究思路

基于国内外旅游业高质量发展研究现状与相关理论，以黄河流域旅游业高质量发展为目标，坚持理论探讨和实证分析相结合，遵循“提出问题（选题依据）—理论建构（理论分析）—实证分析（空间格局演变、影响因素及其空间效应）—对策建议（总结、对策与展望）”的逻辑脉络展开研究。首先，根据黄河流域高质量发展战略、黄河流域旅游业发展实际、旅游业高质量发展方面的研究进展，从国家战略、产业现状和学术进展等方面提出本文的研究命题，阐释选题依据和意义。其次，对旅游业高质量发展的相关概念进行界定，阐释旅游业双重属性特征，深入分析旅游业高质量发展的内涵及特征，从而构建旅游业高质量发展的理论分析框架，建立旅游业高质量发展水平评价指标体系，为后文的实证分析提供理论支撑。再次，依托收集的数据和指标权重确定方法，根据前文建立的评价指标体系计算黄河流域省、市域不同研究单元旅游业高质量发展水平得分，以 2010—2019 年为时间区段，借助 GIS 空间分析方法考察研究期内省、市域空间单元旅游业高质量发展水平的时空变化特征，总结其演化规律。复次，参阅相关研究，构建旅游业高质量发展的影响因素框架，并科学识别其具体的影响因子，进而借助面板数据分析模型分析不同因子的影响作用，运用空间面板杜宾模型分析旅游业高质量发展的空间溢出效应，借助 MGWR 模型分析各因素的异质性作用。最后，总结全书主要结论，并基于此和域内旅游业发展实际，提出黄河流域旅游业高质量发展的对策建议，阐明文章的创新之处和研究不足，并对未来值得进一步探讨的问题和方向进行展望。

根据研究思路绘制的技术路线图如下：

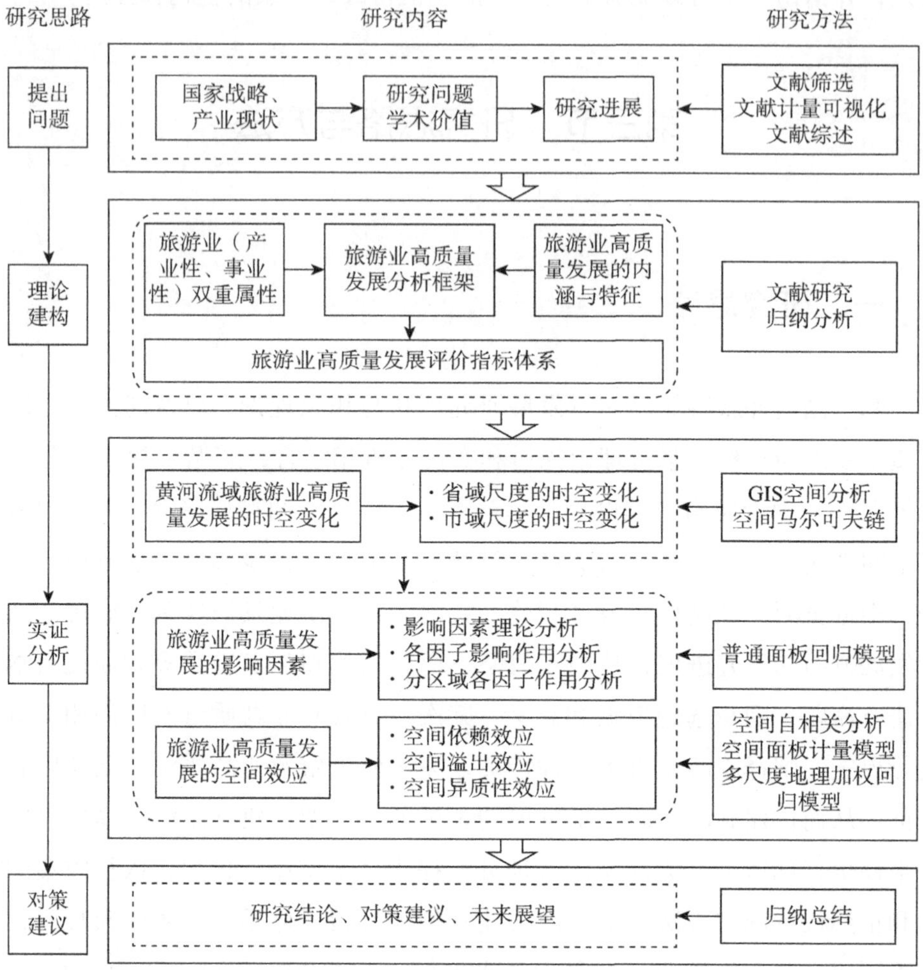

图 0-1　技术路线图

二、研究方法

（一）文献分析法

借助 CiteSpace 文献计量分析软件，可视化呈现国内外旅游业高质量发展研究热点、研究现状，并紧密结合本研究的主题，系统梳理旅游业高质量发展的概念内涵、时空格局演变、影响因素、空间效应，以及黄河流域高质量发展等方面的有关文献，为黄河流域旅游业高质量发展水平的多维测度、时空变化特征、影响因素及空间效应研究奠定基础。

（二）数理统计法

利用 Origin、Stata 等统计分析工具，通过收集整理旅游业高质量发展方面的相关数据，进而通过数据可视化及运算后制表等方式呈现具体内容，例如，在旅游业高质量发展水平描述性统计，标准差、变异系数及泰尔指数计算，以及影响因素的描述性统计中就使用该方法分析了有关内容。同时，在指标权重的计算中，也通过熵值法这一更为客观的数理计算方法确定了旅游业高质量发展水平各指标的权重，进而测算出了省、市域旅游业高质量发展水平。

（三）空间分析法

空间分析是地理学研究的长项和特色，空间分析方法是探究地理事物空间分布、空间格局等的重要方法。本书借助 ArcGis10. 2 软件，运用旅游业高质量发展水平空间差异制图、重心模型和标准差椭圆、空间自相关（Moran's *I*）、地理加权回归等方法，对黄河流域旅游业高质量发展水平多尺度的空间分异、空间集聚及演变特征、空间异质性等进行可视化表达。

（四）计量模型法

为探究旅游业高质量发展水平的影响因素，构建旅游业高质量发展影响因素面板回归分析模型，并借助 Stata17 软件深入探讨各因素对旅游业高质量发展的影响效应；为探讨各因素的空间效应，构建空间计量模型，并借助 Stata17、MGWR2. 2 等软件深刻剖析各因素对黄河流域旅游业高质量发展的空间溢出效应和空间异质性。

第四节　研究区域与时段

一、研究区域

黄河干流全长 5464 千米，是我国的第二长河。黄河自西向东依次流经青海、四川、甘肃、宁夏、内蒙古、陕西、山西、河南和山东 9 个省（区），流域面积 75 万平方千米。黄河流域是中华文明的主要发祥地，千百年来，黄河流域的发展关乎中国发展的全局，深刻影响了中华文明的历史进程，也对人类文明产生了巨大的影响。黄河流域的发展在承东启西，带动引领北方经济发展，探寻经济发展与环境保护的协调可持续，缩小同以长江经济带为代表的南方地区的差距，弘扬中华民族的文化传统，保障我国生态安全等方面作用重大（李冬花，2020）。2019 年，习近平总书记在郑州考察后，黄河流域生态保护和高质量发展正式上升为国家战略。黄河流域在我国经济社会发展中占据着十分重要的战略地位，据统计，2019 年黄河流域 9 省（区）生产总值约为 24.77 万亿元，约占全国的 25%；总人口约 4.2 亿人，约占全国的 30%。

根据《中国文化文物和旅游统计年鉴 2020》公布的数据，2019 年黄河流域 9 省（区）旅行社组织/接待的国内、入境游客分别占全国的 13.19% 和 15.43%，国内旅游人次及国内旅游收入的增长率分别为 15.09% 和 18.02%，明显高于全国 8.4% 和 11.7% 的平均水平。不仅如此，该区域拥有丰富多元的民族风情、雄浑壮丽的自然景观、传承久远的传统文化，从而造就了该区域旅游资源富集、代表性强、覆盖面广的特点。据统计，黄河流域拥有的世界文化遗产数占全国的 46%，全国重点文物保护单位的分布密度是全国平均水平的 2.6 倍（石培华等，2021），长征、黄河、长城、大运河四大国家文化公园建设均涉及黄河流域。由此看来，黄河流域在全国旅游业发展格局中的地位和作用十分明显，在流域高质量发展上升为国家战略的加持下，势必为黄河流域旅游业发展提供崭新的契机，也必将促使黄河流域旅游业高质量发展相关研究持续成为关注的热点。

本研究中，省域层面上以黄河干流流经的 9 个省（区）为研究区域。市域（市/州/盟）层面上，鉴于现有研究在市域尺度下对黄河流域空间范围的界定并不统一，本研究综合考虑流域自然环境特征和社会经济联系状况，并在保证地级行政区界线完整性的前提下，参照杨永春等（2020）对黄河流域空间范围的划分方法，在市域旅游业高质量发展水平的时空变化、影响因素及其空间效应分析中将研究范围确定为黄河流域 60 个地级单元。

二、研究时段

尽管高质量发展是党的十九大以后才提出的新名词，但是对旅游业发展质量的研究，国内自 2006 年以后进入高峰期，并且此后一直是重要的关注议题。从旅游业的属性视角看，经济产业和社会事业是旅游业的两大基本属性，旅游业的高质量发展势必要建立在对旅游业基本属性理解的基础之上。因此，从这个角度讲，可以将旅游业发展由仅关注其经济价值向既重视经济功能又重视社会价值的转型时间作为旅游业高质量研究的起点。通过梳理中国改革开放以后的旅游业发展战略（见表 0-1），本研究发现 2009 年 12 月国务院发布的 41 号文件中提出，要把旅游业培育成国民经济的战略性支柱产业和人民群众更加满意的现代服务业，这是一个具有划时代意义的重要文件，对旅游业的定位给予了新的界定，也表明了旅游业本身具有产业性和事业性双重属性（张广瑞，2019）。因此，本研究在综合考虑相关文献研究进展和旅游业发展战略的重大调整后，选择以 2010 年为本研究的时间起点，同时考虑到 2020—2022 年新冠疫情对旅游业的重大冲击，为保证研究数据的完整性和一致性，最终将研究时段确定为 2010—2019 年。

第一章　国内外旅游业高质量发展研究综述

第一节　旅游业高质量发展研究的文献计量分析

一、国外研究文献计量分析

由于旅游业高质量发展是具有中国特色的研究命题，国外并没有与之完全一致的研究主题，但是旅游高质量研究涉及的核心问题与旅游质量关系密切。为此，国外文献检索时以 Web of Science 核心合集为检索源，检索条件：主题词设置为“旅游质量”和“旅游业质量”，时间跨度为 1995—2022 年，时间切片设置为 1 年，将相关性不强的文献删除后共得到 272 篇外文期刊文献，以此为分析样本。

（一）国外旅游质量研究的作者与单位

将 272 篇外文期刊文献导入 CiteSpace 6.1 软件，分析旅游质量研究的作者与单位分布情况，了解研究者的合作情况。结果发现（见图 1-1），国外旅游质量研究发文量排在前列的作者有 Anita Zehrer、David Weaver、Ahmet Maslakci 等，他们的发文频次不低于 2 次。学者网络连接密度为 0.0046，说明作者间的科研合作还有较大的提升空间。从研究机构的发文频次看（见图1-2），排在前列的单位有 Hong Kong Polytech University、Chung Hua University、Griffith University、Sun Yat Sen University、Eastern Mediterranean University、

Kyung Hee University、Ming Chuan University、Pusan Natl University、University Alicante 等，其发文频次不低于 3 次。机构之间的网络连接密度为 0.0058，说明不同机构之间的合作研究相对较少。

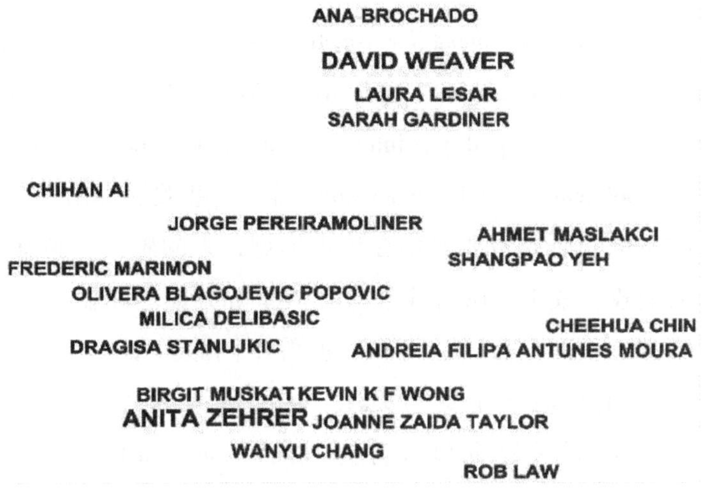

图 1-1　旅游质量研究的国外作者网络共现图谱

图 1-2　旅游质量研究的国外研究机构网络共现图谱

（二）旅游质量研究的主要内容及其聚类

关键词是论文核心思想和主题的凝练，分析某领域的关键词共现情况有助于了解该领域的研究热点。关键词共现分析发现（见图 1-3），国外旅游质量研究热频关键词有 model、impat、satisfaction、perception、tourism、performance、customer satisfaction、management、industry、loyalty、behavioral intention、consumer perception、service quality、intention、attitude、scale、hospitality、antecedent、image、behavior、hotel、expectation 等，这些关键词出现频次大于 10，说明国外旅游质量的研究主要集中在评价模型，人的感知、满意度、行为意图，旅游业的绩效、效率，旅游业的服务质量等方面。涵盖乡村旅游、旅游教育、航空旅游、中医药旅游、森林旅游等不同旅游细分领域的质量问题，对基于游客感知的旅游质量更为关注。从关键词聚类分析结果看（见图 1-4），国外旅游质量关键词可细分为 satisfaction、customer loyalty、hotels、service quality、structural model、tourism efficiency 等 10 个有效聚类。

图 1-3　国外旅游质量研究的关键词共现图谱

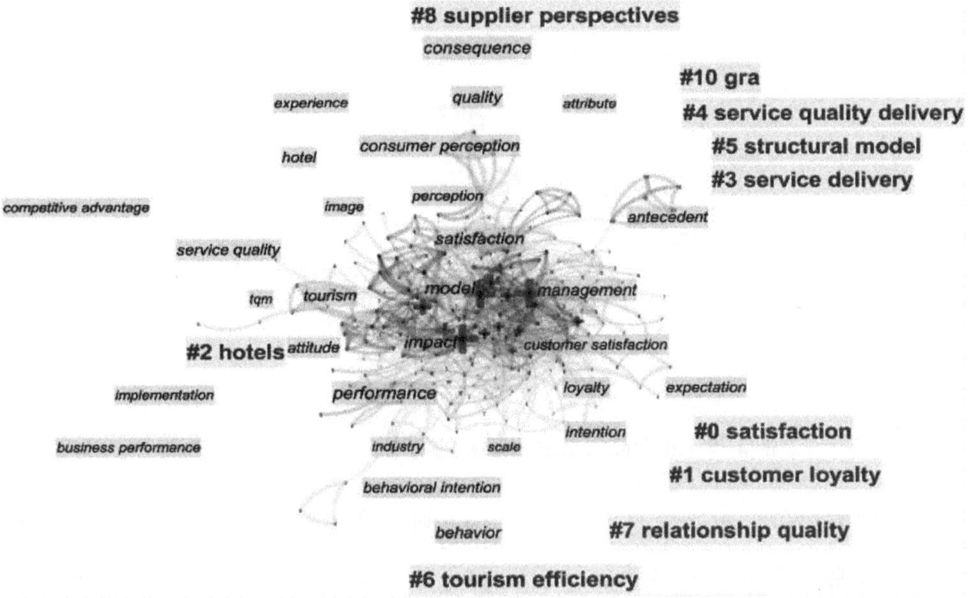

图 1-4 国外旅游质量研究的关键词聚类图谱

二、国内研究文献计量分析

以中国知网（CNKI）为检索源。检索主题词为“旅游”+“高质量发展”，选择学术期刊数据库中的北大核心、CSSCI 和 CSCD 数据库，不含硕博论文、会议论文和报纸刊载文章。考虑到高质量发展是 2017 年底党的十九大报告中首次提出的，故将时间范围设置为 2018—2022 年，剔除相关性不强的文献后最终获得学术期刊论文 202 篇，以此为分析样本。

（一）旅游业高质量发展研究的作者与单位

由图 1-5 可知，发文数量最多的作者为王兆峰（4 篇），其次为戴斌（3 篇），刘英基、明庆忠、陆梓欣等 13 位作者各发文 2 篇。研究者网络连接密度为 0. 0132，说明作者之间合作研究较少，有较大的提升空间。

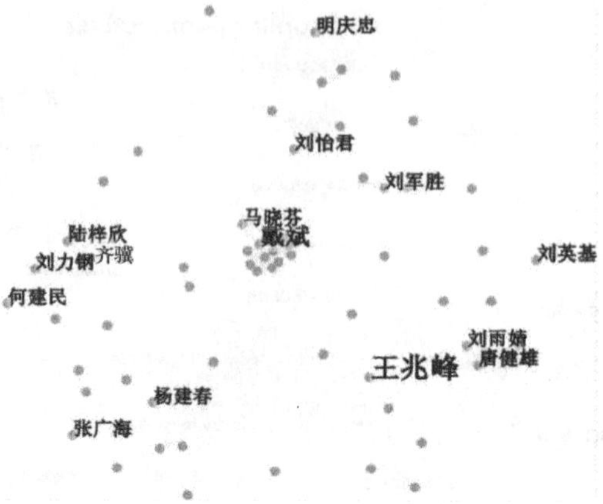

图 1-5　旅游高质量发展研究的国内作者网络共现图谱

从研究单位分布看（见图 1-6），湖南师范大学旅游学院、中国旅游研究院财经战略研究所、中国社会科学院工商管理学院、中南财经政法大学、中国旅游研究院武汉分院等 14 所大学发文数量最多，发文频次大于 3。但是，机构之间的网络连接密度仅为 0.0185，说明各单位之间存在关于旅游业高质量发展的合作研究，但是合作研究较弱，有待加强。

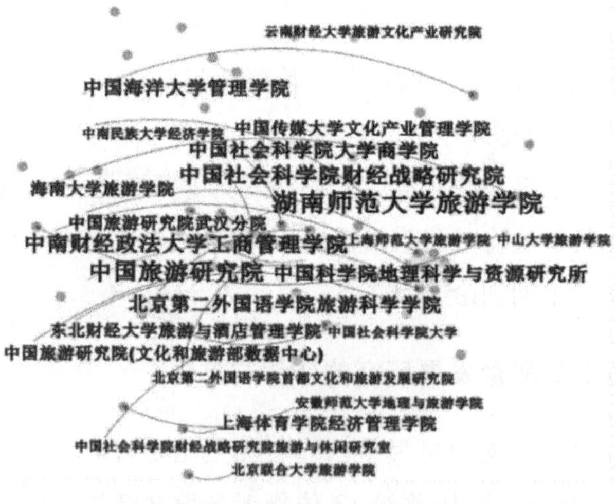

图 1-6　旅游高质量发展的国内研究机构网络共现图谱

（二）旅游业高质量发展研究的主要内容及其聚类

由图 1-7 可知，国内旅游高质量发展研究频次大于 3 的关键词有旅游业（27）、乡村旅游（18）、文旅融合（15）、乡村振兴（14）、高质量（7）、红色旅游（6）、旅游产业（6）、体育产业（6）、体育经济（5）、黄河流域（4）、旅游（3）、发展质量（3）、新时代（3）、科技创新（3）、文旅产业（3）、时空演化（3）、旅游资源（3）、生态旅游（3）。由此表明，乡村旅游、文旅融合、红色旅游、体育旅游的高质量发展是当前国内旅游高质量发展研究的热点领域，空间上，黄河流域备受关注。

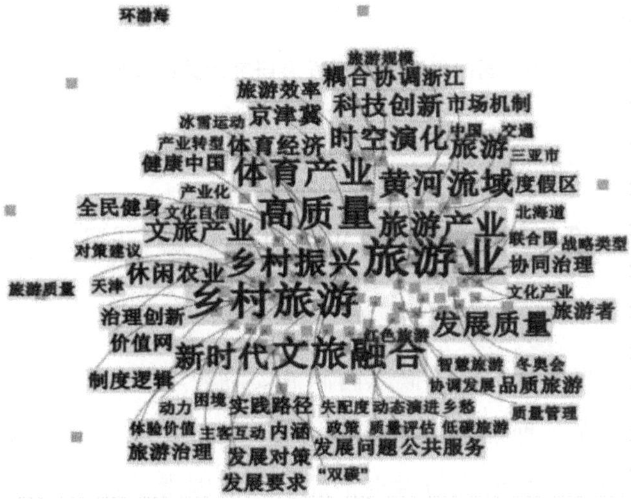

图 1-7　国内旅游高质量发展研究的关键词共现图谱

对国内旅游高质量发展关键词进行 CiteSpace 聚类分析。由图 1-8 可知，国内旅游高质量发展研究可细分为 8 个有效聚类，按所含关键词规模大小依次为#0 旅游业、#1 文旅融合、#2 乡村旅游、#3 文旅产业、#4 耦合协调、#5 新时代、#6 旅游、#7 体育经济。

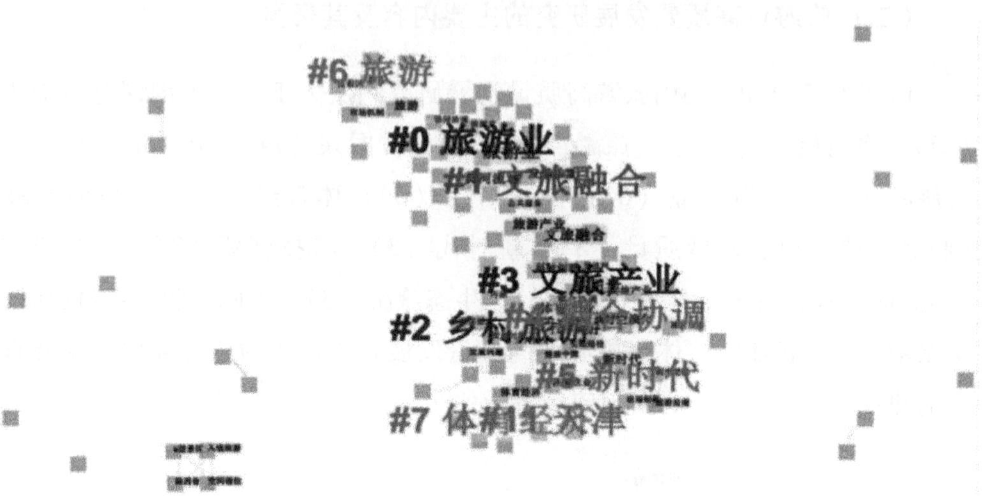

图 1-8　国内旅游高质量发展研究的关键词聚类图谱

第二节　旅游业高质量发展研究

探寻旅游业高质量发展的概念内涵需要溯源旅游（业）质量领域的相关研究，因为二者在某种程度上是前后相继、一脉相承的。国内外学者对旅游质量的概念内涵、测度评价与时空格局、影响因素及提升路径均已开展了大量的研究，国内的研究更加侧重从区域视角探讨旅游质量的评测、时空变化及提升路径；国外的研究中，有学者将其梳理为 3 个阶段（刘嘉毅等，2012），分别以服务质量模型，消费者评价模型，消费者满意度（Baker et al.，2000），旅游质量的定义、测度模型，旅游质量的影响，旅游质量的提升路径等为各期研究的重点。

一、旅游业高质量发展的概念与内涵

旅游质量概念内涵研究方面，国内学者陈秀琼（2006）较早对旅游质量

的概念内涵进行了界定，认为旅游业发展质量包含产品质量、环境质量、要素质量、产业增长方式、产业运行质量 5 个方面；钟士恩（2014）等提出旅游业发展质量包含针对游客的旅游质量（人的要素）和针对目的地的旅游目的地发展质量（地的要素）。国外的研究主要从旅游服务质量、旅游者体验质量、旅游产品质量 3 个角度定义旅游质量。旅游服务质量方面，Grnroos（1984）、Parasuraman（1985）、MacKay（1988，1990）、Steene（2009）等都从消费需求与感知服务的关系入手，将旅游服务质量界定为消费者对服务的期望与感知服务之间的差异；Ostrowski 等（1993）指出，服务质量是关于如何满足顾客以使顾客对服务持积极态度的思维方式。旅游者体验质量方面，Keller（1997）强调旅游质量的体验感，认为旅游质量就是旅游者在整个旅行体验过程中的体验质量。旅游产品质量方面，Pyo（2000）指出，旅游产品质量是对客户合理需求的一种满足；Hogstrom（2010）等认为质量是旅游产品或者服务满足客户需要与期望的程度。此外，也有研究认为旅游质量是各种要素的综合，如 UNWTO（2003）认为，旅游质量是游客完成旅游过程的结果，其前提为价格水平可接受，符合合同条款和基本质量要素，诸如旅游产品和服务的功能安全性与心理安全性、可进入性、透明性和原真性，且保持旅游活动与人文、社会环境和谐；Panasiuk（2006）认为旅游产品质量是旅游者在出发前、旅途中以及回家后购买的以商品或服务形态出现的服务复合体；Cappelli（2008）指出旅游质量是在一定社会、文化、环境中所提供的旅游产品主要方面的综合。在旅游质量的维度内涵上，不同学者提出了二维度（Lehtinen et al.，1991）、三维度（Chelladurai et al.，2000）、四维度（David，2006）、五维度（Parasuraman et al.，1988）、六维度（LeBlanc，1992）等多种维度内涵。Yakovchuk（2020）认为酒店业务、旅游业务的发展，旅游和酒店业的盈利能力，以及区域旅游产品的受欢迎程度可以代表旅游业的发展水平。

旅游业高质量发展概念内涵研究方面，现有研究多将新发展理念套用于旅游业高质量发展，其概念内涵的解释也多从创新、协调、绿色、开放、共享视角出发，分析旅游业在这 5 个方面的具体表现（张新成等，2020；唐业喜等，2021；李志远等，2021）。何建民（2018）从新时代我国旅游业发展的基本特征、制约条件和发展潜力出发，对我国旅游业高质量发展系统进行了探索；张洪昌（2019）认为，在高质量发展背景下，增进人民福祉、可持续发展、创新驱动和多元协同是旅游业高质量发展的主要内涵；马波（2021）等认为，旅游经济质量是旅游业高质量发展的基础，旅游业高质量发展需要从供需、旅游者利益最大化视角出发探寻其微观机理；胡静（2021）等从旅游业双重属性出发提出，旅游业高质量发展的核心要义在于旅游产业的有效供给和旅游事业的公平发展；张朝枝（2021）等提出，旅游高质量发展是一种强可持续发展，是一种更高层次的可持续发展。也有学者对文旅融合高质量发展的内涵进行了分析，如厉新建（2021）等从高质量的供给、高质量的消费、高质量的价值、高质量的环境等层面构建文化和旅游融合高质量发展的逻辑框架。还有学者对乡村旅游、体育旅游、民族地区旅游业高质量发展的内涵进行了解读，如于法稳（2020）提出，乡村旅游高质量发展的内涵特征是指以绿色发展为指导，以资源的可持续利用为前提，以产业融合为路径，以提供绿色旅游产品为内核，以农业强、农民富、农村美为目标，以生态与经济协调发展为归宿；舒伯阳（2021）等提出，乡村旅游高质量发展的思想内核是“生态基底、智慧转型、文化赋能和产业优化”；曾玉兰（2020）等认为，体育旅游高质量发展是对体育旅游业发展水平的界定，是依托体育本体资源，打造特色体育旅游产品，将观赏式旅游与体验式、参与型结合起来，为消费者提供良好的健身休闲体验和服务，满足消费者高品质体育旅游需求，以此达到满足人民美好生活需要的目的；周丽（2021）等提出，西部民族地区乡村旅游高质量发展是自然风光与民族风情、历史文化全面融合的高质量发展，是第一、第三产业全面融合的高质量发展，是以绿色生态为核心、人与自然和谐共生的高质量发展，是农民充分参与、促进共同富裕的高质量发展，是推动乡村全面振兴的高质量发展。

二、旅游业高质量发展水平测度与时空变化

对旅游业高质量发展评价与时空变化研究可以追溯至对旅游质量评价与时空格局的相关研究，在旅游质量评测与时空变化方面，陈秀琼（2006）等

分析发现 1994 年以来中国旅游产业质量总体上呈现下降趋势；张爱平（2015）等构建了包括旅游产品、旅游服务、旅游市场、旅游设施、旅游环境在内的旅游发展质量评价体系，发现中国旅游发展质量整体水平偏低，空间差异明显，具体表现为东部>中部>西部，旅游产品等子系统发展质量也存在明显的空间分异性；宋长海（2016）从旅游业发展环境质量、游客旅游质量、旅游企业发展质量、旅游产业发展质量和旅游目的地发展质量 5 个方面构建了旅游业发展质量评价指标体系并提出了旅游业发展质量指数编制的思路与方法；叶建赓等（2019）从旅游产业的产业要素、结构质量、环境质量、产品质量等 7 个方面遴选指标建立了旅游产业评价指标体系，研究发现云南省各地区旅游产业发展质量差异性较大，各地区间差距有波动。国外对旅游质量的评价研究已久，其中 Servqual 评价模型应用最为广泛，该模型被运用到公园（Palmer et al.，2003）、旅行社（Bigne et al.，2003）、住宿（Ekinci et al.，1998）等领域，但该模型只是一个测试旅游质量的框架，针对不同的行业相关指标需要做出相应的调整。MacKay 和 Crompton（1988）提出娱乐休闲业服务质量的测度模型（Requal）；Fick 和 Brent Ritchie（1991）提出通过 Servqual 来衡量旅行和旅游业中的服务质量；Backman 和 Veldkamp（1995）使用 Requal 模型考察 YMCA 项目的服务质量；还有众多学者结合研究主题扩展并修正了 Servqual 模型，并重点对旅游酒店、旅游餐馆、乡村旅游等服务质量进行了研究（Cronin & Taylor，1992；Nam，2011；Al，2011；Abdullah，2012；Attallah，2015；Ajwinder，2018；Shafiq，2019；Nguyen，2021）。此外，Albacete-Saez 等（2007）提出用人员反应、补充报价、游客关系、有形元素和共鸣 5 个维度来衡量农村住宿的服务质量；Narayan 等（2009）从 10 个维度测量旅游服务质量，即核心—旅游体验、信息、接待、价格公平、卫生、设施、性价比、物流、食品和安全；Blancas（2010）、Wan 和 Li（2013）、Agyeiwaah（2017）等对旅游业发展的可持续性进行了评价；Kumar 等（2016）建立了医疗旅游服务质量测度体系，并探讨了 5 个服务质量因素与整体服务质量之间的关系；Radjenovic（2018）提出员工的资格水平、年龄结构、激励机制、满意度及其培训机会对旅游及酒店行业人力资源质量有显著影响；Babi-Hodovi 等（2019）结合 IPA 和 SERVPERF 模型来评估服务质量的概念化；Kim 等（2021）提出并验证了慢城旅游评价指数（SCTEI），评估了慢城在可持续旅游方面的吸引力和水平。

以中国知网为国内旅游业高质量发展评价研究的检索平台，在硕博士论文库和期刊论文库中设置主题检索词为旅游、旅游业及高质量发展，为保证文章质量，将期刊论文库设置为 CSSCI。检索发现，当前国内对区域旅游业高质量发展评价的研究在 2020 年以后逐渐增多，共有 13 篇文献直接对全国或某一区域不同时段的旅游业高质量发展进行了评价或测度，其中期刊论文 6 篇、硕博士论文 7 篇，这些文章在旅游业高质量发展评测研究方面具有一定的科学性和借鉴价值，是国内旅游业高质量发展评价研究的代表性文献（见表 1-1），有助于为本书评测体系的建立奠定科学基础，也可以为具体指标的选取提供理论借鉴和参考。

表 1-1　国内旅游业高质量发展评价代表性文献梳理

序号	研究者	指标体系		评价区域	指标数据来源	研究方法	来源期刊
		一级指标	二级指标				
1	刘雨婧、唐健雄	旅游产品服务	3A 级及其以上景区数（个），国家级森林公园、地质公园、风景名胜区、世界遗产之和（个），国家级非物质文化遗产数（处）；每万人拥有公共图书馆数（个/万人），每万人拥有博物馆数（个/万人），每万人拥有艺术表演团体机构数（个/万人）；高星级（四星级+五星级）酒店数（家）、旅行社数（家）；每万人公交车数量（辆/万人），铁路、公路、民用航空客运总量（万人次）；每万人拥有公共厕所数（座/万人）；互联网覆盖率（%），旅游总收入增长速度（%），高等级旅游企业增长速度（%）	长江经济带	《中国旅游统计年鉴》，国家统计局数据库，全国 31 省（区、市）（不含港澳台）的统计年鉴、文化统计年鉴和《中国能源统计年鉴》等	投影寻踪评价法	经济地理

续表

序号	研究者	指标体系		评价区域	指标数据来源	研究方法	来源期刊
		一级指标	二级指标				
1	刘雨婧、唐健雄	旅游经济活力	总收入/旅游社会固定资产投资额（%）、旅游总收入/旅游直接从业人员总数（元/人）、星级以上酒店平均客房出租率（%）、入境游客数量/游客总数量（%）、入境旅游收入/旅游总收入（%）、入境游客平均停留天数（天）、景区门票收入/景区营业收入（%）、人均旅游消费支出（元）、游客基础消费支出占比（%）	长江经济带	《中国旅游统计年鉴》国家统计局数据库，全国31省(区、市）（不含港澳台）的统计年鉴、文化统计年鉴和《中国能源统计年鉴》等	投影寻踪评价法	经济地理
		旅游创新发展	高等旅游院校在校人数（人）、中等旅游职业学校在校人数（人）、高等旅游院校（所）、中等旅游职业学校（所）、旅游 R&D 经费支出/旅游总收入（%）、地区三种旅游专利授权数（个）、每万人拥有旅游专利数（个/万人）				
		旅游绿色发展	森林覆盖率（%），自然保护区面积/辖区面积（%），人均公园绿地面积（平方米/人），建成区绿化覆盖率（%），（旅游总收入/GDP）×废水排放量（万 t），（旅游总收入/GDP）×二氧化硫排放量（万吨），旅游交通、旅游住宿及旅游活动产生的碳排放总量（万吨），垃圾无害处理率（%），环保投资占 GDP 比例（%）				
		旅游协调发展	城乡居民人均可支配收入比、旅游总收入/GDP（%），省市旅客周转量/总周转量比（%），运用灰色关联度模型计算旅游业与第一、第二、第三产业的关联系数，用关联系数表征旅游产业的融合度				
		旅游共享发展	城镇居民人均可支配收入增长率/旅游总收入增长率、农村居民人均纯收入增长率/旅游总收入增长率、旅游直接从业人数/总就业人数（%）、高等旅游院校/学校总数（%）、居民旅游恩格尔系数（%）				

续表

序号	研究者	指标体系		评价区域	指标数据来源	研究方法	来源期刊
		一级指标	二级指标				
2	王兆峰、谢佳亮、吴卫	产业转型	旅游业全要素率、技术进步贡献率、产业结构高级化	长株潭城市群	《湖南统计年鉴》《中国城市统计年鉴》《中国区域经济统计年鉴》及市州统计年鉴与相应年份的国民经济和社会发展统计公报	面板熵值法	经济地理
		产业运行	旅游资本生产率、旅游劳动生产率、旅游经济增长率、经济增长稳定性、旅游外汇比重、国际游客比重、旅游外汇收入协调、国内旅游收入协调				
		产业共享	旅游—经济协调、旅游—社会协调、旅游—环境协调				
3	刘雨婧、唐健雄	供需水平升级	3A级及其以上景区数（个），国家级森林公园、地质公园、风景名胜区、世界遗产之和（个），国家级非物质文化遗产数；每万人拥有公共图书馆数，每万人拥有博物馆数，万人拥有艺术表演团体机构数；旅游总收入 GDP；高星级（四星级+五星级）酒店数，旅行社数；每万人公交车数量，铁路、公路、民用航空客运总量；人均医疗卫生机构床位数；每万人拥有公共厕所数；互联网覆盖率；入境游客数量/游客总数量，入境旅游收入/旅游总收入，入境游客平均停留天数；景区门票收入/景区营业收入，旅游总收入/旅游总人次，旅游基础消费支出比重（交通、住宿和餐饮消费之和所占比重）；博物馆接待参观人次，艺术表演场馆观众人次	全国31个省（区、市）	《中国旅游统计年鉴》、国家统计局数据库、全国31个省（区、市）（不含港澳台）的统计年鉴和各省份国民经济和社会发展统计公报等	熵权TOP-SIS模型	统计与决策
		创新驱动发展	高等旅游院校在校学生人数、中等旅游职业学校在校学生人数、高等旅游院校、中等旅游职业学校、R&D经费支出/GDP、地区三种旅游专利授权数、万人拥有旅游专利数				

续表

序号	研究者	指标体系		评价区域	指标数据来源	研究方法	来源期刊
		一级指标	二级指标				
3	刘雨婧、唐健雄	生态文明建设	森林覆盖率、自然保护区面积/辖区面积、人均公园绿地面积、建成区绿化覆盖率、（旅游总收入/GDP）×废水排放总量、（旅游总收入/GDP）×旅游总收入、环境治理投资总额占GDP的比重、污水处理率、垃圾无害处理率	全国31个省（区、市）	《中国旅游统计年鉴》、国家统计局数据库、全国31个省（区、市）（不含港澳台）的统计年鉴和各省份国民经济和社会发展统计公报等	熵权TOP-SIS模型	统计与决策
		经济高效稳定	旅游总收入/全社会固定资产投资额、旅游总收入/旅游直接从业人员总数、旅游总收入/与旅游相关能源耗总量（旅游相关能源消耗指与旅游业密切相关的交通运输、仓储、邮政业、批发业、零售业、住宿业、餐饮业的能源消耗总量）、星级饭店平均客房出租率、旅游总收入增长率、第三产业/GDP增长率、旅游直接就业人员增长率、第三产业就业人员增长率				
		民生质量提升	城镇居民人均可支配收入增长率/旅游总收入增长率、农村居民人均纯收入增长率/旅游总收入增长率、旅游直接从业人数/总就业人数、旅游总收入增长量/旅游直接就业人数增长量、高等旅游院校/学校总数、居民旅游恩格尔系数				
4	孙晓、刘力钢、陈金	创新发展	研发经费（万元）、专利授权数（件）、旅游学生	全国31个省（区、市）	《中国统计年鉴》《中国旅游统计年鉴》《中国城市统计年鉴》、各省份统计年鉴及国民经济和社会发展统计公报	熵值法	统计与决策
		协调发展	人均GDP（元）、旅游产业占第三产业的比重（%）、城镇人口比例（%）				
		绿色发展	绿化覆盖面积（公顷）、公园绿地面积（公顷）、废水排放（万吨）、废气排放（万吨）、垃圾清运（万吨）、垃圾处理率（%）				
		开放发展	外汇收入（百万美元）、入境游客人数（万人次）、进出口额（万美元）、利用外资（万美元）				
		共享发展	旅游业固定资产（万元），旅游业从业人员数量（人），旅行社数（个），旅游饭店数（个），A级以上旅游景区数（个），博物馆数（个），铁/公路客运量（万人次）				

续表

序号	研究者	指标体系		评价区域	指标数据来源	研究方法	来源期刊
		一级指标	二级指标				
5	吕雁琴、陈静、邱康权	创新	旅游全员劳动生产率、旅游专利申请数、人才培养机构、旅游人才规模、旅游劳动要素、旅游资本要素、文旅融合、互联网普及率、旅游产业集聚	全国31个省（区、市）	《中国统计年鉴》《中国旅游统计年鉴》《中国文化和旅游产业发展统计年鉴》《旅游抽样调查资料》《中国林业统计年鉴》和各省《统计年鉴》	熵权法	《新疆大学学报》（哲学·人文社会科学版）
		协调	旅游产业结构合理化、旅游产业关联、旅游产业波动率、交通覆盖广度、交通覆盖深度、卫生设施供给、旅游消费差距、城乡收入比				
		绿色	自然保护资源、森林资源、国家级生态公园、生态旅游收益、生态旅游规模、旅游碳排放强度、$PM_{2.5}$、公园绿化、建成区绿化、排污处理、垃圾处理				
		开放	入境旅游收益、入境旅游规模、入境接待能力、外资依存度、旅游接待服务				
		共享	旅游专项服务、旅游人工服务、旅游产品丰裕度、旅游产品优质度、城乡旅游共享度				
6	张新成、梁学成、宋晓等	创新发展系统	发明专利授权量、R&D 经费、科学支出、个体就业人数、旅游类专业学生数、旅游劳动生产率、旅游从业人员比重	黄河流域9个省（区）	《中国统计年鉴》《中国旅游统计年鉴》《中国文化文物统计年鉴》等	熵值法	干旱区资源与环境
		协调发展系统	旅游收入增长率、旅游业增长弹性系数、旅游产业集聚度、旅游产业与城市化协调、旅游产业与区域经济协调、旅游产业与生态环境协调				
		绿色发展系统	工业废水排放量、工业废水排放达标量、工业烟尘排放量、工业二氧化硫排放量、建成区绿化覆盖率、生活垃圾无害化处理率、城镇生活污水处理率				
		开放发展系统	图书出版情况、文化艺术演出场次、利用外资、旅游外汇占外贸出口比重、入境游客占游客总量比重				
		共享发展系统	公共汽车客运总量，公路、水运、民用航空客运量，互联网宽带接入用户数，公共图书馆藏书量，文化体育投资，公共服务支出				

续表

序号	研究者	指标体系		评价区域	指标数据来源	研究方法	来源期刊
		一级指标	二级指标				
6	张新成、梁学成、宋晓等	文旅资源系统	国家级、省级文物保护单位维修项目累计支出额，博物馆支出，乡村旅游吸引物点密度，旅游资源丰度	黄河流域9个省(区)	《中国统计年鉴》《中国旅游统计年鉴》《中国文化文物统计年鉴》等	熵值法	干旱区资源与环境

资料来源：作者根据知网检索结果整理而得。

当前旅游业高质量发展评价研究主要从以下几个方面展开，大多数研究从新发展理念入手，根据旅游业的特性，选取相应指标进行定量评价，如孙晓（2021）、唐业喜等（2021）以新发展理念为基础构建了旅游经济高质量发展的评价体系，并对中国旅游经济高质量发展区域内和区域间的差距进行了分析。也有学者对五大理念中某一理念的高质量发展进行了研究，如谢爱良等（2020）从旅游创新投入、产出和环境3个方面构建了评价指标体系，发现我国省域旅游创新竞争力空间地域差异明显，整体演化表现出倒“U”形时序特征，分类型演化具有明显的地区差异和类型差异时序特征。在旅游效率研究方面，学者的主要借助DEA模型对不同的旅游细分领域、不同的空间地域及旅游扶贫效率进行了研究（杨淋杰等，2021；纪晓萌等，2021；潘秋玲等，2021；方世敏等，2020；田瑾等，2021；陈超凡等，2020），如王松茂等（2020）基于旅游资源转换效率视角，运用修正DEA模型探究了“一带一路”沿线18个重点省份2008—2017年旅游经济增长质量的时空演变及发展趋势；王胜鹏等（2020）探讨了黄河流域旅游生态效率时空演化及其与旅游经济的互动响应。其次是从某一视角切入构建评价体系衡量旅游业高质量发展水平，如刘英基等（2020）基于效率、结构和环境3个维度构建并测算了旅游经济高质量发展水平，并对2003—2016年省际旅游经济高质量发展水平进行了实证分析，发现要素结构变动和制度环境对旅游经济高质量发展的作用程度存在地区差异，资本劳动投入比对东、中部地区有显著的促进作用，对西部地区的作用尚未充分显现；景区禀赋对中、西部地区旅游经济发展质量提升具有显著的促进作用，对东部地区的作用不显著；制度环境对东、中部地区呈显著正向促进作用，对西部地区的作用不显著。魏敏等（2020）从旅游资源禀赋条件、旅游服务配套设施、旅游发展环境支撑等 6 个维度构建了旨在体现高质量发展理念的旅游竞争力测度体系，结果发现考虑高质量发展后，中国旅游竞争力整体呈现由东向西趋于降低的空间分布格局，各省（区、市）具有旅游竞争力优势指标和劣势指标。李菲菲等（2019）从生态位值、生态位宽度、生态位重叠度、生态位适宜度 4 个方面比较分析了高质量发展下各省（区、市）旅游产业竞争力的生态位，发现 2007—2016 年各省（区、市）旅游产业竞争力生态位值并未随时间变化呈现较为明显的增长态势，竞争力生态位差异较大，相对而言，西南地区旅游产业竞争力综合生态位高于西北地区，大部分省域旅游产业竞争力生态位适宜度在不断上升。Lu（2019）从产业整合视角切入，构建了旅游业高质量发展评价指标体系。还有学者从旅游业高质量发展概念内涵的广义与狭义，涉及范围的宏观与微观视角出发构建评测体系，如肖黎明等（2021）从乡愁的环境要素、经济要素和民生要素 3 个方面出发，构建了乡村旅游高质量发展的指标体系，并对 2007—2018 年黄河流域乡村旅游高质量发展的区域差异及演进特征进行了考察，结果发现黄河流域乡村旅游高质量发展水平呈“下游>中游>上游”之态势，而在空间上却呈现与之相反的非均衡特征，其中上游省（区）差异最明显。2007—2018 年，整个流域的乡村旅游高质量发展水平持续走低，发展差距不断拉大，且上、下游的这种差距呈先大后小的发展态势。黄河流域乡村旅游高质量发展整体呈“偏西南—东北”分布，历经了先向西南再向西北迁移的过程。马波等（2021）认为，旅游业高质量发展亟须探讨其微观机理，旅游性价比是研究旅游业高质量发展微观机理的重要视角，通过评测旅游性价比中收入弹性、价格弹性、交叉弹性的变化可从侧面反映旅游业高质量发展水平；张朝枝等（2021）认为，对旅游高质量发展的评价必须围绕“人的全面发展”核心理念，以经济、社会文化和环境协调发展为底线，进行地方、区域、国家和全球 4 个空间尺度的二维分析。

三、旅游业高质量发展的影响因素

旅游业发展的影响因素一直是国内外旅游学界研究的热点领域之一，1966 年，George 对美国宾夕法尼亚两个竞争景点进行分析，认为资源是影响旅游产业的主要因素；后来，国外学者对旅游业发展的影响因素进行了大量实证研究，发现目的地气候（Jennifer et al.，2018）、创新与产业结构（Romao et al.，2019）、环境（Ignacio et al.，2019）均会影响旅游业发展。国内学者对旅游业发展的影响因素进行了大量实证研究，如敖荣军（2006）研究发现，旅游资源、区域基础条件、服务设施等是旅游业发展的主要影响因素；陈锦龙等（2011）提出中国省际入境旅游的发展主要受到经济发展水平、旅游交通状况、旅游接待设施、居民收入以及旅游资源禀赋的影响；杨立勋等（2013）发现旅游业投入、经济发展水平、市场化制度建设、对外开放度及经济结构的服务化水平是影响旅游产业绩效的主要因素；孙根年等（2013）将旅游资源丰度、交通区位、可达性及人均 GDP 作为影响区域旅游发展的主要因素；周强等（2018）分析认为，我国国内旅游产业的发展主要受到人均 GDP、第三产业比例、交通网络密度、居民收入、环境治理投入、自然灾害损失及旅游资源禀赋等影响；王新越等（2020）从自然环境、经济基础、旅游资源、服务设施、旅游交通、政策响应、产业集聚等方面构建了我国主要城市旅游业发展的影响因素指标体系。总之，对区域旅游业发展的影响因素主要从旅游资源禀赋（Prokkol，2010；Park，2016；苏建军等，2017）、区域经济发展水平（李光勤等，2018）、交通条件及可达性（Alipour，2005）、公共服务水平（马慧强等，2018；Habibi，2017）、政策制度因素（刘春济等，2014；生延超等，2012；Nenonen，2018）、产业结构（李国兵等，2019；龚艳，2016；Liu et al.，2021）、环境（Koval et al.，2019）等方面选取指标，是一个多因素驱动的发展过程（Mbaiwa，2005）；研究范围涉及区域、省、市等不同层次（王俊等，2018；魏俊等，2018；刘中艳等，2015；高伟丽等，2014），研究方法上定量研究日盛，主要运用灰色关联、因子分析、主成分分析、空间计量等方法（傅云新等，2012；倪向丽，2018；朱鹤等，2015；李锋等，2014；丰晓旭等 2018）。

相对于区域旅游业发展影响因素研究的长期积累和影响因子选取的相对一致性，旅游业高质量发展影响因素是个新生事物，目前还处于起步探索阶段。刘英基（2020）等的研究指出，要素结构变动和制度环境是构成旅游经济发展质量提升的关键因素。要素结构变动为旅游经济发展质量提升提供了基础条件和原动力，要素结构变动在制度环境调节下能够对各地区旅游经济发展质量产生正向作用，二者交互形成集成动力推动旅游经济高质量发展。另外，地区经济发展水平、公共交通服务能力、地区 R&D 强度等对旅游经济发展质量具有显著正向作用，而环境治理强度对旅游经济发展质量尚未产生显著影响。制度环境为旅游经济发展质量提升提供了调节作用和驱动力。陈敬敬（2021）等研究认为，文旅项目的高质量发展受到政府行为、基础设施建设、旅游产业发展、文化传承与文化惠民、生态文明建设的影响。左鑫（2021）等提出，旅游经济高质量发展在不同阶段具有不同的主导因素，2011 年以前，影响旅游经济高质量发展的主要因素有发明专利数、旅游经济一产比重、污水处理率、旅行社数量、交通可达度，2011 年以后，转变为星级宾馆数量、旅游外汇收入、旅游科研人员。雷莹等（2021）用解释结构模型（ISM）和交叉影响矩阵相乘法（MICMAC）相结合的方法分析了红色旅游景区高质量发展的影响因素，认为外部交通、景观设施、环境卫生、宣传介绍、服务讲解、红色文物保护与利用等是影响红色旅游景区高质量发展的主要因素，并探讨了各因素之间的相互关系。石燕等（2021）提出，市场需求、经济发展、技术水平、交通区位和信息资源是影响区域文旅融合发展的主要因素。曹大伟（2021）等从需求端入手，提出我国冰雪产业高质量发展的影响因素主要体现在政策、认知和产业 3 个方面。唐业喜（2021）等的研究发现，新发展理念是影响湖南省各地级市旅游经济高质量发展的主要因素，并且这种影响存在分异。余宇芬（2021）等认为，森林面积、森林公园总数、旅客运输量、森林旅游人数等 18 个指标是影响吉林森林旅游高质量发展的影响因素。此外，还有学者从创新、协调、效率、绿色包容等角度分析了旅游业高质量发展的影响因素。旅游创新发展影响因素方面，陈万明（2018）等研究发现，要素创新和内生变革对旅游产业绩效有显著的正向影响；谢爱良等

（2020）分析认为，人力资源规模、科技经费投入是影响旅游创新竞争力最稳健的因素，其他因素表现出地区或类型差异。旅游与其他要素协调发展的影响因素方面，虞虎等（2012）发现，产业发展、旅游发展模式、旅游重大项目投资、区位条件是影响长三角城市旅游协调水平的主要因素；于洪雁等（2020）分析了中国旅游供需的协调水平及影响因素，发现产业结构、资源禀赋和制度变迁对旅游供需协调水平具有显著影响，且这种影响存在空间分异；贾垚焱等（2021）的研究提出，行政力度、经济基础、市场条件和开发程度是影响区域生态、文化、旅游协调发展的主要因素；屈小爽等（2021）分析了黄河流域旅游业与生态环境协调及高质量发展问题。旅游效率影响因素研究方面，既有研究表明技术创新、资源禀赋、交通条件、产业结构、经济发展水平、政府调控等因素占主导地位，并且因旅游类型、空间地域的不同，影响因素各异、影响程度不一（徐冬等，2018；韩瑛等，2019；王兆峰等，2021；谢朝武等，2021；杨丽等，2021；Li et al.，2021）。旅游绿色发展影响因素方面，Zhang（2021）从进口依存度的角度出发，基于空间生产理论分析包容性绿色增长对旅游产业高质量发展的作用机制，研究发现，包容性绿色增长能够显著促进旅游产业的高质量发展。

四、旅游业高质量发展的空间效应

旅游业的高质量发展不仅受到本区域相关因素的影响，而且受到邻近地区相关作用力的影响，研究旅游业高质量发展的空间效应，对掌握其空间影响及关联作用，科学制定旅游业高质量区域协调发展战略意义重大。既有研究中，关于旅游业发展空间效应的研究已较为丰富，诸多研究者认为旅游业发展存在明显的空间依赖性和异质性（Capone，2008；吴玉鸣，2014；Murphy，2006；Yang，2014；Majewska，2015；Cheng，2019），但是对旅游业高质量发展空间效应的研究极为鲜见，目前的研究主要涉及入境旅游、旅游经济、旅游扶贫等方面的空间效应问题。入境旅游空间效应研究方面，王永明等（2010）研究发现，上海市入境旅游流对长江流域其他省份的空间场效益显著增强，空间场场强地域重心有向东转移的趋势；张瑞英等（2014）

分析指出，中国入境游客增长速度由明显的局部区域增长转变为全国性普遍增长，区域性增长速度差别越来越小。中国各区域旅游成熟度和开放性在加强，在各旅游区域的地理聚集性越来越差，分散旅游成为趋势。吴杨（2016）等通过 SLM、SEM 模型分析发现，上海市 16 个区级单元入境游客在空间上具有正相关性和集聚特征，旅游资源、旅游服务接待设施对入境游客数量的影响存在空间非平衡性，但区间不存在空间溢出；吴良平（2020）研究发现，开放程度对东部省域的影响较为微弱，对中部和西部省域则起到很好的积极作用，同时交通设施在中部省域呈现出非常强劲的溢出效应；何昭丽（2020）等研究指出，2014 年为入境旅游全要素生产率时间序列的突变点，技术进步、区位优势、开放程度、经济集聚等影响因素的总体空间溢出效应均显著为正，人力资本和市场化程度两个因素对入境旅游全要素生产率的空间溢出效应均未通过显著性检验；Xu 等（2020）发现，1998—2016 年中国中东部地区的雾霾污染和入境旅游增长都具有明显的空间自相关和显著的空间溢出效应，雾霾的空间溢出效应从南到北逐渐减少；张瑜（2021）等基于中国 31 个省域 2008—2016 年的面板数据，发现入境旅游集聚有助于缩小城乡居民收入差距，同时在入境旅游集聚的影响下，传统要素展现了不同程度的数值变化与作用方向偏移。旅游经济空间效应研究方面，刘建国（2016）的研究指出，北京市旅游经济发展绩效存在空间集聚性；王坤等（2016）对泛长江三角洲旅游经济空间效应的研究表明，区域城市入境和国内旅游发展都存在明显的空间依赖性和空间溢出效应，旅游资源禀赋、旅游服务设施、旅游交通设施和城市经济发展水平对入境旅游发展具有显著的空间溢出效应；丁水平等（2018）认为，经济发展与旅游发展程度具有高度关联性，经济发展对旅游增长的空间溢出效应显著；Konstantinos Eleftheriou 等（2019）等对希腊旅游发展与区域经济增强的溢出效应研究也表明，区域旅游发展存在短期和长期的溢出效应；Jiao 等（2019）则发现，全样本（283 个地级市）分析并没有发现明显的旅游空间溢出效应，子样本的分析则显示了相反的情况；Chen 等（2020）的研究表明，区域生态效率具有明显的空间依赖性和空间聚集性特征。随着时间的推移，这种正的空间自相关逐渐加强。旅游经济发展和城市化水平在不同时期具有不同的空间溢出效应，而投资开放度具有明显的正溢出效应。

童昀等（2021）分析发现，旅游经济具有良好的绿色发展效应，能够同时促进绿色技术效率和绿色技术进步，进而驱动目的地本地绿色全要素生产率增长。旅游经济对绿色全要素生产率存在不显著的正向空间溢出效应，但对绿色技术效率具有显著的正向空间溢出（区、市）。旅游减贫空间效应研究方面，王松茂等（2020）基于2008—2017年中国30个省（区、市）的面板数据，运用空间计量模型研究发现，10年间中国乡村旅游业发展水平呈现显著的空间正向相关性，乡村旅游发展存在显著的空间溢出效应。旅游发展在经济、生活、环境3个减贫维度上具有正向空间溢出效应，这种空间溢出效应呈现出东部区域→中部区域→西部区域逐步递减规律。王晶晶等（2021）对2008—2019年中国31个省（区、市）旅游产业减贫的空间溢出效应研究显示，旅游产业发展规模对贫困减缓并无显著影响，而旅游产业发展专业化水平对贫困减缓既有直接影响，也有溢出效应。在旅游产业发展过程中，产业结构转变、旅游企业物质资本投入与劳动力投入、旅游消费水平均对贫困减缓具有显著的正向溢出效应。毛军等（2021）考察了2000—2017年中国旅游产业的减贫效应，发现我国旅游产业发展、旅游产业集聚、经济发展和经济集聚对城镇贫困和农村贫困都具有正向的空间溢出效应。此外，还有学者对旅游政策（戴璐等，2021；Cheng et al.，2018）、旅游资源（刘昌雪等，2016）、旅游生态安全（李细归等，2017）、边境旅游（孟庆雷等，2021）的空间效应进行了研究。

五、旅游业高质量发展的实施策略

旅游业高质量发展的实施策略是旅游业高质量发展研究关注的焦点之一，当前的研究大都遵循“现状—问题—策略”的分析逻辑，针对旅游业不同细分行业（如乡村旅游、红色旅游、体育旅游）、不同空间地域（如全国、区域、省域）等多个尺度展开。从分析问题的着眼点来看，主要从以下几个方面展开探讨：一是立足新时代旅游发展面临的不平衡、不充分的矛盾，从旅游业发展主要矛盾视角切入，提出具体对策。如唐任伍（2018）等提出，从开拓旅游市场新主体、注入旅游产业发展新元素、塑造旅游产品新品牌、创新旅游开发治理模式等角度提出具体对策，以解决当前旅游业发展中面临的不平衡、不充分的问题；龙志、曾绍伦（2020）则认为，夯实生态本底、挖掘文化资源、优化旅游品质是贵州省旅游高质量发展的重要策略；王勇（2020）提出，乡村高质量发展要围绕“脸谱化”“旅游+”“巷子深”“可持续”四大方面的问题，坚持因地制宜、整合资源、品质导向、着眼长远；周丽等（2021）从转型升级视角提出旅游开发利用、旅游业态、旅游品质、旅游服务等多个方面的实施策略及建议；王雄青等（2020）从绿色生态与红色文化旅游融合发展、红色文化旅游的规模效应、提质改造、修复保护和管理创新工作、全方位人才培养等方面提出了红色旅游高质量发展的具体对策；李鹏等（2021）从双循环新格局切入，提出要发挥政府的积极作用，培育旅游市场内生动力，实施创新驱动发展战略，培育和壮大旅游市场主体，推进区域协调发展，统筹旅游供求关系，深化文旅融合发展，推进全域旅游发展，积极融入旅游经济国际循环，实现国内国际双循环良性互动。二是立足对旅游业高质量发展核心内涵的解读，整体上提出旅游业高质量发展的策略。如胡静等（2021）提出，旅游业高质量发展要朝创新赋能、文化赋魂、开放赋力、绿色形态、协调高效方向发力；于法稳（2020）从强化理念指导、制定科学规划、优化资源配置、完善体制机制、加强能力建设、提高服务水平、完善法律法规 7 个方面提出了提升乡村旅游高质量发展水平的具体对策；谢珈等（2019）从乡村文化传统的保护、乡村元素的挖掘、乡村文旅产品的创新、发挥政府组织决策作用等角度提出了我国乡村旅游发展策略；魏敏等（2020）认为，发挥比较优势、培育旅游主导产业、精准把握各省旅游业发展优劣势指标是实现旅游业高质量发展的重要策略；周铭扬等（2021）认为，完善顶层设计，健全政策体系，优化市场环境，丰富多元主体建设，夯实人才基础，深化科技创新等是体育旅游高质量发展的主要策略。三是从旅游业高质量发展的关键组成要素入手，提出具体策略。如岳蕾阳（2021）提出了完善基础设施建设、提升民族地区旅游便利条件、打造民族地区重点项目、加强政策引导、保护民族地区生态和文化的原生性等具体策略；王庆等（2021）从产品、基础设施、资金、人才等要素出发提出了森林旅游高质量发展的对策；崔佳琦等（2021）从内需体系建设、结构性改革、科技赋能、数字化发展等角度提出了我国冰雪体育旅游产业高质量发展的策略；柯晓兰（2021）从支持体系、协作体系、产品体系和利益联结角度出发提出了乡村旅游高质量发展的优化策略；舒伯阳等（2021）提出了以绿色和生态优先为发展主调、以文化与品牌 IP 为产品的主打、以游客体验感为消费驱动内核、以人才与运营管理为关键保障的乡村旅游高质量发展实践路径。此外，有学者从科技创新（肖刚，2020；王兆峰，2019）、文旅融合（张祝平，2021）等视角提出了旅游业高质量发展的具体策略。

第三节　黄河流域高质量发展相关研究

从已有研究看，当前关于黄河流域高质量发展研究主要关注黄河流域高质量发展的时代内涵。如安树伟等（2020）认为黄河流域高质量发展体现在生态优先、市场有效、动能转换、产业支撑、区域协调和以人为本 6 个方面；张贡生（2021）则认为，黄河流域高质量发展的科学内涵主要体现在整体性和系统性，生态优先、绿色发展，高质量发展和人民群众对美好生活的追求等方面。有的学者则关注高质量发展水平的评测及时空演变，如徐辉等（2020）从经济发展、创新驱动、民生改善、环境状况和生态状况 5 个方面入手，分析发现黄河流域高质量发展水平基本呈现“两边高、中间低”的空间分布，但差距逐年变小，黄河流域整体高质量发展水平呈现上升趋势；程永生等（2021）的分析发现，黄河流域高质量发展综合水平较低，并呈随时间变动的阶段性波动，综合水平高值区主要分布在流域内上、下游城市，具有“双核引领”的空间集聚特征，而中游城市始终处于“低水平稳定增长陷阱”阶段；Zhang 等（2020）分析了黄河流域 2003—2018 年旅游业发展的时空演变及影响因素。还有的学者关注生态环境保护和高质量发展的耦合协调，如任保平（2021）的研究发现，黄河流域经济增长、产业发展与生态环境系统耦合协同严重失调，整体尚未达到三者协同发展状态，部分地区的耦合协调度有所提高，但总体提升与演进的速度较为缓慢；刘琳轲（2021）的研究指出，2012—2017 年黄河流域生态保护和高质量发展的耦合协调度整体呈现增长的态势，耦合协调度总体呈现下游>中游>上游的空间格局；崔盼盼（2020）、张建威（2021）的研究也得出了与此类似的结论。此外，有的学者关注城市群高质量发展，如马海涛（2020）、方创琳（2020）、盛广耀（2020）、李林山（2021）通过分析黄河流域高质量发展的时空格局特征，提出了推动黄河流域城市群高质量发展的具体策略。有的学者关注黄河流域高质量发展的实施策略及具体路径，如陆大道（2019）指出，新时代黄河流域全面深刻转型发展的任务仍然艰巨，需转变理念，持续推进能源清洁高效利用，因地制宜重点推进产业发展，不搞粗放式大开发，搞好资源耕地保护；苗长虹（2021）认为，黄河流域高质量发展必须将生态保护和粮食生产作为前提条件，协调好三者的关系是调控的核心任务之一；杨永春（2020）强调，黄河流域高质量发展需探索“弯道超车”的核心策略，包括产业转型、增进协同、“中心突破”等具体策略。

第四节　研究述评

当前国内学者在旅游业高质量发展的概念内涵界定、理论框架构建、实证测度检验、时空分异及影响因素、实现路径和发展动力等方面开展了较为丰富的研究工作，并取得了一定的研究成果；国外关于旅游质量的研究侧重微观层面、评价主体单一，其研究对象、研究范式、研究目标也与我国存在较大差异，但国外研究中关注“人”，评价发展质量强调人的感受。国内外相关研究为本书提供了如下重要启示：第一，旅游业高质量发展可以从不同视角切入展开分析，但其本身是一个复合系统，内含产业、事业、发展环境等多重体系，是各系统协调基础上的综合发展；第二，旅游业高质量发展研究既是学术理论问题的范畴，也是社会实践发展的需要，亟须通过理论建构指导实践工作，并通过实践不断检验、完善、升华理论；第三，国外对旅游质量的研究与国内旅游业高质量发展的研究本质上是一致的，都聚焦于旅游业发展的质量问题，其在旅游细分行业建构的服务质量分析评价模型对我国旅游高质量发展具有极强的借鉴意义。

总体来看，既有研究对旅游业高质量发展的内涵并未形成系统一致的认识，不少研究直接套用新发展理念来解释旅游业高质量发展的内涵，并由此建立旅游业高质量发展的理论分析框架，这种建立在政治经济学思维框架下的研究，对旅游业本质属性的考察不足，更偏向于旅游业的产业属性，对旅游业的社会属性关注不够。时空变化方面，对旅游业高质量发展水平的多尺度分析还比较少见，对重点战略区域旅游业高质量水平的多尺度时空变化分析还需加强，对黄河流域旅游业高质量发展综合水平的长时间关注仍显不足。影响因素及其空间效应方面，当前的研究存在旅游业高质量发展水平评测指标与影响因素重叠、相互佐证等问题；旅游业高质量发展影响因素的理论性和系统性分析不够，影响因素对旅游业高质量发展的空间效应分析比较鲜见，尚需借助空间计量分析模型探讨其对旅游业高质量发展的空间效应，以深化对旅游业高质量发展影响机理的理解。

基于此，本研究以新发展理念为指导，统筹考虑旅游业产业、事业属性兼具的特点，跳出以往侧重强调旅游产业高质量研究的窠臼，将旅游业社会性功能的发挥视作旅游业高质量发展的重要组成部分，强调旅游业的高质量发展应是旅游产业和旅游事业协调一致的高质量。在新时代背景下，面对旅游业发展主要矛盾的转变，旅游业质量的提升更集中体现在旅游业的社会属性上。为此，本书以黄河流域旅游业高质量发展为研究对象，基于旅游经济发展、旅游社会公平、旅游空间均衡等相关理论搭建涵盖旅游业产业属性、事业属性的综合性旅游业高质量发展分析框架和评价指标体系，揭示旅游业高质量发展的时空分异特征、影响因素及其空间关联、空间溢出和空间异质性效应，探索黄河流域旅游业高质量发展的实施对策，以期为实现黄河流域旅游业高质量发展提供借鉴和参考。

第二章　旅游业高质量发展的概念内涵与分析框架

第一节　相关概念界定

一、旅游业

明晰旅游业的基本概念是开展旅游业高质量发展问题研究的基础和前提，有助于明确文章的研究对象和内容，同时在实证分析中可以为度量旅游业高质量发展水平提供统一的口径，从而为统计数据的一致性和可比性确立前提条件。从当前研究来看，对旅游业概念内涵的理解包含旅游业的定义、性质及范畴等方面。

旅游业根植于旅游活动，因此要解析旅游业的概念，需要对旅游这一概念有深入的理解。虽然当前关于什么是旅游的理解见仁见智，也未达成统一共识，但是在众多定义中，Hunziker 和 Krapf 提出的“旅游指非定居者或者短时间居住所引起的现象以及关系的总和”得到更多人的认同（李天元，2014）。由此可见，旅游本身是一个复杂多元的现象。与此相对应，学界对旅游业定义的认识也由单一行业的认识转变为行业集合体或综合性行业，最早关于旅游业的理解是将其解释为旅行社行业，但随着旅游业的持续发展及本身的综合性、关联性特点，旅游业逐渐被界定为一种综合性的行业（产业），如美国旅游学家 Lundberg 认为，“旅游业是为国内外旅游者服务的一系列相互有关的行业”（《旅游概论》编写组，1983）；Goeldner 和 Ritchie 在他们共著的《旅游学》（2006）中将其解释为为游客提供旅游体验的多种经济活动、多种服务或者多种行业的集合体；李天元（2014）提出，旅游业是以旅游消费者为服务对象，为其旅游活动的开展创造便利条件并提供其所需商品和服务的综合性产业。

在旅游业的概念界定中关于其是否属于产业在学界尚存争议，国内大部分学者目前认同旅游业的产业定位，因为从旅游者一次完整的旅游活动过程来看，旅游者享受的各种产品和服务之间具有替代性，而且这些替代性的产品与旅游业之间是整体和部分的关系，而整体的各部分之间是互补关系，这与经济学对产业活动的界定相吻合（黄远水等，2007；李天元，2014）。在国外关于旅游业是否属于产业范畴争议较大，主要原因在于旅游业与其他产业不同，它并没有生产同一种产品，同时所生产的产品之间没有替代性，这不符合经济学对产业的认识（Neil，1979；Kenneth，1998；Smith，2000）。同时，世界上绝大多数国家并没有在其标准产业分类中将旅游业单独立项，国内部分学者也秉持这一观点，不认同旅游业的产业性质（张广瑞，2001）。与学界尚存争议不同，在中国旅游业发展的实践中，政府对旅游业的定位早在1991年就已经明确，主要考虑旅游业发展的经济效益；2009年以后，旅游业被定位为国民经济和社会发展的战略性产业和服务业，近年来更是被确立为幸福产业之首，由此看来，旅游业产业性、事业性的双重属性在国家层面逐渐被认可。

在旅游业范畴的理解上，有“三大支柱”说、“五大部门”说及我国的“旅游六要素”说。在联合国早期的《国际标准产业分类》中，由于旅游者的消费主要流向了旅行社行业、交通客运业和住宿业，因此将这三者作为旅游业的主要组成部门，我国也接受了对旅游业的这一分类方法。从一国或地区旅游目的地营销的角度，有学者又将其分为五大部门，除三大支柱外，还包括旅游景点及旅游管理组织；此外，还有“吃、住、行、游、购、娱”旅游六要素说。从总体上看，上述关于旅游业构成范围的认识有广义和狭义之分，广义旅游业考虑的范围更广，将旅行社、交通客运、餐饮服务、游览娱乐场所等均包括在内，而狭义的旅游业认为只有为旅游者提供直接服务的行业和部门才是旅游业的范围边界。其实，从对旅游业范围边界广义、狭义的划分看，相关企业与旅游业的依赖程度是区分旅游业构成的重要依据，据此，也有人将旅游业分为直接旅游业和间接旅游业。

在本书的分析中，笔者主要借鉴对旅游业广义范围的理解，如果从旅游业产业定位的视角看，本书认为旅游业是综合性行业，这种综合性不仅体现在旅游者一次完整的旅游过程中，以及各种旅游产品之间的可替代性等方面，更体现在旅行社、客运交通、住宿业、游览娱乐场所等产业之间相互关联之后形成的为旅游者服务的目的地旅游产业集群。同时，旅游业虽具有产业属性，但也不能仅被定位为产业活动，旅游业的事业性（社会性）是我们在高质量发展阶段认识旅游业本质属性的重要维度，因为旅游活动本身具有非经济性特点。同时，在新发展阶段，旅游业也被确立为幸福产业之首，被视作人们生活质量提升的重要标志，旅游业与人们的身心健康、知识拓展，与社会资源的公平分配、共建共享高度相关（黄秀琳，2011）。因此，现阶段旅游业发展需要在充分发挥经济效益的基础上，彰显旅游业社会效益，实现旅游业的社会价值，这是新时期解决旅游领域面临的不平衡、不充分矛盾的主要途径。

二、高质量发展

以质量衡量经济增长时，通常有狭义和广义之分，狭义的经济增长通常指经济增长的效率，而广义的质量指代了事物的本质和特性，是一种规范的价值判断（刘树成，2007）。经济发展质量问题一直是经济学家关注的热点问题之一，从其研究的先后脉络看，关于经济质量问题的研究大体经历了经济增长质量、经济发展质量、经济高质量发展等多个阶段。在经济增长质量阶段，一般主要关注经济规模的扩张和速度的增长，其代表性指标就是国内生产总值（总收入），其测度指标在起始阶段往往是单一的全要素生产率，随着研究的深入，构建综合的评价体系成为测量经济增长水平的主要方式。例如，古典经济学家亚当·斯密认为，国民财富的增长等于经济发展；卡马耶夫（1983）较早提出了经济增长质量的概念，并指出经济增长速度和产业结构是经济增长质量的主要考量标准；萨缪尔森（1999）认为，经济增长代表一国潜在国内生产总值的增加，是一国生产的可能性边界（PPF）向外扩张；2000年，世界银行提出了考察经济增长的3个共建原则，即应关注所有资本、更平等分配的重要性、更合理的制度安排（许思雨、薛鹏，2019）。随着经济增长过程中结构性问题不断涌现、环境问题日益严峻、贫富分化加剧、区域不协调问题等的出现，学界对经济增长的关注逐渐转移至经济发展问题上，研究者普遍认为，经济发展主要关注各种要素的组合变化、经济结构的优化调整、实现环境友好型发展、社会福利普及、发展制度优化改善等更为宽泛的层面（任保平，2012；伍凤兰，2014）。Montfort（2017）将高质量发展定义为“强劲、稳定、可持续地增长，提高生产力并带来社会期望的结果”。

随着我国经济发展进入新阶段、新常态，2017年习近平总书记在党的十九大报告中首次提出我国经济已经进入高质量发展的新阶段，此后，有关高质量概念内涵的分析层出不穷，从既有研究看，主要从以下几个方面展开：一是基于新发展理念，林兆木（2017）指出，高质量发展是创新成为第一动力、协调成为内生特点、绿色成为普遍形态、开放成为必由之路、共享成为根本目的的发展；任保平（2019）则指出，高质量发展是创新为核心驱动，协调是内在要求，绿色成为普遍形态，开放成为必由之路，共享作为价值导向的发展。二是从社会主要矛盾转变的视角出发，认为高质量发展应当满足人民日益增长的美好生活需要，这种需要囊括了政治、经济、社会、文化、生态等多方面的要求（金培，2018；张军扩，2019）。三是从宏观、中观和微观的视角进行分析，并指出不同视域范围下高质量发展对应的主要问题和发展策略不同，宏观层面重在考察国民经济整体的质量和效率，中观层面强调区域协调发展和产业结构的优化调整，微观层面关注企业提供产品和服务的质量问题（钞小静，2018；王一鸣，2020）。四是从发展的内容、环节、途径等角度，国家发展改革委经济研究所课题组（2019）认为，高质量发展是以高效率、高效益生产方式为全社会持续公平提供高质量产出的经济发展；任保平（2018）指出，高质量发展是经济发展、城乡发展、改革开放、人民生活、生态环境全方位高质量的发展；简新华等（2019）提出，高质量发展是产品和服务质量高，经济、社会、生态效益高，经济发展状态好“四高一好”的发展。

结合已有研究和经济发展的演进阶段，本书认为，高质量发展是新时代背景下，经济发展到一定阶段的必然选择，是我国进入质量型发展新阶段，为解决经济发展中存在的不平衡、不充分的矛盾所提出的新的发展方式，其核心思想是创新驱动、协调一致、绿色共存、开放合作、公平共享，是速度与质量兼顾，公平与效率相统一，经济、政治、文化、生态等多领域，宏观、中观、微观等多层次目标协同推进的发展。

三、旅游业发展质量与旅游业高质量发展

旅游业发展质量一直是旅游学界探讨的热点问题之一，陈秀琼等（2006）较早对旅游业发展质量的概念内涵进行了解析，认为旅游业发展质量是旅游产品质量、旅游环境质量、旅游要素质量、产业增长方式以及产业运行质量的函数，这 5 个方面彼此相辅相成，都能从不同角度反映旅游业发展质量的内涵。刘大均等（2012）认为，旅游业发展质量应该从旅游者、旅游企业和旅游业的区域影响等方面进行分析，旅游业发展质量是旅游业与经济、社会、生态以及旅游者评价的综合反映。钟士恩等（2014）从人的要素和地的要素两个方面出发对旅游业发展质量进行分析，认为旅游业发展质量包括针对游客的旅游质量和针对目的地的旅游目的地质量。随后，张爱平等（2015）从省域旅游发展质量出发，提出旅游发展质量是旅游产品、旅游服务、旅游市场、旅游设施和旅游环境等不同旅游发展要素在地域空间上耦合形成的综合性质量特征。李淑娟等（2019）认为，旅游发展质量由旅游规模质量和旅游效益质量两部分组成，前者反映旅游发展的“量”，后者反映旅游发展的“质”。吴桐等（2022）认为，旅游业发展质量的内涵应从旅游发展效率、旅游交通基础、旅游公共服务和旅游环境质量 4 个维度来理解。

旅游业高质量发展是我国经济进入高质量发展阶段后，为顺应时代潮流，解决旅游发展中存在的突出问题，新近提出的具有中国特色的研究命题。从目前对其概念内涵的理解看，不少研究以新时代新发展理念来解读旅游业高质量发展的内涵，并由此测度旅游业高质量发展水平，这实际是将旅游业和其他行业的内涵完全等同了起来，并没有凸显出旅游业高质量发展内涵的独

特性。不过也有研究者从旅游业高质量发展的概念入手阐述旅游业高质量发展的具体内涵，如胡静等（2021）从旅游业本质属性入手，提出旅游业具有产业性和事业性的双重属性，因而旅游业的高质量发展理应实现二者的协同，实现效率和公平的有机结合，这是旅游业高质量发展的本质。张朝枝等（2021）提出，旅游高质量发展是更高层次的可持续发展，它以人的全面发展为核心追求，同时遵守经济、社会文化和环境三条底线，并要实现旅游业在地方、区域、国家、全球等不同尺度的可持续发展。张洪昌（2019）提出，旅游业高质量发展的主要内涵包括增进人民福祉、可持续发展、创新驱动和多元协同等方面。于法稳（2020）认为，乡村旅游高质量发展是以绿色发展为指导，以资源的可持续利用为前提，以产业融合为路径，以提供绿色旅游产品为内核，以农业强、农民富、农村美为目标，以生态与经济协调发展为归宿的发展。

对比来看，学界对旅游业发展质量和旅游业高质量发展这两个概念的解读不尽相同，从既有研究来看，对旅游业发展质量概念内涵的解读主要基于旅游业本身，如供需矛盾、目的地与客源地以及不同的旅游发展要素等方面，而对旅游业高质量发展概念内涵的解读主要受到新发展理念的影响，是政治经济学理论溢出后在旅游发展实践中的具体应用，所以有不少研究者直接套用新发展理念解释旅游业高质量发展的内涵。虽然二者都共有“质量”一词，但是衡量的角度不同，旅游业发展质量侧重揭示质量的品质优劣，而旅游业高质量发展是一个比前者内涵更丰富、更深刻的质态要求，特别是与新时代的新理念、新变化、新思想联系在一起。从二者的相互关联看，旅游业发展质量的研究开展较早，为旅游业高质量发展研究奠定了一定的基础，学界普遍认同二者都是多维性的概念体系，是一个复杂综合的系统。从旅游业的发展阶段看，旅游业高质量发展可以视作新发展阶段旅游业发展质量的高级形态，或者说是新发展阶段对旅游业发展质量的新要求，是一种可持续的发展方式，也是旅游业发展质量持续处在一个高水平的发展状态。但在实际研究中也有学者将二者相互混淆，特别是基本将旅游高质量发展和旅游业高质量发展视为同一事物，这实际上忽视了旅游和旅游业的区别。因此，为明确研究对象，厘清重要概念，本书从旅游业的概念解读和属性分析入手，阐释旅游业高质量发展的概念内涵，并根据已有研究给出本书对旅游业高质量发展概念的解释，从而为后文的分析奠定理论基础。本书认为，旅游业具有产业性和事业性的双重属性，旅游业高质量发展是为了解决旅游业发展中存在的不平衡、不充分矛盾，以旅游产业的发展为先导和基础，以旅游业社会性功能和效益的发挥为目标导向，全力推进旅游产业增效提质，并充分重视旅游社会价值的实现，推动旅游产业和旅游事业协同发展，促使效率和公平兼顾的旅游业发展水平的高级形态。

第二节　旅游业高质量发展的内涵及特征

一、旅游业属性分析

属性是事物本身固有的性质及其与其他事物之间关系的统称。由于事物属性的相同或相异，导致客观世界中形成了许多不同的事物类。具有相同属性的事物形成一类，具有不同属性的事物形成不同的类。属性不仅反映了一个事物与其他事物之间的差异，也反映了事物的共同性。由于事物的联系具有广泛性，同一事物的属性往往是多方面的，如特性、形态、关系等。事物与属性是不可分的，事物都是有属性的事物，属性也都是事物的属性。属性作为事物固有的特性只有在事物的运动中，在事物的相互联系和作用中才能体现出来。旅游具有本体上的复杂性和形态上的多样性，是众多社会现象的综合。对旅游属性的认识目前总体持有 3 种看法，分别是经济属性论、文化属性论（曹诗图等，2013）和综合社会现象属性论（李天元，2014）。3 种论调中旅游经济属性论长期占据主导地位，并将旅游活动视作一项经济产业活动，将旅游业的属性界定为产业，而对旅游的社会文化属性缺少探究。

旅游是人们离开常住地到特定地方进行观光、度假等，然后返回常住地的活动，在现代旅游业诞生以前这种活动就广泛存在。从“居游平衡”的角度讲，旅游本质上是为了满足人们“居游平衡”的需要，这种需要会随着人类社会经济发展和人的需求而不断变化，这种需要及其变化是根本性的。从这种社会现象对人类社会的影响来看，经济、政治、文化和环境均会受到旅游活动的影响，影响是多元的，不只限于经济领域，或者并不主要体现在经济产业上。事实上，旅游业的发展除了会刺激经济消费、增加外汇收入、推动地区经济增长，还对旅游资源永续利用、知识普及、社会公平、文化交流互鉴、生命形态的丰富、人民生活水平的提升、国家或地区形象的塑造、文化自信的建立与增强、生态环境保护等非经济领域产生广泛的影响（黄秀琳，2011；张广瑞，2019；胡静，2021）。

国际学界对旅游业的产业定位一直存有较大争议（ Leiper，1990；Wilson，1998；Smith ，2000；张广瑞，2019），因为旅游业不符合经济学对产业的界定而长期未被纳入一国的国民经济分类体系中。虽然国内关于旅游业的产业定位争议较小，长期以来以经济产业定位为主导，但是中国的旅游业也存在产业范围泛化、边界难以界定的问题，旅游活动逐渐成为改善民生的重要标志。2009 年国务院 41 号文件提出要将旅游业培育为国民经济的战略支柱产业和人民群众更加满意的现代服务业，对旅游业的这一定位首次将旅游业由经济新增长点这一纯经济定位转为产业和事业功能并重。进入新时期以来，随着社会经济发展新常态的到来和社会主要矛盾的转变，旅游业发展要满足人民群众对美好旅游需要的这一核心诉求，要解决地区、城乡之间旅游业发展的巨大差异，提升旅游品质成为旅游业发展中非常重要的内容。因此，进入新时期，旅游业发展在讲求经济效益的同时，更应关注旅游公平、人民满意、区域协调等社会效益，这是旅游业自身的内在矛盾和社会发展对旅游业的要求共同决定的。

旅游作为一项人类社会活动和社会文化现象，其基本属性是社会属性，是一种社会性的人类活动（王昆欣，2012）。而旅游业作为这种社会现象发展到一定阶段的产业，显然并非只有经济产业一个属性，这种属性并非旅游活动的固有性质，经济功能是根据社会需要确定的，而其社会功能是根本的、长期存在的。因此，基于旅游活动的基本属性，旅游业发展的影响以及中国改革开放以来旅游业发展的实践经验和阶段性特征，本书认为，旅游业不仅是由旅游要素企业、关联企业以及辅助企业和相关机构组成的经济产业，而且是推动社会进步，提高人民生活质量，保护和传承传统文化，促进人与环境协调共生的重要事业（胡静等，2021），这种双重属性或双重功能的定位与联合国可持续旅游发展原则是一致的。作为经济产业，它是由众多行业或部门组成的集合体或者产业集群，在产业属性下，旅游业应进一步发挥市场在旅游资源配置中的决定性作用，进一步保证旅游经济的平稳运行，刺激旅游需求，增强旅游供给，促进旅游供需平衡，进一步提升旅游发展效率，优化旅游产业结构；作为社会事业，旅游业应制定除经济目标以外的多元化发展目标，保持政府的适度干预，加快旅游公平体系建设，保证公共设施和资源的公益性，进一步发挥旅游业发展的普惠性功能。

二、旅游业高质量发展内涵

旅游业高质量发展是社会经济发展到一定阶段后对旅游业发展提出的新要求，基于上文对旅游业属性的解析，并结合区域发展理论、新发展理念，本书将从经济产业和社会事业两个方面剖析旅游业高质量发展的具体内涵，如图 2-1 所示。

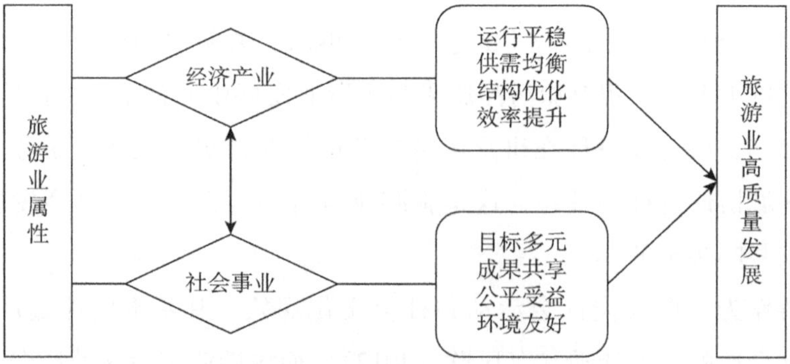

图 2-1　旅游业高质量发展内涵解析

（一）经济产业方面

从旅游经济发展的角度看，由速度型向质量型转变是旅游经济高质量发展的必由之路。从目前旅游业发展存在的主要矛盾和旅游产业的自身属性来看，平稳持续的旅游产业增长速度、合理的旅游产业结构、供给需求均衡协调、生产效率不断提高是实现旅游经济产业持续高质量发展的核心内涵。

1. 运行平稳

从经济产业的角度看，旅游业比其他行业更具敏感性、脆弱性（马慧强，2019），“稳定”是旅游业高质量发展的基本保障，因而旅游经济的高质量发展需要健康稳定的增长环境，平稳持续的旅游经济增速是表征旅游产业健康可持续发展的重要标准之一（徐爱萍，2021；刘雨婧等，2022；王兆峰等，2022），是保证旅游业发展效益公平分配的重要前提条件。稳定持续的旅游经济发展速度，不仅有助于旅游产业本身规模的扩大，而且在这种平稳的增长中可以为旅游产业结构调整和效率提升创造良好的产业内在空间，是旅游产业内部优化重组各相关要素的重要基础。在高质量发展阶段，这种平稳持续的增长速度恰恰保证了旅游产业的质量型变革，从而为旅游经济高质量发展的动力变革、效率变革提供物质保障。

2. 供需均衡

供需均衡是经济学中经典的研究命题，产业经济领域的供需均衡是经济需求系统和供给系统各要素相互作用后达到的相宜相适状态。在旅游产业发展领域，旅游供需双方分别存在制约其内部要素自由流动、优化配置的内在缘由，在产业发展实践中表现为需求日益多元，且变化更新快；供给要素相对传统，对需求主体的变动不敏感，供给主体提供的旅游目的地要素难以与需求方相匹配，造成了目的地资源的浪费或重复建设、产业效益低下、旅游消费者的情绪和信心受挫等诸多问题（于洪雁等，2020）。高质量发展背景下，考察旅游产业的供需均衡是提升旅游经济效率、解决现实发展中资源错配、需求低迷等问题的内在要求，因此，不论是从产业经济发展的内在机制还是旅游业发展的现实需要来看，供需均衡都是促进旅游产业实现质量型发展的重要内核。

3. 结构优化

产业结构状况对经济增长具有非常重要的作用，是经济发展质量的基本评价标准（任保平，2018）。旅游产业结构是影响区域旅游经济增长的关键要素，也是旅游经济增长过程中反映区域旅游经济发展质量和方向的重要标志，深刻制约着旅游经济发展的速度和水平（生延超，2012；左冰等，2020）。从中国旅游经济的增长看，虽然要素生产率的提升有效维持了旅游经济的持续增长，但市场化改革带来的产业结构优化是旅游经济增长的重要推动力，这种“结构红利”对经济增长的贡献可能要高于纯粹的技术进步（刘春济，2014）。旅游产业结构状况可以通过其合理性和高级化水平来反映，旅游产业结构的合理化是指旅游产业内部各部门之间保持一定的比例关系，这种合理的产业配置对发挥区域资源优势、提高旅游经济效益作用明显（杨新军等，2005；刘春济，2014）；旅游产业结构的高级化是对产业结构升级状态的衡量，是原有要素和资源从较低的劳动生产率部门转向较高的产业部门的过程，新增要素和资源也被配置到生产率较高的部门，从而导致生产率较高的产业部门份额不断提升。这种产业部门的横向合理化发展和纵向高级化进程有助于推动要素在产业内部或产业之间的自由流动，以及提升要素综合利用效率，共同支撑着旅游经济迈向高质量发展阶段（王兆峰，2022）。

4. 效率提升

Farrell 最早指出，“效率”是基于投入和产出的经济行为过程评价。旅游研究人员普遍认为，旅游经济效率是旅游发展各要素利用能力和效果的重要表现，是旅游经济发展质量评判的重要标准，是一定时期内旅游生产单元要素投入—产出的比率关系，也是旅游业发展过程中各种投入要素与产出要素之间合理化关系的度量（徐冬等，2021；夏赞才等，2020；吕腾捷，2020），是一种客观存在的经济现象，对促进旅游产业转型升级、提升旅游产业发展品质十分重要。效率变革是高质量发展的重要动力之一，在经济效率稳步提升的作用下推动旅游经济的质量提升，是实现旅游经济高质量发展的重要路径。高效的旅游经济发展模式不仅是实现旅游业高质量发展的核心目标和评判标准之一，也是新的时代条件下优化旅游产业各要素生产率的必然选择，对提高旅游经济发展水平，克服粗放的旅游产业发展模式引发的资源浪费、环境恶化、区域旅游发展不均衡、效率不高等系列问题，推动旅游产业从速度规模型向质量效率型转变作用明显（王兆峰等，2021；纪晓萌等，2021）。

（二）社会事业方面

旅游业的发展正在不断重塑人们的社会生活，显示出强大的社会性功能。旅游业的发展实践也表明，“唯产业观”并不符合时代发展的要求，其社会事业性功能的提升更有利于实现人们对美好生活向往的需要。从发展目标—发展过程—发展结果这一逻辑主线和环境保障的角度看，旅游业的事业性功能主要体现在以多元的目标为导向，凸显非经济功能，如教育、生态、文化等；以共享发展为过程环节，满足多元主体的利益诉求；以公平受益为结果，增强旅游业发展的普惠性；以环境绿色为保障，筑牢旅游业高质量发展的绿色基底。

1. 目标多元

发展目标事关旅游业发展的方向，对引领旅游事业高质量发展具有先导性作用。长期以来，旅游业的发展将侧重点集中在经济侧，对旅游业的社会价值有所忽略。事实上，早在 1992 年联合国可持续旅游发展原则中就已经提出旅游发展要从经济、社会和环境 3 个方面考察其可持续性。2009 年国务院 41 号文件、2013 年《旅游法》等法律、文件均已强调了旅游业的多功能目标。进入新常态、新阶段后，旅游业的发展主要以解决发展中存在的不平衡、不充分的矛盾为主要任务，而这些矛盾不仅局限在经济产业领域，也存在于旅游权利、旅游利益分配等旅游公平领域，以及依托自然资源，治理旅游业发展带来的环境影响领域，还存在于旅游政策调控、法律制度完善制定等领域，因此，高质量的旅游业发展必然是关注除了经济功能以外的，包括公平、共享、绿色、政策调控、制度完善等内容在内的多元目标，这有助于引导旅游业高质量发展的正确方向，凸显旅游业本身的综合性和关联性特点，是旅游事业高质量发展的出发点和落脚点。

2. 成果共享

旅游业的发展要顺应社会发展规律，将共享发展作为旅游业高质量发展的重要内容。旅游资源作为旅游发展成果的重要表现形式，在旅游业共享发展方面具有关键性作用，各种共享机制的建立与完善可以围绕旅游资源的共享利用展开。我国的大多旅游资源具有公共财产属性，是为全体人民共有的自然或社会资源，以其为核心提高旅游业发展的共享水平意义重大。旅游资源作为旅游业发展的主要吸引物，即使在高质量发展的阶段，依然是稀缺的，特别是高品质的旅游资源，在这种情形下，围绕旅游资源的开发利用，旅游者、旅游地居民、地方政府等需要构建一个各方共享吸引物的机制，从而确保这个共享关系网络中各方利益的均衡稳定。长期以来，虽然旅游地都关注多元利益主体的诉求问题，然而，旅游者、旅游企业和政府部门的利益被关注得较多，目的地居民的利益诉求往往被忽视。在高质量发展阶段，应该以旅游资源的共享为核心，进一步增强旅游资源的社会开放度，降低旅游吸引物的准入门槛，建立多元主体的成果共建、共享机制，凸显更多普通人群的旅游发展权利，增强旅游成果利用的包容性，让旅游发展成果更好地惠及普通民众。

3. 公平受益

旅游公平对满足人民的精神文化需求、促进人的全面发展和推进社会文明进步作用明显。《马尼拉世界旅游宣言》《旅游权利法案》等国际性旅游权威文件中多次强调，旅游是人的基本权利，这一理念在全社会越来越被人们认可。在这一理念的贯彻实施中，“公平”就成为旅游业发展的基本准则之一。因此，本书认为，旅游社会事业属性的关键点在于旅游业发展的公平性，旅游公平是旅游本质属性——社会性的核心体现，它强调旅游发展的机会、过程和结果的公平，落脚点是旅游发展带来的利益在不同利益主体之间合理公平分配（刘晓静等，2015）。旅游本质上是一项社会活动，旅游业发展的出发点和落脚点理应聚焦于“人”，旅游业高质量发展应该由重视对“物”的评价转向对以人为本的旅游社会价值的评价，需要充分考虑旅游资源价值化后的公平受益问题，以此丰富并拓展旅游业高质量发展的理论内核。进入新发展阶段后，旅游业要实现高质量发展，其发展重点理应顺应社会主流意识（可持续发展、包容性增长、和谐发展、人民性）的转向和旅游本质属性的规定，从较为单一的功利化追求转向社会性、产业化水平协调均衡、效益皆优的新发展阶段，促使旅游发展红利更多、更好地惠及民众，增进旅游发展的公平性，这是旅游业高质量发展的核心要义和根本诉求。

4. 环境友好

生态文明建设是我国“五位一体”总体布局的重要组成部分，对社会经济发展具有保障性作用。加强对环境生态的关注、提升绿色环保水平、实现自然环境与人类的和谐共处是生态文明建设的核心思想。在旅游业发展领域，高质量的旅游业发展是以环境友好为基础和保障的，旅游业高质量发展要求其外部性对环境有改善作用（王兆峰，2022）。在新的时代条件下，旅游业高质量发展必须重视“绿色”发展理念，遵循“自然规律”，推动旅游业与生态环境有序协调，提升旅游业更高水平的可持续性。同时，要注意到“绿水青山”不仅是高质量发展的外部因素和承载空间，也是重要的旅游吸引力和生产力因子。高质量的旅游发展旨在实现旅游活动与生态环境的和谐共生，也就是旅游活动在取得良好经济效益的同时实现环境效益最大化。

三、旅游业高质量发展特征

特征是某一事物内涵的外在形态，可用来描述某种物体或现象的特点或特性。依据上文对旅游业高质量发展内涵的阐释，本书认为旅游业高质量发展的特征主要体现在以下几个方面：

（一）民生性

早在 2009 年国务院 41 号文件就已经提出旅游业发展要以提高民生福祉为导向。之后，旅游业又被定位为“幸福产业”，是满足人民群众对美好生活需要的标志（夏杰长等，2019）。旅游业高质量发展的民生性指的是衡量和评判旅游业高质量发展水平的出发点和根本标准，是旅游业发展对人民群众美好生活需要的满足程度，也就是说旅游业高质量发展要不断促进人民群众生活水平的提高。旅游是民众的基本权利，是十分重要的民生事业，是进入新常态以后人们生活质量提升的显著标志。因此，旅游业的高质量发展要瞄准当前社会的主要矛盾，以旅游业发展促进人民经济收入增长、就业机会增加、知识文化素养提升、环保意识普及、基础设施改善等诸多事关旅游地人民民生福祉事项的发展。

（二）多维性

旅游业的高质量发展不仅指旅游经济的质量提升，而且包括经济、社会和环境等方面的全面提升。在评价标准上，高质量发展所包含的经济产业和社会事业的评价也涉及多个维度，旅游经济发展层面，要考察其稳定性、结构状况、效率水平等；社会事业发展层面要设立诸多非经济发展目标，要实现优质公共资源的共享开发利用，建立良好的利益分配制度，也要处理好同生态环境之间的关系。因此，旅游业高质量发展是一个复杂多维的巨系统，包含了不同层级、多个维度的高质量发展内容。

（三）动态性

历史唯物主义观认为运动是绝对的，运动中存在发展，发展是无条件的。旅游业高质量发展作为一个崭新的时代命题，目前尚处于研究的初始阶段。距离高质量发展目标的实现尚需时日，因而旅游业的高质量发展是一个正处于运动中的新生事物，其动态的发展变化过程将持续存在。随着旅游业发展内部条件和外部环境的变化，旅游业高质量发展本身的概念内涵和外延也会不断地完善和丰富。同时，随着人们对美好生活需要的增进和变化，也会导致旅游业高质量发展的内涵和评价标准不断变化，从而赋予旅游业高质量发展极强的动态性。

（四）均衡性

均衡协调是新发展理念的重要特征，中国旅游业的发展存在显著的空间非均衡性，这种非均衡性主要体现在旅游产业的空间非均衡性、城市和乡村旅游发展的空间非均衡性，以及旅游市场的非均衡性发展等方面。为了解决发展的不均衡问题，我国政府提出了区域一体化、乡村振兴、全域旅游发展等战略，并逐步确立了以国内旅游市场为主体的旅游市场格局，讲求国内、国际旅游市场格局在均衡发展中重塑。旅游业高质量发展，要面向旅游业发展非均衡的现实矛盾，通过开发多元旅游产品，建立区域之间更广泛的协作机制和统一的旅游要素市场，发挥技术创新的辐射扩散等作用，将旅游业发展的区域差异控制在一个合理的区间。

（五）可量性

旅游业高质量发展的内涵虽然丰富多维，目前也正处于探索时期，但这并不意味着我们无法衡量其发展水平。旅游业高质量发展的可量性是指借助一套评测体系和评判标准，可以测量其整体发展水平，这是具体而明确的，不是模糊不清难以把握的；也指旅游业高质量发展水平在多个空间尺度和不同的维度上有易于测量、判定的具体指标，可以通过一组确切的数据来衡量其发展水平，并检验评判数据的可获得性，这是我们评价旅游业高质量发展水平的主要依据和标准。

第三节　旅游业高质量发展的分析框架构建

一、分析框架构建的依据

从已有的旅游业高质量发展分析框架看，目前的研究框架主要有以下几类：

（一）概念—维度—特征

徐爱萍（2021）等认为，旅游业高质量发展的核心是运行稳定、结构优化、效率提升、社会公平和区域均衡，并据此从经营效率质量、市场结构质量、经济运行质量、社会可持续发展 4 个维度衡量中国旅游业高质量发展水平；刘雨婧等（2022）提出，旅游业高质量发展的内涵至少包括供需水平升级、创新驱动发展、生态文明建设、经济高效稳定、民生质量提升 5 个维度；王兆峰（2022）等指出，旅游业高质量发展的要点包括创新驱动、结构优化、效率提升、增长稳定、对外开放、区域协调、经济发展、社会繁荣、环境友好9个方面，并从产业转型、产业运行和产业共享3个维度衡量了长株潭城市群旅游业高质量发展水平。

（二）影响因素分析

研究者普遍认为经济发展水平、交通条件、科技创新能力、区域产业结构、区域协调、对外开放、政府投资、环境绿色等外部因素，旅游资源禀赋、旅游专业化、旅游劳动力、旅游产品、旅游服务等旅游业内部因素，都是影响旅游业高质量发展的重要因素。

（三）旅游业高质量发展的分维度评价——综合评价

分维度评价方面，当前的研究围绕新发展理念中的某一理念进行评价测度，例如，不少研究从投入—产出视角评价旅游创新能力和旅游发展效率，从绿色全要素生产率等角度衡量旅游绿色生产效率。

既有分析框架为我们建立旅游业高质量发展分析框架提供了重要借鉴和参考，但是，整体上看，现有研究框架仍有进一步完善的空间，原因在于：

首先，旅游业不仅是经济产业，因为旅游业源于旅游活动，而旅游活动本身远超出了经济产业的范畴，旅游业的发展对人类社会的贡献价值几乎覆盖人类生活的各个方面。进入新发展阶段后，随着发展方式的转型和主要矛盾的变化，在注重效率的同时，公平问题成为各行各业倍加关注的议题，关乎新发展阶段民生幸福和高质量目标的实现，因此，本书从经济性和非经济性价值角度，将旅游业的属性界定为产业性和事业性，这是研究旅游高质量问题的逻辑起点。其次，从经济发展质量的角度看，区域旅游业质量的提升，需要有较为稳健的发展速度，要能在一段较长的时期内保持稳定发展，这是进行结构调整和产业升级的基础保障。在旅游经济进入一个较为稳定的增长阶段后，要实现旅游业的进一步提质升级，旅游经济结构的优化调整成为必然选择，这种调整则是实现要素资源优化配置，实现旅游资源价值增值，促进旅游业高效率发展的重要手段；从社会事业发展的角度看，旅游业的发展要摆脱单纯的唯经济价值论，在新的发展阶段要更加关注人的获得感，关注旅游发展带来的社会效益和环境效益，确保旅游发展的红利能够较为公平地为社会成员所共享，同时又能通过可持续的发展方式维护乃至改善旅游对环境的影响。最后，当前的研究虽涉及旅游业高质量发展影响因素的分析，但是对旅游业高质量发展的空间效应问题有所忽视。旅游业发展的空间效应具有普遍性，旅游业的发展除了受到本区域各驱动因子的作用，还受到邻近区域旅游业及其发展因子的影响，加之旅游者往往是跨区域旅游的，这些都使得旅游业发展中的空间效应问题不能被忽视。

二、分析框架构建

基于上述分析，本书从旅游业双重属性视角切入，阐释旅游业高质量发展的概念内涵及特征，重点关注旅游经济的平稳高效、供需升级和结构优化，以及旅游事业的公平共享和环境友好，并据此建构评测体系，测度 2010—2019 年黄河流域省、市域单元旅游业高质量发展水平，研判其发展态势及时空分异格局，进而拓展至旅游业高质量发展的影响因素分析，并探讨影响因素的空间效应，最后提出黄河流域旅游业高质量发展的具体对策，从而建构起旅游业高质量发展的完整分析框架（见图 2-2）。

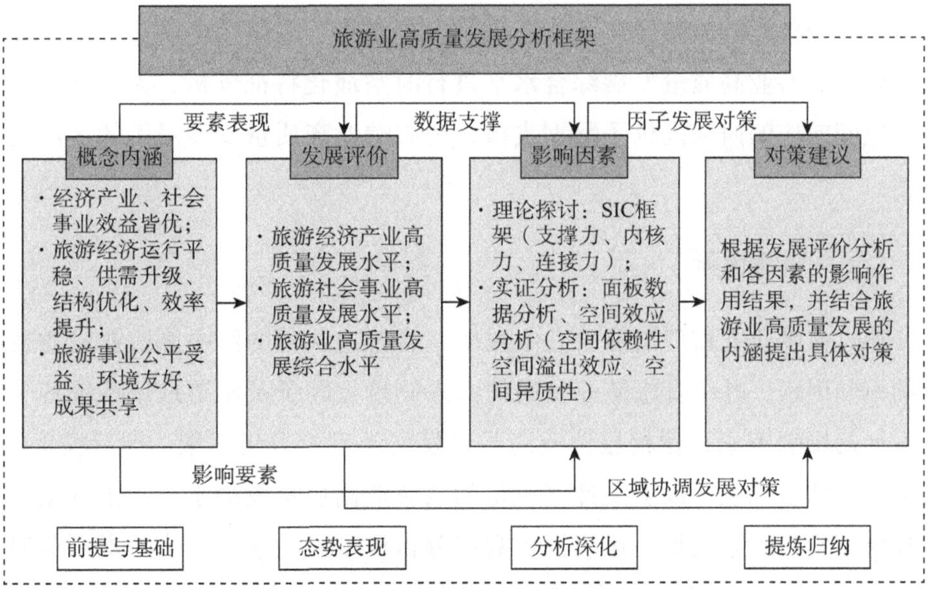

图 2-2 区域旅游业高质量发展分析框架

（一）概念内涵

清晰界定旅游业高质量发展的概念内涵是进行旅游业高质量发展评测的前提和基础。旅游业高质量发展是新的时代背景下为解决旅游业发展中存在的不平衡、不充分矛盾，实现旅游经济产业和旅游社会事业效益皆优的旅游业高级发展形态，是当前和今后一段时期旅游业发展的核心主题。从对旅游业的属性理解出发，并结合新发展理念，本书从旅游经济产业高质量发展、旅游社会事业高质量发展两大维度理解旅游业高质量发展内涵，具体而言，旅游经济产业高质量发展内涵主要体现在平稳运行、供需升级、结构优化、效率提升等方面，旅游社会事业高质量发展内涵主要体现在公平受益、环境友好和成果共享等方面，这一理论分析为后文的评测研究奠定了基础。

（二）发展评价

依据对旅游业高质量发展内涵的理解，以黄河流域这一国家级战略发展区域为例进行实证研究，通过文献梳理、专家咨询等方法建立了包含经济产业和社会事业两大维度的旅游业高质量发展评价指标体系，通过熵值法和加权求和法计算不同空间单元旅游业高质量水平得分。在此基础上，对黄河流域省、市域单元的旅游经济产业高质量发展水平、旅游社会事业高质量发展水平以及旅游业高质量发展综合水平进行时空演化特征分析，为后文影响因素及空间效应的研究提供了数据支撑，为旅游业高质量发展对策的提出提供参考。

（三）影响因素

通过文献研究梳理当前研究中被研究者普遍认可的影响旅游业高质量发展的不同因素，并结合旅游业发展的内外驱动力因子及旅游地域系统各子系统发展的影响因素，建构旅游业高质量发展的理论分析框架，即后文的 SIC 框架。在此基础上，以上文计算所得的旅游业高质量发展水平为因变量，并收集整理影响因素数据，运用面板数据分析模型，考察各影响因素对黄河流域 60 个市域单元以及上、中、下游不同地区旅游业高质量发展的影响作用，实证分析各因子对流域整体和流域内次级区域的作用强度，为后文空间效应和发展对策分析提供依据。

（四）空间效应

在影响因素识别和借助普通计量模型分析的基础上，考虑到旅游业发展的区域关联性、异质性特点，深入分析各影响因素对旅游业高质量发展的空间影响，阐释各因素对旅游业高质量发展的空间关联效应、空间溢出效应和空间异质效应，进而通过空间面板回归模型的效应分解方法考察旅游业高质量发展的总效应、直接效应和间接效应；通过多尺度地理加权回归模型分析各影响因子的空间异质性作用，以深入探讨空间因素对旅游业高质量发展的影响程度，为后文提出具有针对性的对策建议提供依据。

（五）对策建议

本研究的目的之一就在于为黄河流域旅游业高质量发展提供针对性的发展建议。因而，对策建议是本书的落脚点，也是对本研究的总结和归纳。本书通过旅游业高质量发展的评价分析，明晰旅游经济产业、旅游社会事业和旅游业高质量发展综合水平的时空分异特征，通过分析各因素的影响作用，掌握各因素影响作用程度及其空间异质性，并结合旅游业高质量发展的经济和社会属性内涵，总结提炼具有针对性的发展对策和建议，以期为黄河流域旅游业高质量发展提供借鉴和参考。

第四节 本章小结

本章从旅游业高质量发展的相关概念入手，首先，对本研究所涉及的旅游业、高质量发展等概念进行了解读，并就旅游发展质量与旅游业高质量发展概念进行了辨析，据此提出了本书对旅游业高质量发展的理解，将其界定为旅游业高质量发展是为了解决旅游业发展中存在的不平衡、不充分矛盾。以旅游经济产业的发展为先导和基础，以旅游业社会性功能和效益的发挥为价值导向，全力推进旅游产业增效提质，并充分重视旅游公平等社会性价值的实现，以促进经济产业和社会事业协同发展，效率和公平兼顾的旅游业发展水平的高级形态。其次，从旅游业的属性视角出发，将旅游业属性界定为经济产业和社会事业，并从经济产业和社会事业两个方面解析了旅游业高质量发展的具体内涵。经济产业重点关注旅游经济发展的平稳性、结构、效率等问题，力求实现旅游经济运行稳定、需求和供给适配、产业结构合理优化、效率不断提升；社会事业要凸显旅游业发展的立场和目的、成果分配、外部性等，以达到目标多元、成果共享、公平受益、环境绿色友好等效果。再次，提出了旅游业高质量发展的特征，包括民生性、多维性、动态性、均衡性和可量性。最后，通过评析已有的旅游业高质量发展分析框架，建立了“概念内涵—发展评价—影响因素—发展对策”的旅游业高质量发展分析框架，为后文综合评价分析及影响因素的实证检验奠定了理论基础。

第三章　黄河流域旅游业高质量发展水平综合评测

第一节　评测体系构建

旅游业高质量发展是极富时代价值和理论意义的研究命题，但是当前关于旅游业高质量发展的评测研究尚处于起步阶段。黄河流域作为国家重点发展战略区域，旅游业发展在推动区域社会经济发展和弘扬传承优秀传统文化方面作用显著，建立科学系统的旅游业高质量发展评测体系是评估旅游业发展水平、制定旅游业调控政策和指导旅游业发展实践的前提和重要手段。

一、评测思路与原则

以区域旅游业高质量发展为根本目的，以黄河流域 9 省（区）60 个市域单元为研究范围，以 2010—2019 年为研究时段，从旅游业双重属性视角切入，结合新发展理念和上文对旅游业高质量发展的内涵阐述，从旅游经济产业、旅游社会事业两大维度测度黄河流域旅游业高质量发展水平。以“平稳运行—供需升级—结构优化—效率提升”为逻辑主线评测旅游经济产业的高质量发展，以“公平受益—发展共享—绿色友好”为逻辑主线评测旅游社会事业的高质量发展水平，以经济产业和社会事业的综合水平评测旅游业高质量发展的综合水平。

基于上述思路，本书认为，黄河流域旅游业高质量发展评测要遵循以下几个原则：

（一）科学性

科学的评测体系是衡量旅游业高质量发展水平的基础，旅游高质量发展旨在解决旅游业发展中面临的不平衡、不充分矛盾，其评测体系要符合新发展理念及旅游业本身的属性特点。要力求各评价指标含义明确、无逻辑混乱，力求所建立的评测体系能够客观准确地反映评价单元的旅游业高质量发展水平。科学性还体现为在数据获取、指标权重计算及评测结果计算中要采用来源可靠的数据，运用规范严谨的评测方法展开评测。

（二）系统性

旅游业高质量发展是一个多维复杂的系统，要坚持系统论思想，构建既独立又相互联系的完整指标体系。要从旅游经济产业和旅游社会事业两大维度，旅游经济平稳运行、旅游产业结构优化及效率提升，旅游事业目标多元、公平共享及环境友好等多个具体维度层层深入，从省、市域等不同层次全面反映旅游业高质量发展水平。

（三）代表性

作为一个多维复杂的综合评测体系，所涉及的评测指标必然庞杂，但是指标的选取并非穷尽所有才好，指标过于繁杂可能会导致多重共线性问题，反而不利于清晰呈现研究主题，因此，应该按照科学的筛选方法选取数量适当的代表性指标进行研究。

（四）可行性

所选取的指标应当考虑原始数据的可获得性，尽量选取正规渠道权威部门公布的统计资料，或者可以通过某些已有数据简单推导得出。同时，由于区域之间在数据统计口径等方面存在差异，可能存在个别省市个别数据覆盖不全、时间不连续等问题，对此类问题可以通过数据缺失值补齐的一些方法予以处理。

（五）可比性

旅游业高质量发展评测涉及维度多、覆盖空间广，其评测指标的选取横向上要考虑不同省市旅游业发展的阶段性差异，纵向上要考虑数据的连续性，以确保选取的指标具有横向和纵向的可对比性，从而满足不同省市之间的比较，以便客观准确地判断某一评价单元的旅游业高质量发展水平。同时，各指标数据之间往往存在不同的计量单位，无法直接通过原始数据比对各自结果，为此，可通过数据归一化等办法消除量纲影响，从而计算得出可量可比的评价结果。

二、评测指标选取

（一）选取思路

根据前述对旅游业高质量发展内涵及特征的解读，并借鉴已有研究，从旅游经济产业和社会事业 2 个方面选取指标，表征黄河流域省、市域单元旅游业高质量发展水平。经济产业方面，从旅游经济的运行平稳、供需升级、结构优化及效率提升 4 个方面选取指标，全面考察旅游经济的发展状态、结构、效率，分析旅游经济高质量发展的基础、要素转化能力及结果水平；社会事业方面，从公平受益、成果共享和环境友好 3 个方面综合选取指标以反映旅游业发展的民生福祉情况，分析旅游业驱动下区域非经济发展目标和功能的实现情况，关注以人为本的旅游业高质量发展水平。

运行平稳是实现旅游业高质量发展的基础和前提，可以通过旅游业整体发展速度、旅游企业、旅游从业人员发展速度等予以测评；供需矛盾是制约旅游业质量提升的重要结构性问题，通过供给和需求的升级可以有效引导旅游消费，优化旅游供给，可以从游客人均花费等方面表征旅游需求的提升，从资源、设施和服务方面选取相应指标衡量旅游供给水平；优化结构是提升旅游业发展质量的有效手段，可以在旅游发展各要素及条件近似的情况下，提升某一地区旅游业发展水平，可以从旅游产业结构合理化、高级化等方面衡量；提升旅游发展效率是旅游业高质量发展的重要追求，也是实现旅游发展成果惠及大众的重要手段，可以从旅游资本、旅游劳动等要素层面以及旅游业三大核心产业部门入手测度其效率水平；公平受益是实现旅游业高质量发展的重要目标，可以通过城乡之间旅游收入差异、旅游从业人员、旅游院校的地区公平性、人均可支配收入等测度；高质量的旅游业发展是以环境可持续发展为保障的，旅游业高质量发展也致力于实现与环境的友好共生，可以从环境保护、环境污染和环境治理方面选取具体指标；成果共享侧重强调旅游业及其相关行业的发展成果能够惠及更多人群，可以从旅游资源、旅游设施与服务的可得性方面选取相应指标予以衡量。

（二）指标筛选过程与结果

首先，以前述旅游业高质量发展的内涵阐释为理论指导，以指标体系构建原则为指标筛选准则，从经济产业和社会事业两个维度构建指标体系。经济产业方面，以旅游经济的运行状况、旅游要素的结构转化、旅游供需系统水平、旅游产业结构优化以及旅游经济效率提升为分析维度；社会事业方面，以旅游利益公平分配、旅游成果共享、旅游环境持续为分析维度。其次，考察既有研究对旅游业高质量发展相关指标的选取情况，并充分结合黄河流域旅游业发展的实际与特色，调整部分指标。最后，将初步建立的指标体系提交给专家，根据专家意见进一步调整完善，并根据数据可得性最终建构起评测指标体系（见表 3-1、表 3-2）。

表 3-1 省域旅游业高质量发展评价指标体系

目标层	系统层	要素层	指标层	参考来源	数据来源	指标属性
旅游业高质量发展水平	经济产业（B1）	运行平稳（C1）	旅游总收入增长速度（%）（D1）	刘雨婧、唐健雄（2022）	《中国旅游统计年鉴》（2011—2020 年）	正向
			旅游接待总人次增长速度（%）（D2）	徐爱萍（2021）	《中国旅游统计年鉴》（2011—2020 年）	正向

续表

目标层	系统层	要素层	指标层	参考来源	数据来源	指标属性
旅游业高质量发展水平	经济产业（B1）	运行平稳（C1）	旅游企业增长速度（%）（D3）	刘雨婧、唐健雄（2022）	各省（区）统计年鉴（2011—2020年）	正向
			产业发展波动率（%）（D4）	陈秀琼等（2006）	《中国旅游统计年鉴》（2011—2020年）	逆向
			旅游从业人员增长速度（%）（D5）	徐爱萍（2021）	《中国旅游统计年鉴》（2011—2020年）	正向
		供需升级（C2）	国内游客人均花费（元/人）（D6）	刘雨婧、唐健雄（2022）	各省（区）统计年鉴（2011—2020年）及统计公报	正向
			入境游客人均日花费（美元/人）（D7）	冯娟等（2020）	《中国旅游统计年鉴》（2011—2020年）	正向
			艺术表演场馆观众人次（万人）（D8）	许贤棠（2016）	《中国文化文物统计年鉴》（2011—2020年）	正向
			4A级及以上景区数量之和（个）（D9）	Yang & Annals（2014）	《中国旅游统计年鉴》（2011—2020年）	正向
			高星级酒店数量（家）（D10）	刘雨婧、唐健雄（2022）	《中国旅游统计年鉴》（2011—2020年）	正向
			客运量（万人）（D11）	冯娟等（2020）	《中国统计年鉴》（2011—2020年）	正向
		结构优化（C3）	旅游收入占GDP的比重（%）（D12）	于洪雁（2020）	《中国旅游统计年鉴》（2011—2020年）、《中国统计年鉴》（2011—2020年）	正向
			旅游收入占第三产业收入的比重（%）（D13）	孙晓（2021）	《中国旅游统计年鉴》（2011—2020年）、《中国统计年鉴》（2011—2020年）	正向
			旅游产业结构合理化水平（D14）	刘春济等（2014）	《中国统计年鉴》（2011—2020年）、《中国旅游统计年鉴》（2011—2020年）	正向
			旅游产业结构高级化水平（美元/人）（D15）	新增	旅游抽样调查资料（2011—2020年）	正向

续表

目标层	系统层	要素层	指标层	参考来源	数据来源	指标属性
旅游业高质量发展水平	经济产业（B1）	效率提升（C4）	旅游资本生产率（D16）	刘雨婧、唐健雄（2022）	《中国旅游统计年鉴》（2011—2020年）、各省（区）统计年鉴（2011—2020年）	正向
			旅游劳动生产率（D17）	张新成（2020）	《中国旅游统计年鉴》（2011—2020年）	正向
			星级酒店客房出租率（%）（D18）	刘雨婧、唐健雄（2022）	《中国旅游统计年鉴》（2011—2020年）	正向
			A级景区全员劳动生产率（元/人）（D19）	新增	《中国旅游统计年鉴》（2011—2020年）	正向
			旅行社全员劳动生产率（元/人）（D20）	新增	《中国旅游统计年鉴》（2011—2020年）	正向
			星级饭店全员劳动生产率（元/人）（D21）	冯娟等（2020）	《中国旅游统计年鉴》（2011—2020年）	正向
	社会事业（B2）	公平受益（C5）	居民旅游收入弹性（D22）	刘雨婧、唐健雄（2022）	《中国统计年鉴》（2011—2020年）、《中国旅游统计年鉴》（2011—2020年）	正向
			旅游业从业人员数量占比（%）（D23）	张新成（2020）	《中国旅游统计年鉴》（2011—2020年）、各省（区）统计年鉴（2011—2020年）	正向
			旅游院校占比（%）（D24）	刘雨婧、唐健雄（2022）	《中国旅游统计年鉴》（2011—2020年）、各省（区）统计年鉴（2011—2020年）	正向
			人均交通道路面积（平方米）（D25）	徐爱萍（2021）	国家统计局网站（https://data.stats.gov.cn）	正向
			人均可支配收入（元）（D26）	崔丹等（2022）	《中国统计年鉴》（2011—2020年）	正向
		环境友好（C6）	建成区绿化覆盖率（%）（D27）	刘雨婧、唐健雄（2022）	国家统计局网站（https://data.stats.gov.cn）	正向

续表

目标层	系统层	要素层	指标层	参考来源	数据来源	指标属性
旅游业高质量发展水平	社会事业（B2）	环境友好（C6）	空气质量优良天数（天）（D28）	王新越（2020）	《中国环境统计年鉴》（2011—2020年）、各省（区）统计年鉴（2011—2020年）	正向
			旅游业废水排放（万吨）（D29）	刘雨婧、唐健雄（2022）	《中国旅游统计年鉴》（2011—2020年）、各省（区）统计年鉴（2011—2020年）	逆向
			旅游业废气排放（万吨）（D30）	刘雨婧、唐健雄（2022）	《中国旅游统计年鉴》（2011—2020年）、各省（区）统计年鉴（2011—2020年）	逆向
			污水处理率（%）（D31）	王新越（2020）	《中国环境统计年鉴》（2011—2020年）、各省（区）统计年鉴	正向
			垃圾无害处理率（%）（D32）	孙晓等（2021）	《中国环境统计年鉴》（2011—2020年）、各省（区）统计年鉴（2011—2020）	正向
		成果共享（C7）	人均公园绿地面积（平方米）（D33）	王新越（2020）	各省（区）统计年鉴（2011—2020）	正向
			每万人拥有的文化旅游资源数量（个/万人）（D34）	冯娟等（2020）	《中国旅游统计年鉴》（2011—2020年）、各省（区）统计年鉴（2011—2020）	正向
			每万人拥有的旅行社数量（个/万人）（D35）	新增	《中国统计年鉴》（2011—2020年）、《中国旅游统计年鉴》（2011—2020年）	正向
			每万人拥有的星级饭店数量（个/万人）（D36）	新增	《中国统计年鉴》（2011—2020年）、《中国旅游统计年鉴》（2011—2020年）	正向
			每万人拥有公共厕所数量（座/万人）（D37）	新增	《中国统计年鉴》（2011—2020年）	正向

表 3-2 市域旅游业高质量发展评价指标体系

目标层	系统层	要素层	指标层	参考来源	数据来源	指标属性
旅游业高质量发展水平	经济产业（B1）	运行平稳（C1）	旅游总收入增长速度（%）（D1）	刘雨婧、唐健雄（2022）	各省（区）统计年鉴（2011—2020 年）、各市（州/盟）统计公报（2010—2019 年）	正向
			旅游接待总人次增长速度（%）（D2）	徐爱萍（2021）	各省（区）统计年鉴（2011—2020 年）、各市（州/盟）统计公报（2010—2019 年）	正向
			旅游企业增长速度（%）（D3）	刘雨婧、唐健雄（2022）	各省（区）统计年鉴（2011—2020 年）、各市（州/盟）统计公报（2010—2019 年）	正向
			产业发展波动率（%）（D4）	陈秀琼等（2006）	各省（区）统计年鉴（2011—2020 年）、各市（州/盟）统计公报（2010—2019 年）	逆向
			旅游从业人员增长速度（%）（D5）	徐爱萍（2021）	各省（区）统计年鉴（2011—2020 年）	正向
		供需升级（C2）	国内游客人均花费（元/人）（D6）	刘雨婧、唐健雄（2022）	各省（区）统计年鉴（2010—2020 年）、各市（州/盟）统计公报（2010—2019 年）	正向
			4A 级及以上景区数量之和（个）（D7）	Yang & Annals（2014）	各省（区）统计年鉴（2011—2020 年）、各市（州/盟）统计公报（2010—2019 年）、各省（区）文旅厅网站	正向
			高星级酒店数量（家）（D8）	刘雨婧、唐健雄（2022）	各省（区）统计年鉴（2011—2020 年）、各市（州/盟）统计公报（2010—2019 年）、各省（区）文旅厅网站	正向
			客运量（万人）（D9）	冯娟等（2020）	各省（区）统计年鉴（2011—2020 年）	正向

续表

目标层	系统层	要素层	指标层	参考来源	数据来源	指标属性
旅游业高质量发展水平	经济产业（B1）	结构优化（C3）	旅游收入占 GDP 的比重（%）（D10）	于洪雁（2020）	各省（区）统计年鉴（2011—2020 年）、各市（州/盟）统计公报（2010—2019 年）	正向
			旅游收入占第三产业收入的比重（%）（D11）	孙晓（2021）	各省（区）统计年鉴（2011—2020 年）、《中国城市统计年鉴》（2011—2020 年）	正向
			旅游产业结构合理化水平（D10）	刘春济等（2014）	各省（区）统计年鉴（2011—2020 年）、各市（州/盟）统计公报（2010—2019 年）	正向
		效率提升（C4）	旅游资本生产率（D13）	刘雨婧、唐健雄（2022）	各省（区）统计年鉴（2011—2020 年）、各市（州/盟）统计公报（2010—2019 年）	正向
			旅游劳动生产率（D14）	张新成（2020）	各省（区）统计年鉴（2011—2020 年）、各市（州/盟）统计公报（2010—2019 年）	正向
	社会事业（B2）	公平受益（C5）	居民旅游收入弹性（D15）	刘雨婧、唐健雄（2022）	《中国城市统计年鉴》（2011—2020 年）、各省（区）统计年鉴（2011—2020 年）	正向
			旅游业从业人员数量占比（%）（D16）	张新成（2020）	各省（区）统计年鉴（2011—2020 年）、各市（州/盟）统计公报（2010—2019 年）	正向
			人均交通道路面积（平方米）（D17）	徐爱萍（2021）	《中国城市统计年鉴》（2011—2020 年）、各省（区）统计年鉴（2011—2020 年）	正向
			人均可支配收入（元）（D18）	崔丹等（2022）	《中国城市统计年鉴》（2011—2020 年）、各省（区）统计年鉴（2011—2020 年）	正向

续表

目标层	系统层	要素层	指标层	参考来源	数据来源	指标属性
旅游业高质量发展水平	社会事业（B2）	环境友好（C6）	建成区绿化覆盖率（%）（D19）	刘雨婧、唐健雄（2022）	《中国城市统计年鉴》（2011—2020年）、各省（区）统计年鉴（2011—2020年）	正向
			空气质量优良天数（天）（D20）	王新越（2020）	各省（区）统计年鉴（2011—2020年）、各市（州/盟）统计公报（2010—2019年）	正向
			旅游业废水排放（万吨）（D21）	刘雨婧、唐健雄（2022）	各省（区）统计年鉴（2011—2020年）	逆向
			旅游业废气排放（万吨）（D22）	刘雨婧、唐健雄（2022）	各省（区）统计年鉴（2011—2020年）	逆向
			污水处理率（%）（D23）	王新越（2020）	各省（区）统计年鉴（2011—2020年）、各市（州/盟）统计公报（2010—2019年）	正向
			垃圾无害处理率（%）（D24）	孙晓等（2021）	各省（区）统计年鉴（2011—2020年）、各市（州/盟）统计公报（2010—2019年）	正向
		成果共享（C7）	人均公园绿地面积（平方米）（D25）	王新越（2020）	《中国城市统计年鉴》（2011—2020年）、各省（区）统计年鉴（2011—2020年）	正向
			万人拥有的文化旅游资源数量（个/万人）（D26）	冯娟等（2020）	《中国城市统计年鉴》（2011—2020年）、各省（区）统计年鉴（2011—2020年）	正向
			万人拥有的旅行社数量（个/万人）（D27）	新增	各省（区）统计年鉴（2011—2020年）、各市（州/盟）统计公报（2010—2019年）	正向
			万人拥有的星级饭店数量（个/万人）（D28）	新增	各省（区）统计年鉴（2011—2020年）、各市（州/盟）统计公报（2010—2019年）	正向

需要说明的是，由于本研究中时空变化的分析涉及省、市域两个空间尺度，旅游业高质量发展评价指标体系也由省域、市域两个体系组成，两大空间尺度旅游业高质量发展的评测思路、原则和总体框架是一致的，但受限于数据可获得性的影响，市域层面的指标少于省域层面，省域共计 37 个具体指标，市域共计 28 个。

第二节　数据来源与处理

一、数据来源

本研究以 2010—2019 年的面板数据为分析材料，数据来源广，数据量大，跨越时期较长。整体上，省域部分的研究数据（见表 3-1）主要获取自 2011—2020 年《中国统计年鉴》《中国旅游统计年鉴》《中国文化文物统计年鉴》《中国环境统计年鉴》，黄河流域各省（区）统计年鉴（2011—2020 年）、各省（区）统计公报（2010—2019 年）、各省（区）政府及文旅厅官网；市域部分的数据（见表 3-2）主要来源于《中国城市统计年鉴》（2011—2020 年）、各省（区）统计年鉴（2011—2020 年）、部分地级单元统计年鉴（2011—2020 年）以及各地级单元国民经济和社会发展统计公报（2010—2019 年）。

二、数据处理

评测体系中的部分数据直接源于上述统计资料，但也有部分是间接数据。例如，旅游企业增长速度，旅游从业人员增长速度，产业发展波动率，旅游产业结构合理化、高级化水平，旅游资本生产率，旅游劳动生产率，旅游业废水排放，旅游业废气排放，以及每万人拥有的文化旅游资源数量，每万人拥有的 A 级景区数量等都是通过直接数据计算所得。具体说明如下：

运行平稳方面，旅游企业增长速度由旅行社和星级饭店平均增速测量，产业发展波动率根据陈秀琼等（2006）的方法计算获得；供需升级方面，国内游客人均花费通过国内旅游收入与国内旅游接待人次的比值求取；结构优化方面，D12、D13为旅游收入与GDP和第三产业增加值的比重，旅游产业结构合理化水平根据刘春济等（2014）等提出的计算方法求取，旅游产业结构高级化水平以入境游客休闲度假日花费衡量；效率提升方面，旅游资本生产率、旅游劳动生产率根据刘雨婧等（2022）提出的方法计算求得，A级景区全员劳动生产率、旅行社全员劳动生产率、星级饭店全员劳动生产率为三者的年营业收入与从业人员数量的比值；公平受益方面，居民旅游收入弹性根据刘雨婧等（2022）提出的方法计算得出，旅游业从业人员数量占比为旅游从业人员与全社会从业人员的比值，旅游院校占比为高等院校中开设旅游相关专业的学校数量与高等学校数量之比，以及中等职业院校中开设旅游相关课程的学校数量占中等职业学校数量的比重，再求得二者的平均值作为旅游院校占比指标；环境友好方面，旅游业废水和废气排放量的计算依据刘雨婧等（2022）的计算方法求取；成果共享方面，每万人拥有的文化旅游资源数量为A级景区和博物馆数量之和与某省域人口之比，每万人拥有的旅行社数量、星级饭店数量以及公共厕所数量同理求得。

需要指出的是，虽然省域、市域数据指标不完全一致，但是省域数据更全面。市域指标体系中，受限于数据可获取性，我们将省域国内游客人均花费以及入境游客人均日花费调整为游客人均日花费，为旅游总收入与总接待人次的比值；由于市域客运量（公路+铁路+水路）数据缺失严重，本书以公路客运量代替，除此之外，上述省域间接指标的计算方法与市域的求取情况相同，故在此不另做说明。

此外，为保证面板数据的年际连续性，对个别省市的缺失数据给予补齐。具体说明如下：

总体而言，省域数据完整性好，数据缺失项较少，仅2009年、2010年部分省域A级景区及4A及以上景区数量，各省域旅游从业人员数量，2018年、2019年各省域旅游院校数量，2017—2019年各省域废水排放量有缺失，上述缺失数据均通过连续多年该指标的平均增长率推导求得。市域数据中，上游地区的自治州（盟）数据缺失比其他城市多，具体来看，星级饭店和旅行社数据缺失较为严重，通过该市（州/盟）旅游收入占全省旅游收入的比重乘以全省星级饭店和旅行社数量予以估计，部分城市客运量缺失值以该市（州/盟）公路通车里程占全省的比重乘以全省公路客运量估计求得，市域中受限于数据可获取性，旅游从业人员数量以第三产业从业人员数量代替，缺失值以某市（州/盟）第三产业增加值占全省第三产业增加值的比重乘以全省第三产业从业人数预估，人均公园绿地面积的缺失值以公园绿地面积与城镇人口数量之比估计，A 级景区数据缺失值以该市旅游收入占全省的比重乘以全省 A 级景区数量预估，4A 级以上景区数量缺失值通过线性回归预测补齐，人均交通道路面积缺失值以城市道路面积与城市人口的比值预估，废水、废气排放量以工业废水和废气排放量代替，缺失值根据刘雨婧等（2022）提出的方法计算，污水处理率和垃圾无害化处理率缺失项通过线性回归方法预测补齐。

第三节　评测方法与结果计算

一、评测方法选择

根据相关研究，加权求和法在汇总原始数据时信息量损失最少，误差也更小，综合评价结果更具鲁棒性（郝淑双，2019）。为此，在评价黄河流域旅游业高质量发展水平时我们采用加权求和法。在确定了综合测度方法后，各指标权重的赋值方法是影响计算结果的关键环节。指标赋权方法总体上可归纳为主观赋权和客观赋权两类赋权方法，主观赋权法如专家打分法、层次分析法、环比评分法等，客观赋权法有熵值法、因子分析法、灰色关联法等。对比而言，主观赋权法更依赖于评价主体——专家或者决策者的经验和偏好，虽然简单易行，但是难以规避评价者主观性的影响，从而使得计算结果出现偏差；而客观赋权法充分利用数据本身的信息，通过一定的数学运算，定量确定指标权重，客观性强。尽管主客观组合赋权法看似更具合理性，但是也有研究指出，该方法也可能出现脱离实际的随机性偏差，不能完全取代主观赋权法或者客观赋权法（刘秋艳，2017）。为此，为减少结果计算中人为因素导致的结果偏误，本书采用客观赋权法确定各指标权重。

熵是物理学中描述物质系统宏观状态无序程度的物理量，但是随着熵概念的演化发展，逐渐被系统科学引用并在社会经济、工程技术等多个领域广泛运用（张卫民，2004）。熵值可以反映一个事件的随机性和无序程度，也可用其判断某项指标的变异程度，指标变异程度越大，该指标对评价的影响也就越大。

熵值法可以依据指标的固有信息深刻反映指标信息熵的效用价值，能有效规避主观因素带来的偏差，并且在多指标赋权方法中具有较高的可信度，也被广泛应用于包括旅游业评价在内的各类社会经济综合评价研究中（马慧强，2018；肖妮，2019；徐爱萍，2021），因此，本书将借助此方法确定各指标权重，进而通过加权求和法计算分维度和综合维度旅游业高质量发展水平。

二、指标权重确定

根据前述研究方法的选择，本书将借助熵值法确定各指标的具体权重，具体过程如下：

① 指标数据标准化处理：

本书采用极差标准化对指标数据进行标准化处理，以消除不同量纲的影响。具体如下：

$$正向指标：X_{ij} = \frac{x_{ij} - \min x_{ij}}{\max x_{ij} - \min x_{ij}} \tag{3-1}$$

$$负向指标：X_{ij} = \frac{\max x_{ij} - x_{ij}}{\max x_{ij} - \min x_{ij}} \tag{3-2}$$

② 求取第 j 项指标中第 i 个地区的占比：

$$P_{ij}=\frac{X_{ij}}{\sum_{i=1}^{n}X_{ij}} \tag{3-3}$$

③ 计算任意一项指标 j 的熵值：

$$E_j=-k\sum_{i=1}^{n}P_{ij}\ln(P_{ij}) \tag{3-4}$$

式中，$k>0$，$k=1/\ln(n)$，$E_j\geqslant 0$

④ 求取指标的差异系数：

$$G_j=\frac{1-e_j}{m-E_e} \tag{3-5}$$

式中，$E_e=\sum_{j=1}^{m}e_j$，$0\leqslant G_j\leqslant 1$，$\sum_{j=1}^{m}G_j=1$

⑤ 计算指标权重：

$$W_j=\frac{G_j}{\sum_{j=1}^{m}G_j}(1\leqslant j\leqslant m) \tag{3-6}$$

式（3-1）至式（3-6）中，x_{ij} 为第 i 个省/市第 j 项指标的原始数据（$i=1, 2, \cdots, n$；$j=1, 2, \cdots, m$），X_{ij} 为第 i 省/市 j 指标的标准化值，$\max x_{ij}$、$\min x_{ij}$ 分别为第 j 个数据在 2010—2019 年所有取值的最大值和最小值。n 为指标个数，m 为研究空间单元个数。E_j 为 j 指标的熵值，W_j 为 j 指标的权重。

由于本书以省、市不同空间单元为研究区域，两大层级的案例数量不同，空间尺度有别，从而导致指标数据可获取性存在明显差异。一般而言，空间尺度越小，获取数据的难度越大，在这一因素的限制下，市域研究单元指标数据比省域指标少 9 个。虽然省、市域旅游业高质量发展评测体系的总体思路、结构框架是一致的，但为了准确反映不同空间单元下指标信息熵的效用价值，我们借助上文中列出的熵值法分别求取省域、市域各层指标的权重，所得结果如表 3-3、表 3-4 所示。

表 3-3　省域旅游业高质量发展各级评价指标权重计算结果

B层指标	权重	C层指标	权重	D层指标	权重	B层指标	权重	C层指标	权重	D层指标	权重
				D1	0. 011					D22	0. 010
				D2	0. 017					D23	0. 016
		C1	0. 228	D3	0. 009			C5	0. 081	D24	0. 019
				D4	0. 002					D25	0. 032
				D5	0. 015					D26	0. 022
				D6	0. 042					D27	0. 011
				D7	0. 028					D28	0. 012
		C2	0. 186	D8	0. 036			C6	0. 041	D29	0. 010
				D9	0. 034	B2	0. 310			D30	0. 005
				D10	0. 031					D31	0. 006
B1	0. 690			D11	0. 057					D32	0. 006
				D12	0. 034					D33	0. 026
		C3	0. 109	D13	0. 024					D34	0. 034
				D14	0. 065			C7	0. 131	D35	0. 030
				D15	0. 011					D36	0. 035
				D16	0. 017					D37	0. 036
				D17	0. 015						
		C4	0. 224	D18	0. 127						
				D19	0. 026						
				D20	0. 055						
				D21	0. 035						

表 3-4　市域旅游业高质量发展各级评价指标权重计算结果

B层指标	权重	C层指标	权重	D层指标	权重	B层指标	权重	C层指标	权重	D层指标	权重
B1	0.639	C1	0.035	D1	0.009	B2	0.361	C5	0.072	D15	0.006
				D2	0.007					D16	0.020
				D3	0.008					D17	0.024
				D4	0.003					D18	0.021
				D5	0.008			C6	0.053	D19	0.015
		C2	0.282	D6	0.038					D20	0.008
				D7	0.057					D21	0.010
				D8	0.077					D22	0.006
				D9	0.110					D23	0.007
		C3	0.144	D10	0.071					D24	0.007
				D11	0.060			C7	0.237	D25	0.036
				D12	0.013					D26	0.062
		C4	0.178	D13	0.095					D27	0.066
				D14	0.082					D28	0.072

三、评测结果计算

根据上述熵值法计算出每个 D 层指标的权重后，利用累加方法计算出 C 层和 B 层指标的权重。在此基础上，利用加权求和法计算旅游业高质量发展的综合水平和分维度水平得分，具体计算公式如下：

$$TH = 100 \times \sum_{i=1}^{n} W_j X_{ij} \qquad (3-7)$$

式中，TH 为黄河流域某一省级或地市级单元旅游业高质量发展水平测定值。

根据式（3-7），分别计算出 2010—2019 年黄河流域省、市域旅游业高质量发展整体水平得分，以及经济产业和社会事业高质量发展得分（见表 3-5、表 3-6），据此，可直观对比省、市不同空间单元旅游业高质量发展状况，也为后文时空演变分析提供了数据基础。同时，借助 SPSS 软件对省、市域尺度下旅游业高质量发展综合水平、经济产业高质量发展水平及社会事业高质量发展水平进行了描述性统计，并报道了具体的描述性统计结果（见表 3-5、表 3-6），从整体上把握省、市域旅游业高质量发展水平的集中程度和离散趋势。

从描述性统计结果看（见表 3-5、表 3-6），10 年间省、市域综合维度和单一维度旅游业高质量发展水平的最小值、最大值、总值和平均值都在增加，省域旅游业高质量发展综合水平平均值提升 68%，市域提升 60%，说明省、市域旅游业高质量发展水平提升幅度都十分明显。省域旅游业高质量发展综合维度和分维度的标准差变化趋势不尽相同，综合维度上标准差整体在波动中减小，旅游经济高质量发展水平与此类似，说明旅游业高质量发展水平和旅游经济高质量发展水平的绝对差异在波动中缩小，而旅游社会事业高质量发展水平的标准差在不断拉大，表明省域间旅游事业高质量发展水平的绝对差异在持续增大。市域旅游业高质量发展综合维度和分维度，标准差都在增大，说明研究期内市域间旅游业高质量发展综合水平和分维度水平的绝对差异都在持续扩大。

表 3-5　省域旅游业高质量发展水平描述性统计

类别	年份	样本量	最小值	最大值	总值	平均值	标准差
旅游业高质量发展综合水平	2010	9	13.03	33.18	181.38	20.15	6.02
	2011	9	15.41	33.17	196.04	21.78	5.48
	2012	9	17.44	34.20	226.33	25.15	5.83
	2013	9	16.47	28.28	202.56	22.51	3.97
	2014	9	17.75	32.03	208.54	23.17	4.65
	2015	9	18.42	30.85	223.28	24.81	4.80
	2016	9	19.50	34.68	238.18	26.46	5.89
	2017	9	22.44	37.45	271.86	30.21	5.39
	2018	9	23.04	38.64	284.58	31.62	5.24
	2019	9	24.11	39.84	304.78	33.86	4.69

续表

类别	年份	样本量	最小值	最大值	总值	平均值	标准差
旅游经济产业高质量发展水平	2010	9	3.51	21.13	101.01	11.22	5.73
	2011	9	5.40	20.99	111.11	12.35	5.53
	2012	9	6.35	25.21	138.42	15.38	6.01
	2013	9	4.62	17.90	115.09	12.79	4.12
	2014	9	4.88	19.67	112.62	12.51	5.27
	2015	9	4.99	20.75	120.33	13.37	5.32
	2016	9	6.45	23.65	130.78	14.53	5.78
	2017	9	7.61	28.06	153.34	17.04	6.52
	2018	9	6.58	28.53	157.33	17.48	6.51
	2019	9	6.29	28.98	167.48	18.61	6.77
旅游社会事业高质量发展水平	2010	9	6.26	12.05	80.37	8.93	2.19
	2011	9	6.27	12.18	84.92	9.44	2.36
	2012	9	7.04	13.62	87.91	9.77	2.46
	2013	9	5.55	14.94	87.45	9.72	2.96
	2014	9	6.87	14.90	95.92	10.66	2.76
	2015	9	7.16	16.52	102.96	11.44	3.08
	2016	9	7.98	18.68	107.39	11.93	3.28
	2017	9	9.35	19.02	118.52	13.17	3.34
	2018	9	10.08	19.89	127.25	14.14	3.54
	2019	9	10.78	21.97	137.30	15.26	4.06

表 3-6　市域旅游业高质量发展水平描述性统计

类别	年份	样本量	最小值	最大值	总值	平均值	标准差
旅游业高质量发展综合水平	2010	60	7.77	30.10	923.22	15.39	4.69
	2011	60	8.47	30.84	985.01	16.42	4.93
	2012	60	8.11	36.14	1061.28	17.69	5.60
	2013	60	8.33	37.29	1093.02	18.22	5.62
	2014	60	9.88	35.06	1098.24	18.30	5.18
	2015	60	10.74	37.40	1154.09	19.23	5.60
	2016	60	11.53	38.24	1232.83	20.55	6.29

续表

类别	年份	样本量	最小值	最大值	总值	平均值	标准差
旅游业高质量发展综合水平	2017	60	12. 61	38. 69	1327. 15	22. 12	6. 33
	2018	60	13. 45	42. 91	1383. 12	23. 05	6. 33
	2019	60	14. 01	45. 57	1478. 61	24. 64	7. 25
旅游经济产业高质量发展水平	2010	60	1. 81	19. 37	429. 26	7. 15	4. 00
	2011	60	2. 51	20. 54	472. 65	7. 88	4. 28
	2012	60	2. 05	22. 43	519. 59	8. 66	4. 84
	2013	60	2. 14	23. 50	534. 96	8. 92	4. 87
	2014	60	2. 87	23. 38	513. 35	8. 56	4. 20
	2015	60	3. 40	24. 34	544. 06	9. 07	4. 50
	2016	60	3. 63	25. 82	592. 67	9. 88	5. 04
	2017	60	3. 93	25. 35	660. 71	11. 01	5. 12
	2018	60	2. 56	24. 30	693. 78	11. 56	5. 08
	2019	60	2. 79	29. 61	758. 42	12. 64	6. 01
旅游社会事业高质量发展水平	2010	60	5. 84	15. 96	493. 96	8. 23	2. 02
	2011	60	5. 86	16. 43	512. 36	8. 54	2. 13
	2012	60	5. 95	17. 30	541. 68	9. 03	2. 30
	2013	60	6. 19	17. 51	558. 05	9. 30	2. 36
	2014	60	6. 60	18. 63	584. 89	9. 75	2. 53
	2015	60	6. 81	22. 02	610. 03	10. 17	2. 90
	2016	60	7. 01	22. 46	640. 16	10. 67	2. 98
	2017	60	7. 19	24. 56	666. 43	11. 11	3. 29
	2018	60	7. 70	25. 12	689. 35	11. 49	3. 25
	2019	60	8. 07	26. 96	720. 18	12. 00	3. 59

第四节　本章小结

进入新发展阶段，旅游业高质量发展要坚持民生指向，使旅游业发展成果更好地满足人民群众对美好生活的新期待，解决旅游业发展中存在的不平衡、不充分矛盾。本章紧扣前述旅游业高质量发展内涵，通过系统梳理既有本书以省、市域空间单元为研究对象，以其旅游业高质量发展得分为数据源，借助 Arcgis10.2 软件，通过自然断点法进行 2010—2019 年省、市域旅游业高质量发展水平空间分异格局制图，以清晰呈现 10 年间黄河流域旅游业高质量发展水平的空间演化特征。

（二）空间分异程度分析方法

1. 标准差

标准差又称标准偏差，是表示一组数值离散程度或波动大小的统计量，可以反映数据之间的绝对差异程度。本文通过标准差来反映省、市域空间单元旅游业高质量发展水平的绝对差异，从而刻画省、市域空间尺度下旅游业高质量发展水平的绝对分异程度，计算公式如下（王开泳等，2013）：

$$\sigma = \sqrt{\frac{1}{N}\sum_{i=1}^{N}(x_i - \mu)^2} \tag{4-1}$$

式中，σ 表示省、市域旅游业高质量发展水平的标准差，N 表示省域或市域单元数量，x_i 表示省域或市域旅游业高质量发展水平，μ 为省域或市域旅游业高质量发展水平的平均值。σ 越大，表示省域或市域旅游业高质量发展水平的绝对差异越大。

2. 变异系数

变异系数是测度数据集离散程度的相对指标，通常用一组数据集的标准差与其平均值之比计算。本书用变异系数表示黄河流域省、市域研究单元 2010—2019 年旅游业高质量发展的相对差异程度，计算公式如下（王开泳等，2013）：

$$CV = \frac{\sigma}{\bar{x}} \tag{4-2}$$

式中，CV 为变异系数，σ 为标准差，$\bar{x}$ 为省、市域旅游业高质量发展水平的平均值。CV 越大，表示省域间、市域间旅游业高质量发展水平的相对差异越大。

3. 泰尔指数

泰尔指数最早是由 Theil（1967）基于信息论中“熵”的概念提出的，是用于衡量个人或地区间收入差距的指标，在地区旅游业发展水平差异测量中的应用也极为广泛（姜海宁等，2009）。

$$T = \frac{1}{N}\sum_{i=1}^{N}\log\frac{\bar{x}}{x_i} \tag{4-3}$$

式中，T 表示泰尔指数，N 为省域或者市域数量，x_i 表示省域或市域旅游业高质量发展水平，$\bar{x}$ 表示省域或市域旅游业高质量发展的平均值。T 值越大，表明省域或市域间旅游业高质量发展水平的差异越大，反之则越小。

（三）空间分异趋势分析方法

1. 重心模型与标准差椭圆分析方法

重心模型。重心变化是衡量人口、经济等地理空间要素时空数据演变趋势的有效手段，本文借助重心模型分析黄河流域省、市域旅游业高质量发展不同要素水平的空间变化趋势，计算公式如下（田小波等，2021）：

$$\bar{X} = \frac{\sum_{i=1}^{n} h_i x_i}{\sum_{i=1}^{n} h_i},\quad \bar{Y} = \frac{\sum_{i=1}^{n} h_i y_i}{\sum_{i=1}^{n} h_i} \tag{4-4}$$

式中，$\bar{X}$、$\bar{Y}$ 分别为省域和市域旅游业高质量发展水平的经度值和纬度值，n 为省域或市域数量，h_i 为 i 省域或市域旅游业高质量发展水平，x_i、y_i 为第 i 个省域或市域的经度值和纬度值。

本研究中，借助 Arcgis10.2 软件中的均值中心分析工具测量不同年份省、市域旅游业高质量发展要素水平的均值中心，以反映省、市域空间尺度下旅游业高质量发展要素水平的中心位置变化及移动趋势。

标准差椭圆。标准差椭圆一般用来汇总和表达地理要素的中心趋势、离散和方向趋势等空间特征。本书通过标准差椭圆揭示不同年份省、市域旅游业高质量发展不同要素的空间变化方向与趋势，公式定义如下（田小波等，

2021)：

$$C = \frac{1}{n}\begin{pmatrix} \sum_{i=1}^{n} \bar{x}_i^2 \sum_{i=1}^{n} \bar{x}_i \bar{y}_i \\ \sum_{i=1}^{n} \bar{x}_i \bar{y}_i \sum_{i=1}^{n} \bar{y}_i^2 \end{pmatrix}, \begin{Bmatrix} (x_i - \bar{x}') \\ (y_i - \bar{y}') \end{Bmatrix} \tag{4-5}$$

式中，x_i、y_i 为 i 省域或市域的经纬度坐标值，$\bar{x}'$、$\bar{y}'$ 表示省域或市域旅游业高质量发展要素水平的平均中心，n 为省域或市域数量。

2. 趋势面分析法

趋势面分析是通过空间数据拟合数学曲面，进而模拟地理事物空间分异趋势的常用数学方法，多用于模拟人口、经济、环境等要素的空间分异趋势（徐建华，2006）。本书以 2010—2019 年不同年份的旅游业高质量发展水平为数据源，利用趋势面分析法刻画黄河流域省、市域旅游经济产业高质量发展水平、旅游社会事业高质量发展水平和旅游业高质量发展综合水平的空间分异趋势。设旅游业高质量发展水平的实际观测值为 $Z_i(X_i, Y_i)$，趋势面拟合值为 $z_i(x_i, y_i)$，则有：

$$Z_i(X_i, Y_i) = z_i(x_i, y_i) + \varepsilon_i \tag{4-6}$$

式中，(X_i, Y_i)、(x_i, y_i) 分别指 i 省域或市域旅游业高质量发展水平的实际观测值和趋势面拟合值的空间坐标，ε_i 表示 i 省域或市域旅游业高质量发展水平的实际观测值和趋势面拟合值的偏差。趋势面拟合方程通常以多项式函数表示，本文以二次多项式进行拟合，趋势面拟合函数公式如下：

$$z_i(x_i, y_i) = \beta_0 + \beta_1 x + \beta_2 y + \beta_3 x^2 + \beta_4 y^2 + \beta_5 xy \tag{4-7}$$

式中，β_0 为常数项，β_1、β_2、β_3、β_4、β_5 代表变量的系数。本文借助 Arcgis10.2 平台趋势分析工具进行分析，并分别制作省、市域不同空间单元旅游业高质量发展水平三维透视图。趋势面图中，X 轴指向正东，Y 轴指向正南，Z 轴每个垂直杆的高度表示黄河流域某省级或某市级单元旅游业高质量发展水平，旅游业高质量发展水平的实际观测值绘制于 X、Y 平面，将实际观测值分别投影于 X、Z 和 Y、Z 平面，再对 X、Z 和 Y、Z 平面的投影点进行二项式拟合，通过拟合获得的曲线反映旅游业高质量发展水平的空间分异趋势。其中，X、Z 平面的拟合曲线反映东西方向的空间分异趋势，Y、Z 平面的拟合曲线反映南北方向的空间分异趋势。

（四）空间分异状态分析方法

马尔可夫链是一种离散的马尔可夫过程（穆学青等，2022），通过将旅游业高质量发展水平划分为 k 种类型，再测算各类型间的概率分布和变化，可以反映旅游业高质量发展水平的转移过程。将 t 年份旅游业高质量发展水平类型的概率分布用 $1\times k$ 的状态概率向量 $V_t=[V_{1,t}, V_{2,t}, V_{k,t}]$ 表示，不同年份旅游业高质量发展水平的状态转移过程可以用 $k\times k$ 的概率值为 M_{ij} 马尔可夫转移矩阵来表示，计算公式如下（胡森林等，2021）：

$$M_{ij}=\frac{n_{ij}}{n_i} \tag{4-8}$$

式中，M_{ij} 为 t 年份 i 类型的省域或市域在 $t+1$ 年份转变为 j 类型的概率，n_{ij} 为 t 年份 i 类型的省域或市域单元转变为 $t+1$ 年份 j 类型省域或市域的数量之和，n_i 为研究期内所有年份中 i 类型省域或市域的数量之和。

空间马尔可夫链是在马尔可夫链的基础上引入空间滞后的概念形成的，更加侧重地理事物空间相互作用导致的状态变化过程。空间马尔可夫链通过空间权重矩阵计算邻近区域的加权空间滞后值，以考察研究单元邻近区域的地理要素状态（穆学青等，2022）。本文用于分析在不同的空间滞后类型下，某一研究单元旅游业高质量发展水平向上或向下转移的概率，从而较好地揭示旅游业高质量发展过程中空间相互作用引发的状态变化。将旅游业高质量发展水平分解为 k 个 $k\times k$ 的条件转移矩阵，$m_{ij}(k)$ 表示以空间单元在 t 时刻的空间滞后类型 k 为条件，在 $t+1$ 时刻转变为 j 类型的空间转移概率值。空间单元的空间滞后类型由其空间滞后值决定，空间滞后值是该空间单元邻居区域属性值的空间加权平均值，公式如下（胡森林等，2021）：

$$Lag=Y_i W_{ij} \tag{4-9}$$

式中，Y_i 为省域或市域空间单元旅游业高质量发展水平，W_{ij} 为空间权重矩阵 W 第 i 行第 j 列元素，即为某省级单元或市级单元与其邻近省域或市域的关系矩阵。

第二节　省域旅游经济产业高质量发展水平的时空变化

一、运行平稳时空变化分析

（一）空间分异水平演化

借助 Arcgis10.2 软件中的自然断裂点分析工具，将运行平稳发展水平划分为 5 个层级（低、较低、一般、较高、高），并以 2010 年、2015 年和 2019 年为例进行可视化制图。

从 3 个时间节点年份看，2010 年运行平稳高值区主要集中于陕西、甘肃、四川等中上游省域，说明这些省份旅游经济发展的平稳性较好，而青海、河南及内蒙古为低值区，旅游经济发展的平稳性较差；2015 年运行平稳高值区数量增加，青海、山西、山东、内蒙古水平提升，加之甘肃和陕西，较高值省域占比过半，宁夏为唯一低值区，旅游经济发展的平稳性有所降低；2019 年青海、甘肃、山西旅游经济发展的平稳性依旧较高，宁夏、河南平稳性水平提升，山东平稳性下降明显。

整体来看，2010—2019 年省域运行平稳高质量发展水平空间上呈现明显分异，中上游部分省域旅游经济发展的平稳性较高，且有个别省域平稳性不断提升，如青海，而上游的宁夏和下游的山东平稳运行波动性较大。

（二）空间分异程度演化

借助上文中提到的空间分异程度计算公式，计算省域旅游经济运行平稳水平逐年的标准差、变异系数和泰尔指数反映其空间分异程度变化。

由表 4-1 可知，2010—2019 年各省域运行平稳的标准差由 2010 年的 0.430 上升至 2012 年的 0.556，2015 年降为 0.405，2018 年又升为 0.602，

2019年又降至0.422。由此可以发现，10年间运行平稳的绝对差异呈现波动变化，2010—2012年绝对差异在增强，2012—2015年在下降，2015—2018年再次提升，2019年又出现下降。

从变异系数和泰尔指数的变化趋势看（见表4-1），变异系数由2010年的0.221波动上升至2019年的0.249，泰尔指数由2010年的0.011波动上升至2019年的0.014，其中研究期前半段（2010—2015年）二者均波动上升，后半段波动下降。整体来看，2010—2019年运行平稳的相对差异水平在波动中有所上升，但上升幅度较小。

表4-1　2010—2019年省域运行平稳空间分异程度变化

判别指标	2010年	2011年	2012年	2013年	2014年	2015年	2016年	2017年	2018年	2019年
标准差	0.430	0.496	0.556	0.461	0.421	0.405	0.453	0.470	0.602	0.422
变异系数	0.221	0.224	0.244	0.238	0.264	0.214	0.258	0.224	0.337	0.249
泰尔指数	0.011	0.010	0.012	0.012	0.015	0.010	0.015	0.011	0.025	0.014

（三）空间分异趋势演化

以2010年、2015年和2019年为节点年份，借助重力模型和标准差椭圆分析旅游业高质量发展运行平稳水平的转移轨迹及方向分布特征，从而揭示其空间分异的演化趋势。

由表4-2可知，2010年运行平稳的椭圆重心坐标为108.40°E，36.00°N，2015年变为108.54°E，36.30°N，2019年则为106.60°E，36.94°N，表明旅游经济运行平稳的重心逐渐向北进而向西北转移，共移动223千米。椭圆转角由2010年的71.44°上升至2019年的80.42°，说明方向分布趋向明显。椭圆短半轴由2010年的489.27千米增至2015年的490.60千米，至2019年降为457.53千米，先增大再减小，说明运行平稳的空间分异趋势经历了扩散千米集聚的演变过程。椭圆长半轴同样呈现先增大再减小的变化，表明运行平稳的东北—西南向分布先强化再弱化。

表 4-2 2010 年、2015 年、2019 年省域旅游经济产业四要素标准差椭圆参数变化

类型	年份	重心坐标 (°E,°N)	短半轴 (千米)	长半轴 (千米)	移动方向	方向角度 (°)	移动距离 (千米)
运行平稳	2010 年	108.40, 36.00	489.27	825.57	—	71.44	—
	2015 年	108.54, 36.30	490.60	878.30	北	76.13	44
	2019 年	106.60, 36.94	457.53	823.05	西北	80.42	179
供需升级	2010 年	112.29, 36.00	450.87	826.86	—	60.57	—
	2015 年	111.13, 36.22	517.87	841.87	西北	60.27	109
	2019 年	110.05, 35.55	505.97	836.51	西南	64.85	120
结构优化	2010 年	110.41, 35.55	460.50	771.59	—	63.92	—
	2015 年	110.35, 36.28	474.57	779.66	北	63.49	87
	2019 年	110.87, 37.04	473.04	767.91	北	71.02	96
效率提升	2010 年	110.25, 35.83	467.56	819.34	—	73.10	—
	2015 年	109.48, 35.68	474.94	817.87	西南	63.98	78
	2019 年	110.09, 36.42	472.36	786.90	东北	67.16	99

二、供需升级时空变化分析

（一）空间分异水平演化

从 3 个节点年份看，2010 年供需升级高水平省域为四川、山东、山西和河南，多集中于中下游地区，整体上由下游向上游递减；2015 年内蒙古供需升级水平提升明显，山西有所下降，其余省份保持 2010 年格局；2019 年供需升级高水平省域为四川、陕西、河南和山东，与 2015 年相比，青海、陕西水平提升，内蒙古、山西出现下降。

整体来看，2010—2019 年，旅游经济供需升级水平呈现明显的东南—西北向分异，整体由下游地区省域向上游递减，部分省域有所起伏，四川、山东一直处于高水平区，而宁夏一直处于低水平区。

（二）空间分异程度演化

从标准差的数值变化看（见表 4-3），标准差由 2010 年的 3.663 演变为 2019 年的 3.604，10 年间其值在波动中略有下降，说明供需升级的绝对差异整体呈轻微减小趋势。分阶段看，2010—2016 年，标准差由 3.663 持续降至

2.596，说明此时段供需升级水平的绝对差异呈持续下降趋势；2016—2019年，其值则连续升至3.604，表明此时段供需升级的绝对差异逐步增大。

变异系数和泰尔指数的变化趋势与标准差的较为一致（见表4-3），二者分别由2010年的0.709、0.118变为2019年的0.515和0.064，表明研究期内省域旅游经济供需升级水平的相对差异在缩小。分时段看，2010—2016年变异系数和泰尔指数持续下降，此时段相对差异持续减小，2016年以后二者数值有所上升，说明其相对差异在增大。

表4-3　2010—2019年省域供需升级空间分异程度变化

判别指标	2010年	2011年	2012年	2013年	2014年	2015年	2016年	2017年	2018年	2019年
标准差	3.663	3.610	4.234	2.555	2.522	2.700	2.596	2.879	2.987	3.604
变异系数	0.709	0.703	0.692	0.553	0.515	0.489	0.444	0.454	0.439	0.515
泰尔指数	0.118	0.111	0.107	0.074	0.062	0.057	0.049	0.049	0.045	0.064

（三）空间分异趋势演化

继续以标准差椭圆和重心坐标变化反映空间分异趋势变化，从3个节点年份看（见表4-2），2010年供需升级水平的椭圆重心坐标为112.29°E，36.00°N，2015年为111.13°E，36.22°N，2019年变为110.05°E，35.55°N，表明10年间旅游经济供需升级的重心先向西北其后又向西南转移，共移动229千米。椭圆转角由2010年的60.57°上升至2019年的64.85°，说明方向分布略有变化。椭圆短半轴由2010年的450.87千米增至2015年的517.87千米，至2019年降为505.97千米，说明供需升级的空间分异趋势经历了扩散—集聚的演变过程。椭圆长半轴同样呈现先增大再减小的变化，但是变动幅度较小，表明供需升级的东北—西南向分布先强化再弱化。

三、结构优化时空变化分析

（一）空间分异水平演化

2010 年旅游经济结构优化高值省域包括河南、四川、山西、陕西等省域，低值区为青海、甘肃和宁夏 3 省（区）；2015 年结构优化高值省域减少，中值省域增多，低值省域为宁夏和青海；2019 年山西、甘肃和陕西为高值区，宁夏依旧为低值区，四川、山东结构优化水平有所下降，甘肃、陕西有所上升。

整体来看，旅游经济结构优化水平由研究初期的下游高上游低转变为研究期末中间高东西两端低的格局，山西、河南一直维持较高水平，宁夏、青海一直处于低水平区，其他省域起伏波动。

（二）空间分异程度演化

从标准差的变化过程看（见表 4-4），2010 年结构优化的标准差为 0. 695，2015 年增至 1. 623，2019 年增至 3. 012，标准差逐年增加，说明省域间结构优化水平的绝对差异在持续增强，这主要得益于旅游收入占三产收入比重和旅游经济结构合理化水平的提升。

从变异系数和泰尔指数的变化过程看（见表 4-4），10 年间变异系数和泰尔指数的变化趋势较为一致，2010—2014 年二者分别从 0. 559、0. 073 递减至 0. 498、0. 059，其后增至 2016 年的 0. 598、0. 072，此后 3 年均呈现增减相间的年际变化，说明结构优化的相对差异在 10 年间虽然起伏不定，但整体上基本保持稳定，没有出现拉大或缩小的态势。

表 4-4　2010—2019 年省域结构优化空间分异程度变化

判别指标	2010 年	2011 年	2012 年	2013 年	2014 年	2015 年	2016 年	2017 年	2018 年	2019 年
标准差	0. 695	0. 766	0. 932	1. 058	1. 338	1. 623	2. 014	2. 302	2. 659	3. 012
变异系数	0. 559	0. 524	0. 534	0. 505	0. 498	0. 570	0. 598	0. 573	0. 601	0. 597

续表

判别指标	2010 年	2011 年	2012 年	2013 年	2014 年	2015 年	2016 年	2017 年	2018 年	2019 年
泰尔指数	0.073	0.066	0.068	0.061	0.059	0.069	0.072	0.067	0.073	0.071

（三）空间分异趋势演化

由表 4-2 可知，2010 年省域结构优化的椭圆重心坐标为 110.41°E，35.55°N，2015 年变为 110.35°E，36.28°N，2019 年则为 110.87°E，37.04°N，表明旅游经济结构优化的重心持续向北转移，共移动 183 千米。椭圆转角由 63.92°上升至 71.02°，说明方向分布略有变化。椭圆短半轴由 2010 年的 460.50 千米增至 2015 年的 474.57 千米，至 2019 年微降为 473.04 千米，椭圆短半轴先增大再减小，说明结构优化的空间分异趋势经历了扩散—集聚的演变过程。椭圆长半轴同样呈现先增大再减小的变化趋势，表明结构优化的东北—西南向分布先强化再弱化。

四、效率提升时空变化分析

（一）空间分异水平演化

2010 年山东、河南和四川效率提升水平最高，青海、内蒙古为低值区，其余省份居中；2015 年效率提升高值省域增加，包括黄河中下游陕西、山西、河南、山东 4 省，低值区为青海、甘肃、宁夏 3（区）；2019 年效率提升高值省域减少为 3 个，即山西、陕西和四川，低值省域为青海、宁夏和内蒙古，河南、山东、四川、内蒙古、青海效率水平有所下降，甘肃水平有所提升。

整体来看，效率提升的空间分异格局呈现下游高上游低的特征，高值区由下游向中游转移，上游地区则一直为低值区。上游甘肃、青海、宁夏等省域效率水平虽有提升，但一直处于低水平区，下游河南、山东的旅游效率水平虽有波动下滑，但整体处于较高水平区，中游地区的山西、陕西两省效率水平提升明显，至研究期末已经高于其他省域。

（二）空间分异程度演化

从标准差的变化过程看（见表 4-5），2010 年效率提升的标准差为 1.150，2012 年上升至 3.425，而后下降至 2015 年的 1.326，再上升至 2017 年的 2.496，至 2019 年又下降至 2.237。由此可以看出，效率提升的绝对差异在增大，但是不同的发展时段增减不一。

从变异系数和泰尔指数的变化过程看（见表 4-5），二者的变化趋势与标准差相一致，研究期内波动变化特点明显，分别从 2010 年的 0.402、0.035，波动变化至 2019 年的 0.459 和 0.043，表明省域效率提升的相对差异在波动变化中略有增加，整体较为稳定。

表 4-5　2010—2019 年省域效率提升空间分异程度变化

判别指标	2010 年	2011 年	2012 年	2013 年	2014 年	2015 年	2016 年	2017 年	2018 年	2019 年
标准差	1.150	1.157	3.425	2.127	1.634	1.326	1.533	2.496	2.138	2.237
变异系数	0.402	0.327	0.654	0.515	0.491	0.427	0.431	0.546	0.479	0.459
泰尔指数	0.035	0.022	0.074	0.053	0.053	0.040	0.040	0.059	0.045	0.043

（三）空间分异趋势演化

从标准差椭圆和重心坐标在 3 个时间节点年份的变化情况看（见表 4-2），省域效率提升的椭圆重心坐标由 2010 年的 110.25°E，35.83°N 变为 2015 年的 109.48°E，35.68°N，至 2019 年变为 110.09°E，36.42°N，表明旅游经济效率提升的重心先向西南转移而后向东北移动，共移动 177 千米。椭圆转角由 2010 年的 73.10°微降至 2019 年的 67.16°，说明方向角度在缩小。椭圆短半轴由 2010 年的 467.56 千米增至 2015 年的 474.94 千米，至 2019 年微降为 472.36 千米，椭圆短半轴先增大再减小，说明效率提升的空间分异趋势经历了先扩散后集聚的演变过程，椭圆长半轴则由 819.34 千米降至 817.87 千米，再降至 786.90 千米，表明效率提升的东北—西南向分布在持续弱化。

五、旅游经济产业综合水平时空变化分析

（一）空间分异水平演化

2010 年省域旅游经济产业高质量发展水平空间分异特征显著，上游地区的青海、甘肃、宁夏、内蒙古等省（区）与其他省域间的差异较为明显，至 2015 年这种分异格局一直存在，2019 年除宁夏外，上游青海、甘肃、内蒙古旅游经济高质量发展水平提升明显，与其余省份之间的差异明显缩小。10 年间，旅游经济高质量发展东南高、西北低的分异格局一直存在，这可能与省域经济发展实力、产业结构、各类资源的旅游化利用及其利用效率有关。

（二）空间分异程度演化

从标准差的变化过程看（见表 4-6），10 年间省域旅游经济高质量发展水平的绝对分异程度在 2013 年虽有大的下滑，但是其后又持续提升，绝对差异不断扩大，年均扩大 3.09%。而变异系数和泰尔指数的变化趋势则与标准差不同，其经历了下降—上升—下降的变化过程，表明 10 年间省域旅游经济高质量水平的相对空间分异程度在缩小。

表 4-6　2010—2019 年省域旅游经济高质量发展水平空间分异程度变化

判别指标	2010 年	2011 年	2012 年	2013 年	2014 年	2015 年	2016 年	2017 年	2018 年	2019 年
标准差	5.399	5.216	5.665	3.886	4.973	5.019	5.449	6.144	6.137	6.378
变异系数	0.481	0.422	0.368	0.304	0.397	0.375	0.375	0.361	0.351	0.343
泰尔指数	0.052	0.039	0.031	0.023	0.037	0.033	0.031	0.029	0.029	0.029

（三）空间分异趋势演化

以省域旅游业高质量发展水平为数据源，借助 Arcgis10.2 趋势分析工具拟合数学曲面并制作三维透视图，如图 4-1 所示，*X* 轴指向正东方向，*Y* 轴指

向正北方向，Z 轴代表旅游经济高质量发展水平，垂直杆代表旅游经济高质量发展水平的测度值，这些数据以散点的形式投影在一个东西向（X、Z 平面）和南北向（Y、Z 平面）的正交平面上，绿色拟合曲线代表旅游经济高质量发展水平的东西向分异趋势，蓝色拟合曲线则代表南北向的分异趋势。

东西方向上，拟合曲线在 2010 年、2015 年和 2019 年均呈现东高西低的特征，并且这种特征基本稳定，曲线变动幅度很小；南北方向上，2010 年曲线北端和中端平缓，南端明显抬升，2015 年中端下降，南端抬升幅度更大，至 2019 年又呈现北端、中端平缓南端抬升的趋势，但抬升幅度不及 2010 年，说明南北方向上，旅游经济高质量发展水平的分异趋势先强化而后弱化。整体来看，东西方向拟合曲线的斜率高于南北方向的，表明省域旅游经济产业的东西分异大于南北分异，并且东西分异一直较为稳定，南北分异在起伏中缩小。

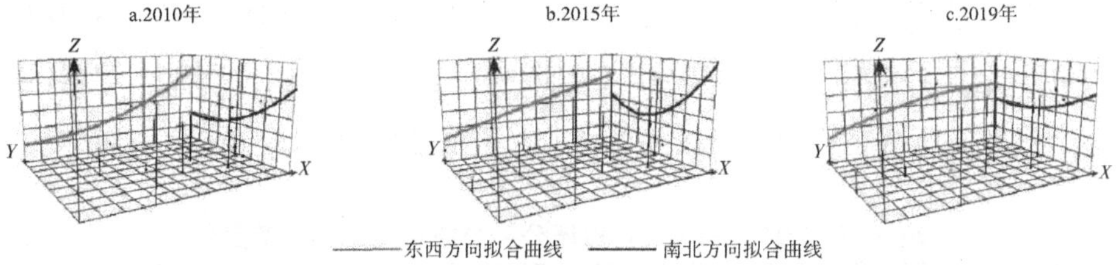

图 4-1　2010 年、2015 年、2019 年省域旅游经济高质量发展水平空间分异趋势演化

第三节　省域旅游社会事业高质量发展水平的时空变化

一、公平受益时空变化分析

（一）空间分异水平演化

2010 年公平受益高水平的省（区）仅有山东和宁夏，青海、四川、陕西、河南及甘肃处于低水平区，其余省份居中；2015 年甘肃、青海、四川、内蒙古4省（区）水平提升，河南、山东保持原位，高值区为山东、内蒙古、陕西3省（区）；2019年上游甘肃、青海、四川、内蒙古等省域公平受益水平进一步提升，山东、山西和河南维持2015年的水平。

整体来看，2010—2019年公平受益水平空间分异特征明显，分异格局发生较大变化，上游甘肃、青海、四川、内蒙古和中游山西、陕西两省公平受益水平逐渐提高，宁夏和山东持续保持高水平，河南一直为处于低水平区。

（二）空间分异程度演化

从标准差的变化情况看（见表4-7），2010年省域公平受益的标准差为0.985，2013年上升至1.381，2019年波动下降至1.116。整体来看，整个研究期标准差在波动中略有上升，表明公平受益的绝对差异水平略有增加，但在研究期内不同时段起伏不定，差异波动明显。

从变异系数和泰尔指数的变化过程看，2010年二者分别为0.392和0.029，2013年升至0.439、0.040，2019年波动降至0.184、0.007。10年间，变异系数和泰尔指数有所减小，说明省域间旅游业公平受益的相对差异在缩小。

表4-7　2010—2019年省域公平受益空间分异程度变化

判别指标	2010年	2011年	2012年	2013年	2014年	2015年	2016年	2017年	2018年	2019年
标准差	0.985	0.989	1.069	1.381	1.077	1.266	1.230	1.126	1.232	1.116
变异系数	0.392	0.382	0.375	0.439	0.295	0.303	0.277	0.223	0.225	0.184
泰尔指数	0.029	0.028	0.028	0.040	0.018	0.019	0.016	0.010	0.011	0.007

（三）空间分异趋势演化

分析表4-8可知，2010年公平受益的椭圆重心坐标为110.35°E，36.95°N，2015年变为109.07°E，36.68°N，2019年为108.37°E，36.57°N，表明旅游公平受益的重心先向西南进而向西转移，共移动179千米。椭圆转角由76.99°降至70.53°，说明方向分布略有收缩。椭圆短半轴由2010年的468.01千米增至2015年的511.68千米，至2019年增长为514.29千米，椭圆短半轴持续增大，说明公平受益的空间分异趋势呈现持续扩散的演变过程。椭圆长半轴由 2010 年的 849.09 千米缩减至 2015 年的 846.61 千米，2019 年又增至 861.94 千米，呈现先缩小再增大的变化过程，表明公平受益的东北—西南向分布先弱化再强化。

表 4-8　2010 年、2015 年、2019 年省域旅游社会事业三要素标准差椭圆参数变化

类型	年份	重心坐标（°E,°N）	短半轴（千米）	长半轴（千米）	移动方向	方向角度（°）	移动距离（千米）
公平受益	2010 年	110.35，36.95	468.01	849.09	—	76.99	—
	2015 年	109.07，36.68	511.68	846.61	西南	71.20	114
	2019 年	108.37，36.57	514.29	861.94	西	70.53	65
环境友好	2010 年	108.95，36.22	499.55	823.70	—	71.00	—
	2015 年	108.10，36.50	500.07	825.80	西北	71.11	86
	2019 年	106.72，36.96	497.93	842.29	西北	72.89	130
成果共享	2010 年	106.16，37.26	484.98	907.37	—	73.07	—
	2015 年	106.16，37.26	488.23	905.10	—	71.70	—
	2019 年	106.16，37.26	491.67	932.86	—	72.16	—

二、环境友好时空变化分析

（一）空间分异水平演化

从空间分异水平变化看，2010 年环境友好高水平省域包括山东、陕西、内蒙古和宁夏 4 省（区），青海、甘肃处于低水平区，其余省份居中；2015 年内蒙古、宁夏和陕西为高值区，甘肃、河南、山东为低值区；2019 年上游甘肃、青海、四川、内蒙古等省域为高值区，下游河南、山东为低值区。

整体来看，2010—2019 年环境友好水平空间分异发生了显著的变化，研究初期呈现"插花式"分异特征，至研究期末整体呈现由上游向下游逐渐递减的分异格局，表明上游省域旅游环境水平在不断提升，下游省域则有所下降，其中宁夏一直保持高水平，中游的山东、陕西两省有所下降。

（二）空间分异程度演化

从标准差的变化看（见表 4-9），2010 年省域环境友好的标准差为 0.550，其后逐年下降至 2014 年的 0.348，再波动增长至 2019 年的 0.510。整体来看，标准差在波动中略有缩小，表明环境友好的绝对差异水平略有减小。不同时段标准差起伏波动，说明省域间环境友好的绝对差异在研究期的短时段内会发生明显波动。

从变异系数和泰尔指数的变化过程看（见表 4-9），2010 年二者分别为 0.156 和 0.006，2013 年变为 0.147、0.005，其后波动下降至 2019 年的 0.132、0.004，可以发现 10 年间变异系数和泰尔指数均有所减小，说明省域间旅游业环境友好的相对差异在整个研究期都在缩小，但是在研究期内有波动。

表 4-9　2010—2019 年省域环境友好空间分异程度变化

判别指标	2010 年	2011 年	2012 年	2013 年	2014 年	2015 年	2016 年	2017 年	2018 年	2019 年
标准差	0.550	0.477	0.419	0.445	0.348	0.379	0.326	0.322	0.383	0.510
变异系数	0.156	0.130	0.112	0.147	0.107	0.114	0.092	0.090	0.102	0.132
泰尔指数	0.006	0.004	0.003	0.005	0.002	0.003	0.002	0.002	0.002	0.004

（三）空间分异趋势演化

从标准差椭圆和重心坐标的变化看，2010 年环境友好的椭圆重心坐标为 108.95°E，36.22°N，2015 年变为 108.10°E，36.50°N，2019 年为 106.72°E，36.96°N，表明旅游环境友好的重心持续向西北转移，共移动 216 千米。椭圆转角由 2010 年的 71.00°微升至 2019 年的 72.89°，说明方向分布微趋明显。椭圆短半轴由 2010 年的 499.55 千米增至 2015 年的 500.07 千米，至 2019 年减为 497.93 千米，椭圆短半轴先增大再减小，说明环境友好的空间分异趋势呈现先扩散再集聚的演变过程。椭圆长半轴由 2010 年的 823.70 千米增至 2015 年的 825.80 千米，进而又增至 2019 年的 842.29 千米，呈现持续增大的变化趋势，表明环境友好的东北—西南向分布不断强化。

三、成果共享时空变化分析

（一）空间分异水平演化

2010 年省域成果共享高水平省域仅有山东、宁夏、青海和内蒙古，四川、河南及甘肃为低水平区，其余省份居中；2015 年高值区整体与 2010 年类似，低值区包括四川、河南和山西；2019 年青海、内蒙古为高值区，山西、四川、河南为低值区。

整体来看，2010—2019 年成果共享水平空间分异特征明显，上游甘肃、青海、四川、内蒙古和中游陕西成果共享水平较高，四川、河南、山西整体较低，其中四川一直处于低水平区，河南略有提升，山西有所下降。

（二）空间分异程度演化

从标准差的变化情况看（见表 4-10），2010 年省域成果共享的标准差为 1.238，其后逐年上升，至 2015 年上升至 1.864，2019 年上升至 2.903，说明 10 年间省域成果共享的绝对差异在不断拉大。

从变异系数和泰尔指数的变化过程看（见表 4-10），2010 年二者分别为 0.427 和 0.040，2012 年变为 0.425、0.039，其后波动上升至 2019 年的 0.542、0.057，可以发现 10 年间变异系数和泰尔指数在增大，说明省域间旅游业成果共享的相对差异在拉大。

表 4-10　2010—2019 年省域成果共享空间分异程度变化

判别指标	2010 年	2011 年	2012 年	2013 年	2014 年	2015 年	2016 年	2017 年	2018 年	2019 年
标准差	1.238	1.405	1.356	1.464	1.745	1.864	1.947	2.135	2.335	2.903
变异系数	0.427	0.441	0.425	0.413	0.466	0.475	0.494	0.472	0.474	0.542
泰尔指数	0.040	0.042	0.039	0.038	0.049	0.050	0.051	0.048	0.047	0.057

（三）空间分异趋势演化

由标准差椭圆和重心坐标的变化可知，2010 年成果共享的椭圆重心坐标为 106.16°E，37.26°N，2015 年和 2019 年重心坐标无变化，表明旅游成果共享的重心始终保持原位，没有发生空间移动。椭圆转角由 2010 年的 73.07°下降至 2015 年的 71.70°，再增加至 2019 年的 72.16°，说明方向分布先弱化再强化。椭圆短半轴由 2010 年的 484.98 千米增至 2015 年的 488.23 千米，至 2019 年增长为 491.67 千米，椭圆短半轴持续增大，说明成果共享的空间分异趋势呈现持续扩散的演变过程。椭圆长半轴由 2010 年的 907.37 千米缩减至 2015 年的 905.10 千米，进而又增至 2019 年的 932.86 千米，呈现先缩小再增大的变化趋势，表明成果共享的东北—西南向分布先弱化再强化。

四、旅游社会事业综合水平时空变化分析

（一）空间分异水平演化

2010 年、2015 年和 2019 年旅游社会事业高质量发展水平存在显著的空间分异特征，内蒙古、青海、宁夏和山东始终保持较高水平，甘肃、河南和山西旅游事业高质量发展水平较低，与其他省域差异较大。10 年间，省域旅游社会事业高质量发展整体保持北高南低的分异格局，这与不同省域既有的发展路径，对旅游资源、旅游设施、旅游发展成果的公平分配有关。

（二）空间分异程度演化

由表 4-11 可知，省域旅游社会事业的绝对差异在逐步提升，年均增长 7.36%，而变异系数和泰尔指数所反映的地区相对差异除 2013 年有较大的增加外，其余年份在细微波动中略有提升，变异系数年均增长 1.35%，泰尔指数年均增长 3.12%，说明 10 年间省域单元旅游事业高质量发展水平的相对差异程度有所提升。

表 4-11　2010—2019 年省域旅游事业高质量发展水平空间分异程度变化

判别指标	2010 年	2011 年	2012 年	2013 年	2014 年	2015 年	2016 年	2017 年	2018 年	2019 年
标准差	2.064	2.222	2.317	2.793	2.606	2.901	3.096	3.150	3.333	3.831

续表

判别指标	2010 年	2011 年	2012 年	2013 年	2014 年	2015 年	2016 年	2017 年	2018 年	2019 年
变异系数	0.231	0.235	0.237	0.287	0.245	0.254	0.259	0.239	0.236	0.251
泰尔指数	0.012	0.012	0.012	0.018	0.013	0.014	0.014	0.012	0.012	0.013

（三）空间分异趋势演化

趋势变化上（见图 4-2），2010 年省域旅游社会事业高质量发展在东西方向上呈现“U”形变化，但东端高西端低，2015 年东西两端基本在同一水平线，但中端稍低，2019 年西端抬升明显，中东端则较为平缓，表明黄河流域旅游事业高质量发展水平由东高西低的分异格局转变为西高东低的分异格局，分异趋势发生了巨大的变化。南北方向上，3 个节点年份均呈现北高南低的趋势，曲线斜率极大，说明这种北高南低的趋势非常明显，2019 年曲线南端有所抬升，说明南北方向上旅游事业北高南低的分异趋势有所缓解，但分异依然十分明显。

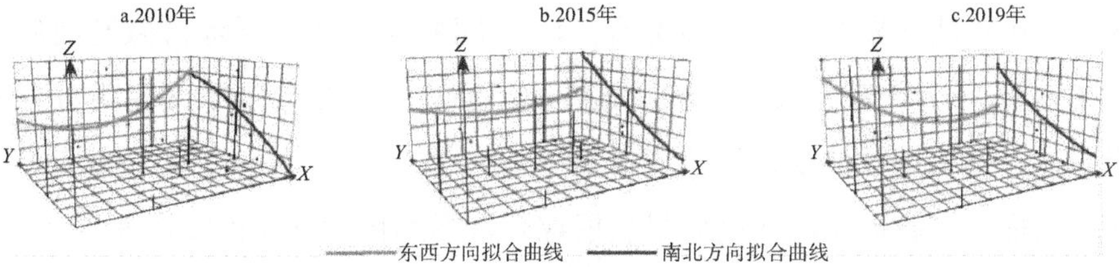

图 4-2　2010 年、2015 年、2019 年省域旅游事业高质量发展水平空间分异趋势演化

第四节　省域旅游业高质量发展综合水平的时空变化

一、空间分异水平演变

从省域旅游业高质量发展空间分异水平的演化过程看，2010 年四川、山东两省发展水平最高，其次为中游地区的陕西、山西、河南等省，甘肃、青

海、宁夏水平最低，空间上东西向分异明显；2015 年东西向分异格局总体持续，上游地区省份发展较快，如内蒙古迈入第一层级水平，甘肃、青海两省发展层级也在提升；2019 年的总体格局与 2015 年类似，变化最显著的是上游的青海，中游的山西发展层级提升，而上游的四川和下游的河南层级降低。整体来看，10 年间，四川、山东尽管不同年份旅游业高质量发展水平有所波动，但一直维持较高层级；青海、甘肃两省尽管旅游业高质量发展水平提升较快，但依然处于较低层级；省域旅游业高质量发展水平始终存在东高西低的分异格局，但是随着时间的推移，这种空间分异格局在降低。

二、空间分异程度演变

根据标准差、变异系数及泰尔指数的计算结果（见表 4-12），2010—2019 年，黄河流域省域旅游业高质量发展水平的标准差经历了先增大再减小再增大再减小的演变过程，年均增长-1.47%，说明省域旅游业高质量发展水平的绝对差异在缩小；从变异系数变化情况看，10 年间变异系数先下降再微升而后又下降，年均增长-7.31%，表明省域间旅游业高质量发展综合水平的相对分异程度下降明显；泰尔指数的变化趋势与变异系数一致，也总体上体现了逐渐降低的趋势，同样表明省域旅游业高质量发展综合水平的相对分异程度在逐步缩小。

表 4-12　2010—2019 年省域旅游业高质量发展水平空间分异程度变化

判别指标	2010 年	2011 年	2012 年	2013 年	2014 年	2015 年	2016 年	2017 年	2018 年	2019 年
标准差	5. 675	5. 163	5. 496	3. 745	4. 384	4. 522	5. 550	5. 079	4. 941	4. 418
变异系数	0. 282	0. 237	0. 219	0. 166	0. 189	0. 182	0. 210	0. 168	0. 156	0. 130
泰尔指数	0. 016	0. 012	0. 010	0. 006	0. 008	0. 007	0. 010	0. 006	0. 005	0. 004

三、空间分异趋势演变

分异趋势上（见图 4-3），从东西方向上看，2010 年和 2015 年旅游业高质量发展综合水平总体趋势基本一致，均呈现明显的东高西低特征，到 2019 年曲线变得平缓，东西向之间的分异趋势缩减显著，说明黄河流域东西方向上旅游业高质量发展水平的整体分异趋势在减小；南北方向上，拟合曲线2010年呈现浅“U”形特征，但曲线南端抬升较多，2015年曲线呈现明显的“U”形分布，表明旅游业高质量发展水平呈现北高—中低—南高的分异趋势，2019年整体也呈浅“U”形变化，但是曲线北端和中端抬升明显，南端下滑，说明南北方向上旅游业高质量发展水平的分异趋势先强化再弱化。整体而言，10年间，东西向分异一直呈现缩小趋势，缩小程度较为明显，南北向两端高中间低的“U”形分异持续，并逐步出现北高南低的趋势。从东西向和南北向拟合曲线的斜率对比可以发现，东西向差异大于南北向差异。

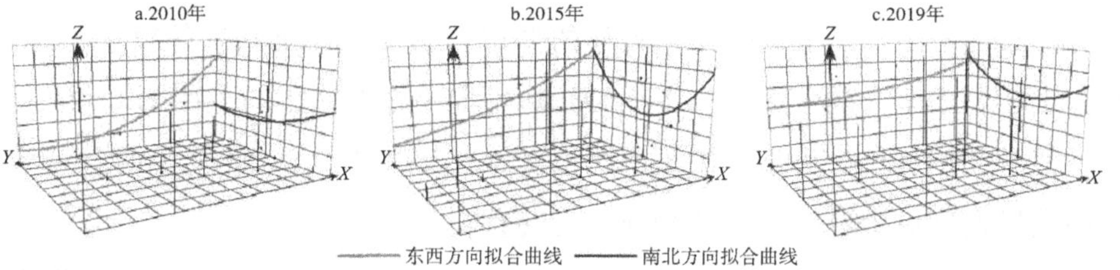

图 4-3　2010 年、2015 年、2019 年省域旅游业高质量发展水平空间分异趋势演化

四、空间分异状态演变

以黄河流域9省（区）旅游业高质量发展水平的四分位数为标准，将省域划分为4种等级类型区（$k=4$），以确保各类型区数量基本相等。其中，第一等级为低水平（旅游业高质量发展水平小于全部研究单元的25%），第二等级为中等水平（旅游业高质量发展水平在全部研究单元的26%~50%），第三等级为较高水平（旅游业高质量发展水平在全部研究单元的51%~75%），第四等级为高水平（旅游业高质量发展水平大于全部研究单元的76%），此4种等级类型分别以 k= Ⅰ，Ⅱ，Ⅲ，Ⅳ表示，k 越大，表明旅游业高质量发展水平的等级越高。基于此，将分别通过马尔可夫链和空间马尔可夫链对省域旅游业高质量发展综合水平的空间分异状态进行分析。

如表4-13所示，对角线上的元素表示旅游业高质量发展类型保持不变的概率，非对角线上的数值表示不同类型之间的概率转移情况。在不考虑空间滞后影响的情况下，对角线上的值为 0.524~0.813，表明省域旅游业高质量发展水平保持不变的概率在 52.4%以上，说明原有类型对旅游业高质量发展水平的状态转移影响很大，惯性发展趋势明显。同时，对比发现，低水平区和高水平区保持状态不变的概率更大，前者保持原有状态不变的概率为 65.2%，向上转移的最大概率为 26.1%；后者保持原有状态不变的概率为 81.3%，向下转移的最大概率为 18.8%，说明旅游业高质量发展低水平区和高水平区存在明显的路径依赖。非对角线的最大值为 0.429，说明省域旅游业高质量发展水平发生状态转移的最大概率为 42.9%，远小于状态保持不变的概率。此外，对比类型向上或向下的转移情况可知，相邻两种类型之间发生状态转移的可能性更大，但向上转移的概率普遍大于向下转移的概率，例如，类型Ⅰ转为类型Ⅱ的概率为 0.261，而类型Ⅱ转为类型Ⅰ的概率为 0.143，与此类似，类型Ⅲ转为类型Ⅳ的概率为 0.429，反之则为 0.188，说明省域旅游业高质量发展更容易向更高的相邻状态转移。

在考虑了空间滞后的影响后（见表 4-13），邻近省域旅游业高质量发展水平对某一省域旅游业高质量发展具有很大的影响，在不同的邻域条件下，省域旅游业高质量发展水平的转移概率发生了明显的转变。具体来看：①当领域为类型Ⅰ时，低水平区保持原有类型不变的概率增长至 0.714，而中等水平区和较高水平区保持原有类型不变的概率减小，说明当受到领域为低水平类型区的影响时，低水平区保持状态不变的概率增大，更容易产生“低端锁定”效应。状态转移上，向上转移 1 级的概率比无空间滞后时更大，说明低水平的空间滞后有助于类型区之间的状态转移。②当领域为类型Ⅱ时，相较于无空间滞后，类型Ⅰ、类型Ⅱ和类型Ⅲ保持原有类型不变的概率均在增大，同时向上转移 1 级及类型Ⅲ和类型Ⅳ向下转移 1 级的概率也在增大，说明当领域为中等水平的类型区时，由中等水平转向高等水平的概率增大，同时，由高等水平转向中等水平的概率也在增大。③当领域为类型Ⅲ时，除高水平类型保持原有类型的概率提升外，低水平、中等水平和较高水平类型区保持原有类型的概率不变或者降低，说明较高水平的领域区有助于旅游业高质量发展水平向高水平状态转变。从状态转移上看，低水平类型转向中等水平和较高水平的概率在提升，而且二者的转移概率均为0.333。同时，较高水平转为高等水平的概率也在提升，而高水平区转向低水平区的概率几乎为0。④当领域类型为Ⅳ时，中等水平和高等水平保持既有类型不变的概率均为1，说明当受到高水平领域影响时，中等水平和高水平类型不会发生状态转移。从类型之间的转移看，除类型Ⅲ转为类型Ⅳ的概率为0.5以外，其余类型之间没有发生类型转移，说明此时旅游业高水平区锁定效应明显，几乎不会与其他类型区发生关联，其状态也基本保持既有水平不变。

表4-13 省域旅游业高质量发展水平空间马尔可夫转移概率

空间滞后	本地状态	频数	Ⅰ	Ⅱ	Ⅲ	Ⅳ
		81	<25%	26%~50%	51%~75%	>76%
无滞后	Ⅰ	23	0.652	0.261	0.087	0.000
	Ⅱ	21	0.143	0.571	0.286	0.000
	Ⅲ	21	0.000	0.048	0.524	0.429
	Ⅳ	16	0.000	0.000	0.188	0.813
Ⅰ	Ⅰ	7	0.714	0.286	0.000	0.000
	Ⅱ	3	0.333	0.333	0.333	0.000
	Ⅲ	4	0.000	0.000	0.500	0.500
	Ⅳ	0	0.000	0.000	0.000	0.000
Ⅱ	Ⅰ	13	0.692	0.231	0.077	0.000
	Ⅱ	10	0.100	0.600	0.300	0.000
	Ⅲ	9	0.000	0.111	0.556	0.333
	Ⅳ	5	0.000	0.000	0.600	0.400
Ⅲ	Ⅰ	3	0.333	0.333	0.333	0.000
	Ⅱ	7	0.143	0.571	0.286	0.000
	Ⅲ	6	0.000	0.000	0.500	0.500
	Ⅳ	8	0.000	0.000	0.000	1.000
Ⅳ	Ⅰ	0	0.000	0.000	0.000	0.000
	Ⅱ	1	0.000	1.000	0.000	0.000
	Ⅲ	2	0.000	0.000	0.500	0.500
	Ⅳ	3	0.000	0.000	0.000	1.000

对比上述4种情况可以发现，当与高水平类型省域相邻时，旅游业高质

量发展水平保持原有状态的概率增大，向上转移的概率更大；当与低水平类型省域相邻时，旅游业高质量发展水平保持原有状态的概率也在增大，但是向上转移的可能性下降明显，这说明低水平区或高水平区各自具有明显的高、低水平锁定效应，保持原有状态的可能性更大；当邻域类型为中等和较高水平区时，保持原有状态不变的概率很小，说明此时旅游业高质量发展水平的状态易发生变化。

2010—2019 年，黄河流域 9 省（区）旅游业高质量发展水平有 8 省（区）实现了向上转移，其中宁夏向上转移 1 级，山西、河南、四川、甘肃向上转移 2 级，内蒙古、陕西和青海向上转移 3 级，山东省研究期末类型与初期相同，为平稳型。分阶段看，2010—2014 年，平稳型省域 6 个，向上转移 1 级的省域有 2 个，分别为四川和陕西，向上转移 2 级的省域仅有内蒙古 1 个；2015—2019 年，向上转移 1 级的省域有 6 个，甘肃、河南向上转移 2 级，青海向上转移 3 级。从状态转移的分布格局看，不论是整个研究期还是不同研究阶段，上游省域状态升级幅度更大，中游居中，下游省域较小，其中山东省整体维持原位，原因在于山东省旅游业高质量发展一直保持高水平运行，故其向上转移空间很小。

第五节　本章小结

以旅游业高质量发展水平得分为数据源，根据本书对旅游业高质量发展概念内涵的理解，从经济产业高质量、社会事业高质量和综合水平高质量 3 个方面，以及运行平稳、供需升级、结构优化、效率提升、公平受益、环境友好、成果共享七大要素分层级和不同的空间演变特征探讨了 2010—2019 年黄河流域省域旅游业高质量发展的时空变化过程，得出如下结论：

旅游经济产业高质量发展方面。从各要素的时空变化看，运行平稳发展水平空间上呈现明显分异，中上游部分省域平稳性较高，绝对差异在波动变化中略有下降，相对差异出现小幅上升，空间分异趋势经历了扩散—集聚的演变过程，东北—西南向的方向分布先强化再弱化；供需升级高质量发展水平呈现明显的东南—西北向分异，整体由下游地区省域向上游递减，绝对差异和相对差异整体呈现轻微缩小趋势，空间分异趋势的演变过程与运行平稳相一致；结构优化高质量发展水平由研究初期的下游高上游低转变为研究期末中间高东西两端低的格局，绝对差异逐年拉大，相对差异虽有细微起伏，但整体上保持稳定，空间分异趋势同样经历了扩散—集聚的演变过程，方向分布先强化再弱化；效率提升的空间分异格局呈现下游高上游低的特征，高值区由下游向中游转移，绝对差异在拉大，相对差异在波动变化中略有增大。从旅游经济整体看，省域旅游经济高质量发展呈现东南高西北低的分异格局，绝对差异在拉大，相对差异在缩小，东西分异高于南北分异，东西向分异始终呈现东高西低的特征，而南北向分异呈现先强化后弱化的变化趋势。

旅游社会事业高质量发展方面。从各要素的空间演化看，上游省域的公平受益水平不断提高，中下游地区基本保持稳定，其绝对差异略有增大，而相对差异在缩小，空间分异趋势呈现持续扩散的演变过程，方向分布先弱化再强化；环境友好水平由研究初期的插花式分异特征演变为研究期末由上游向下游逐渐递减的分异格局，绝对差异和相对差异略有减小，空间分异趋势呈现先扩散再集聚的演变过程，方向分布不断强化；共享水平空间分异整体呈现上游地区较高，中下游地区较低的格局，省域间绝对差异和相对差异在拉大，空间分异趋势呈现持续扩散的演变过程，方向分布先弱化再强化。从旅游社会事业整体变化看，省域旅游事业整体保持北高南低的分异格局，绝对差异和相对差异都在增加，东西向的分异格局由东高西低转变为西高东低，南北向一直维持北高南低的格局。

旅游业高质量发展综合水平方面。空间分异水平上，省域旅游业高质量发展始终存在东高西低的分异格局，但是这种空间格局在弱化。空间分异程度上，省域旅游业高质量发展的绝对差异和相对差异都在缩小。空间分异趋势上，东高西低的分异趋势逐渐缩小，南北分异呈现“U”形变化，先强化再弱化，东西向差异大于南北向差异。空间分异状态上，省域旅游业高质量发展水平保持不变的概率远大于状态转移的概率，邻域旅游业高质量发展对省域旅游业高质量发展具有很大的影响，当与高水平类型省域相邻时，旅游业高质量发展保持原有状态的概率增大，向上转移的概率更大；当与低水平类型省域相邻时，旅游业高质量发展保持原有状态的概率也在增大，但是向上转移的可能性下降明显。10年间旅游业高质量发展水平有8省（区）实现了向上转移，上游省域状态升级幅度更大，其中宁夏向上转移1级，山西、河南、四川、甘肃向上转移2级，内蒙古、陕西和青海向上转移3级，山东省一直保持高水平运行，未发生状态转移。

第五章　市域旅游业高质量发展水平的时空变化

本章的分析思路及其方法与第四章相同，在此不再赘述。研究尺度扩展至市域，研究范围为黄河流域60个地级单元（以2019年全国地级市矢量数据为准）。另外，对省、市域旅游业高质量发展的空间演化过程进行对比分析，以考察空间尺度在省、市域旅游业高质量发展水平时空变化中的不同作用，探究空间尺度对旅游业高质量发展的空间分异程度、空间分异趋势和空间分异状态的影响。

第一节　市域旅游经济产业高质量发展水平的时空变化

一、运行平稳时空变化分析

（一）空间分异水平演化

以2010年、2015年和2019年3个时间节点为分析年份，通过自然断裂点工具对市域运行平稳空间分异水平演化进行分析。2010年市域旅游经济运行平稳高值区集中于上游地区，如阿拉善盟、甘南州、阿坝州等，中下游市域相对较低；2015年整体空间分异与2010年类似，但是上游市域与中下游市域间的分异进一步拉大，中下游地区的低值区在增加，而上游市域的高值区增加明显；2019年整体维持2015年格局，但是下游地区部分市域的运行平稳水平在提升。

整体来看，2010—2019年市域旅游经济运行平稳水平呈现由上游向下游递减的分异格局，上游高值市域在增加，中下游地区低值市域有所减小但仍占主体。

（二）空间分异程度演化

从标准差的变化趋势看（见表5-1），2010年市域运行平稳的标准差为0.167，其后波动上涨至2017年的0.249，至2019年又降至0.094，可以发现10年间运行平稳的标准差在波动中减小，说明市域运行平稳的绝对差异在缩小。

从变异系数和泰尔指数的变化趋势看（见表5-1），2010年二者分别为0.153、0.005，至2017年波动上涨至0.231、0.010，此后又降至2019年的0.094、0.002，10年间变异系数和泰尔指数在波动中有所减小，说明市域间运行平稳的相对差异在缩小。

表5-1　2010—2019年市域运行平稳空间分异程度变化

判别指标	2010年	2011年	2012年	2013年	2014年	2015年	2016年	2017年	2018年	2019年
标准差	0.167	0.177	0.157	0.085	0.105	0.111	0.153	0.249	0.127	0.094
变异系数	0.153	0.156	0.143	0.081	0.104	0.110	0.148	0.231	0.123	0.094
泰尔指数	0.005	0.005	0.004	0.001	0.002	0.003	0.005	0.010	0.003	0.002

（三）空间分异趋势演化

以2010年、2015年、2019年为节点年份，借助标准差椭圆和重心坐标来反映市域旅游经济运行平稳水平的空间分异趋势。由表5-2可知，2010年运行平稳椭圆重心坐标为109.22°E，36.33°N，2015年变为108.99°E，36.34°N，2019年则为109.27°E，36.41°N，表明旅游经济运行平稳的重心先向西南进而向东北转移，共移动59千米。椭圆转角由83.69°上升至84.04°，说明方向分布略趋明显。椭圆短半轴由2010年的311.40千米降至2015年的306.28千米，至2019年降为303.43千米，椭圆短半轴持续减小，说明运行平稳的空间分异趋势呈现持续集聚的演变过程。椭圆长半轴先增大再减小，表明运行平稳的东北—西南向分布先强化再弱化。

表 5-2　2010 年、2015 年、2019 年市域旅游经济产业四要素标准差椭圆参数变化

类型	年份	重心坐标（°E, °N）	短半轴（千米）	长半轴（千米）	移动方向	方向角度（°）	移动距离（千米）
运行平稳	2010 年	109.22，36.33	311.40	667.03	—	83.69	—
	2015 年	108.99，36.34	306.28	697.51	西南	83.69	28
	2019 年	109.27，36.41	303.43	685.68	东北	84.04	31
供需升级	2010 年	112.28，35.97	292.17	584.95	—	83.41	—
	2015 年	111.15，36.01	324.31	584.11	西	85.00	106
	2019 年	111.07，35.93	315.89	594.18	西南	85.30	15
结构优化	2010 年	109.93，35.77	312.51	632.78	—	77.39	—
	2015 年	109.62，35.83	313.00	631.18	西北	77.25	18
	2019 年	109.56，36.18	328.10	618.60	西北	85.28	43
效率提升	2010 年	111.45，36.17	310.12	578.77	—	82.03	—
	2015 年	111.04，36.15	327.60	607.16	西	77.71	27
	2019 年	111.10，36.51	314.36	575.06	北	84.06	40

二、供需升级时空变化分析

（一）空间分异水平演化

从 3 个节点年份看，2010 年供需升级高水平市域集中于中下游地区，特别是省会城市如西安、郑州和济南，上游地区低值区占比最高；2015 年整体格局与 2010 年类似，但是中上游部分市域供需升级水平提升，如鄂尔多斯、阿坝州等；2019 年高值区依然集中于中下游市域，但是内蒙古各市域供需升级水平提升显著，上游大部分市域的水平也在提升。

整体来看，2010—2019 年，旅游经济供需升级水平呈现明显的东南—西北向分异，整体由下游地区向上游递减，上游市域的供需升级水平提升明显，高值区增加，低值区减少，与中下游市域的差距在缩小。

（二）空间分异程度演化

从标准差的变化看（见表 5-3），标准差由 2010 年的 3.258 演变为 2013 年的 3.861，至 2019 年波动下降至 3.133，可以发现不同阶段标准差起伏波动明显，但从整体上看 10 年间标准差略有下降，说明市域供需升级的绝对差异整体呈现减小趋势。

变异系数和泰尔指数的变化趋势与标准差较为一致（见表 5-3），二者分别由 2010 年的 0.822、0.122 降至 2018 年的 0.625 和 0.077，2019 年又微升至 0.636、0.078，表明 10 年间变异系数和泰尔指数在波动中下降，说明市域旅游经济供需升级水平的相对差异在缩小。

表 5-3　2010—2019 年市域供需升级空间分异程度变化

判别指标	2010 年	2011 年	2012 年	2013 年	2014 年	2015 年	2016 年	2017 年	2018 年	2019 年
标准差	3.258	3.426	3.656	3.861	2.784	3.009	2.937	3.069	3.100	3.133
变异系数	0.822	0.784	0.772	0.771	0.631	0.661	0.639	0.634	0.625	0.636
泰尔指数	0.122	0.113	0.108	0.107	0.079	0.083	0.079	0.079	0.077	0.078

（三）空间分异趋势演化

从 3 个节点年份标准差椭圆和重心坐标的变化看（见表 5-2），2010 供需升级水平的椭圆重心坐标由 2010 年的 112.28°E，35.97°N 演变为 2015 年的 111.15°E，36.01°N，至 2019 年变为 111.07°E，35.93°N，表明 10 年间市域旅游经济供需升级的重心先向西其后又向西南转移，共移动 121 千米。椭圆转角由 2010 年的 83.41°上升至 2019 年的 85.30°，说明方向分布趋向明显。椭圆短半轴由 2010 年的 292.17 千米增至 2015 年的 324.31 千米，至 2019 年降为 315.89 千米，说明市域供需升级的空间分异趋势经历了先扩散后集聚的演变过程。椭圆长半轴先变小再变大，表明供需升级的东北—西南向分布先弱化再强化。

三、结构优化时空变化分析

（一）空间分异水平演化

从3个节点年份市域结构优化水平的格局分异看，2010年结构优化高值市域集中于中游地区，上下游仅有个别市域为高水平区，如阿坝州、泰安市；2015年整体分异格局与2010年相似；2019年上游市域高值区增加，中游地区的高值区水平进一步提升，下游地区市域保持稳定。

整体来看，2010—2019年市域结构优化水平呈现中游市域高、上下游市域低的空间分异特征，中游市域整体水平较高且较为均衡，10年间中上游市域的结构优化水平不断提升，高值区数量增加，但高低值区相间分布，差异明显；下游市域结构优化水平一直保持稳定，且以低水平区为主。

（二）空间分异程度演化

由表5-4可知，2010年市域结构优化的标准差为1.022，此后连续增长至2016年的1.906，说明此时段市域结构优化水平的绝对差异一直在拉大；2016年以后标准差波动增长至2019年的2.157，表明结构优化的绝对差异在波动中上升。整体而言，10年间市域结构优化水平的绝对差异增加明显。

从变异系数和泰尔指数的变化看（见表5-4），二者分别由2010年的0.749、0.085上升至2016年的0.756、0.094，表明此时段内市域结构优化水平的相对差异在扩大，此后至2019年二者又分别微升至0.623和0.080，表明此时段相对差异略有提升；从10年间的整体变化看，变异系数和泰尔指数都略有下降，说明市域结构优化水平的相对差异在缩小。

表5-4　2010—2019年市域结构优化空间分异程度变化

判别指标	2010年	2011年	2012年	2013年	2014年	2015年	2016年	2017年	2018年	2019年
标准差	1.022	1.289	1.601	1.514	1.679	1.745	1.906	1.727	1.509	2.157
变异系数	0.749	0.857	0.933	0.821	0.831	0.777	0.756	0.620	0.558	0.623

续表

判别指标	2010 年	2011 年	2012 年	2013 年	2014 年	2015 年	2016 年	2017 年	2018 年	2019 年
泰尔指数	0.085	0.097	0.109	0.100	0.101	0.096	0.094	0.076	0.064	0.080

（三）空间分异趋势演化

从 3 个节点年份标准差椭圆和重心坐标的变化看（表 5-2、图 5-1），2010 年市域结构优化水平的椭圆重心坐标为 109.93°E，35.77°N，2015 年变为 109.62°E，35.83°N，2019 年变为 109.56°E，36.18°N，表明旅游经济结构优化的重心持续略向西北转移，移动距离较短，仅为 61 千米。椭圆转角由 2010 年的 77.39°上升至 2019 年的 85.28°，说明方向分布趋于明显。椭圆短半轴由 2010 年的 312.51 千米微升至 2015 年的 313.00 千米，至 2019 年增至 328.10 千米，椭圆短半轴不断变长，说明市域结构优化的空间分异趋势呈现持续扩散的演变过程。椭圆长半轴由 2010 年的 632.78 千米降至 2015 年的 631.18 千米，至 2019 年降为 618.60 千米，呈现持续减小的变化趋势，表明结构优化的东北—西南向分布在不断弱化。

四、效率提升时空变化分析

（一）空间分异水平演化

2010 年效率提升的高值市域集中于中游山西、陕西两省以及山东部分市域，整体呈现明显的上游—中下游分异；2015 年整体分异格局与 2010 年相似；2019 年高值市域出现在山西和青海的部分市域，整体中上游市域多为高水平区。

综合来看，2010—2019 年中游市域效率提升水平一直居于高位，中间高两端低的分异格局比较显著，但是市域间的均衡性水平在提升。随着时间的推移，上游市域的效率水平提升明显，缩小了与中下游市域的差距，下游市域略有下降，但整体保持稳定。

（二）空间分异程度演化

从标准差的变化情况看（见表 5-5），2010 年市域效率提升水平的标准差为

0.488，2012年上升至1.296，至2016年波动增长至1.567，此后至2019年呈现持续增长势头，表明不同时段市域效率提升水平的绝对差异升降不一，但是整体而言，10年间标准差增长明显，说明市域效率提升水平的绝对差异拉大幅度明显。

变异系数和泰尔指数的变化趋势与标准差较为相似（见表5-5），2010—2012年上升，2012—2016年波动下降，2016—2019年持续下降，说明3个不同的时期内，市域效率提升的相对差异先升再降。从10年间的整体变化看，二者均呈现微升势头，说明市域效率提升的相对差异略有扩大。

表5-5　2010—2019年市域效率提升空间分异程度变化

判别指标	2010年	2011年	2012年	2013年	2014年	2015年	2016年	2017年	2018年	2019年
标准差	0.488	0.555	1.296	0.672	0.762	0.839	1.567	1.948	2.414	2.672
变异系数	0.662	0.639	1.168	0.662	0.685	0.665	0.914	0.844	0.843	0.821
泰尔指数	0.101	0.095	0.172	0.098	0.098	0.092	0.130	0.132	0.132	0.129

（三）空间分异趋势演化

从标准差椭圆和重心坐标的变化情况看，2010市域效率提升的椭圆重心坐标为111.45°E，36.17°N，2015年变为111.04°E，36.15°N，2019年则为111.10°E，36.51°N，表明市域旅游经济效率提升的重心先向西而后向北转移，共移动67千米。椭圆转角由2010年的82.03°小幅上升至2019年的84.06°，说明方向角度在扩大。椭圆短半轴由2010年的310.12千米增至2015年的327.60千米，至2019年降为314.36千米，椭圆短半轴先增大再减小，说明市域效率提升的空间分异趋势经历了扩散—集聚的演变过程。椭圆长半轴则由2010年的578.77千米升至2015年的607.16千米，再降至2019年的575.06千米，表明效率提升的东北—西南向分布先强化再弱化。

五、旅游经济产业综合水平时空变化分析

（一）空间分异水平演化

市域尺度下，旅游经济高质量发展整体呈现中下游地级单元及上游个别

州/盟发展水平较高，其余地级单元发展水平较低的格局，2010 年和 2015 年整体格局较为类似，均呈现由下游向上游递减的空间分异趋势，至 2019 年这种格局有所变化，下游地区出现了部分低值区，而上游地区和中游地区的高值区在增加，这可能与下游市域旅游经济高质量发展起点高，存在高质量发展水平的边际收敛及“天花板”效应有关。

（二）空间分异程度演化

由表 5-6 可知，2010 年市域旅游经济高质量发展水平的标准差、变异系数和泰尔指数分别为 3.971、0.555 和 0.060，2015 年变为 4.465、0.492 和 0.049，2019 年则变为 5.964、0.472 和 0.049，三者年均分别增长 5.02%、-1.63%和-1.85%，表明市域旅游经济高质量发展水平的绝对分异程度在提升，而相对差异在缩小。

表 5-6　2010—2019 年市域旅游经济高质量发展水平空间分异程度变化

判别指标	2010 年	2011 年	2012 年	2013 年	2014 年	2015 年	2016 年	2017 年	2018 年	2019 年
标准差	3.971	4.243	4.796	4.830	4.169	4.465	4.998	5.073	5.038	5.964
变异系数	0.555	0.539	0.554	0.542	0.487	0.492	0.506	0.461	0.436	0.472
泰尔指数	0.060	0.057	0.061	0.058	0.048	0.049	0.051	0.046	0.042	0.049

（三）空间分异趋势演化

趋势变化上（见图 5-1），趋势拟合曲线 2010 年由东向西逐渐降低，2015 年和 2019 年曲线中端拱起，中东部地区差异缩小，但是与西部地区的差异依然较大；南北方向上，2010 年为浅“U”形变化，曲线南端抬升明显，2015 年“U”形特征明显，但南端继续抬升，2019 年“U”形趋势减弱，南北两端几乎持平，由此反映出旅游经济高质量发展水平南北方向上呈现分异增大再缩小的趋势。整体来看，东西差异大于南北差异，东西差异较为稳定，南北差异逐渐缩小。

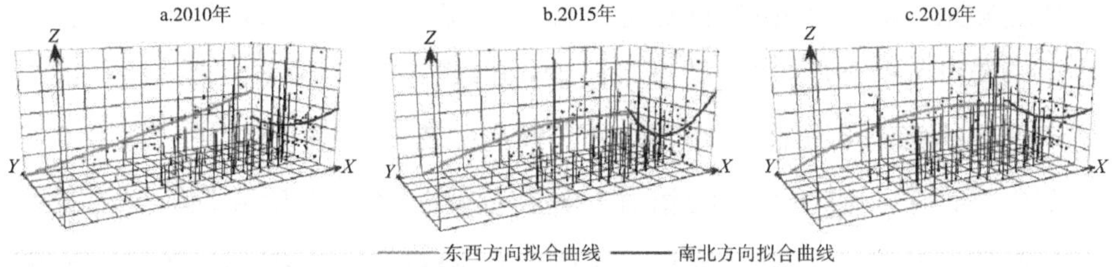

图 5-1 2010 年、2015 年、2019 年市域旅游经济高质量发展水平空间分异趋势演化

第二节 市域旅游社会事业高质量发展水平的时空变化

一、公平受益时空变化分析

（一）空间分异水平演化

2010 年市域公平受益高值区以内蒙古、山东部分市域为主，上游市域间差异明显，中下游市域较为均衡；2015 年整体格局与 2010 年类似，但是中下游市域公平受益水平有所下降；2019 年内蒙古各市域及上、中、下游各省会城市公平受益水平最高，中游地区低值区密集，上游青海各市域整体水平较低。

整体来看，10 年间市域公平受益空间分异格局较为稳定，呈现“插花式”分布特征，高值区多集中于上游市域及全流域省会城市，中游市域水平有所下降，低值区增加，下游市域公平受益水平整体保持稳定。

（二）空间分异程度演化

从标准差的变化过程看（见表 5-7），2010 年市域公平受益的标准差为 0.506，波动增长至 2013 年的 0.652，此后基本呈现增长态势，至 2019 年达到 0.683，说明 10 年间公平受益的标准差在波动中上升，表明市域间公平受益的绝对差异在增大。

从变异系数和泰尔指数的变化过程看（见表5-7），2010年二者分别为0.277、0.017，至2013年增长至阶段性的高值0.294、0.019，说明此时段市域公平受益的相对差异在拉大；2013年以后一直呈现减小趋势，至2019年变为0.210、0.009，说明此时段相对差异在缩小。从整个研究期看，变异系数和泰尔指数在减小，表明市域间公平受益的相对差异在缩小，各市域旅游发展公平收益水平趋于均衡。

表5-7　2010—2019年市域公平受益空间分异程度变化

判别指标	2010年	2011年	2012年	2013年	2014年	2015年	2016年	2017年	2018年	2019年
标准差	0.506	0.553	0.610	0.652	0.644	0.643	0.652	0.662	0.681	0.683
变异系数	0.277	0.290	0.294	0.294	0.261	0.248	0.240	0.234	0.225	0.210
泰尔指数	0.017	0.018	0.018	0.019	0.014	0.013	0.012	0.012	0.011	0.009

（三）空间分异趋势演化

由表5-8可知，2010年公平受益的椭圆重心坐标为109.86°E，36.54°N，2015年变为109.79°E，36.59°N，2019年变为109.61°E，36.55°N，表明旅游公平受益的重心先向西北进而向西南转移，移动仅为38千米。椭圆转角由2010年的83.44°微升至2019年的84.84°，说明方向分布略趋明显。椭圆短半轴由2010年的319.91千米增至2015年的323.76千米，至2019年减小为320.53千米，椭圆短半轴先增大再减小，说明公平受益的空间分异趋势呈现先扩散再集聚的演变过程。椭圆长半轴由2010年的653.88千米微减至2015年的652.58千米，2019年又增至671.36千米，呈现先缩小再增大的变化过程，表明市域公平受益的东北—西南向分布先弱化再强化。

表5-8　2010年、2015年、2019年市域旅游社会事业三要素标准差椭圆参数变化

类型	年份	重心坐标（°E,°N）	短半轴（千米）	长半轴（千米）	移动方向	方向角度（°）	移动距离（千米）
公平受益	2010年	109.86，36.54	319.91	653.88	—	83.44°	—
	2015年	109.79，36.59	323.76	652.58	西北	84.23°	19
	2019年	109.61，36.55	320.53	671.36	西南	84.84°	19

续表

类型	年份	重心坐标（°E,°N）	短半轴（千米）	长半轴（千米）	移动方向	方向角度（°）	移动距离（千米）
环境友好	2010 年	109.32，36.44	315.93	667.22	—	84.35°	—
	2015 年	109.32，36.44	312.63	669.40	—	84.39°	—
	2019 年	109.32，36.44	312.40	667.75	—	84.29°	—
成果共享	2010 年	108.12，36.60	336.54	659.15	—	84.01°	—
	2015 年	107.46，36.68	342.78	673.18	西北	85.18°	53
	2019 年	107.38，36.79	343.54	690.75	北	84.70°	15

二、环境友好时空变化分析

（一）空间分异水平演化

2010 年市域环境友好水平高值区多见于中上游地区，高中低水平区交错分布；2015 年中上游市域，特别是上游市域环境友好水平提升明显，高值区增多也更趋均衡；2019 年上游市域环境友好水平进一步提升，呈现由上游向下游递减的分异格局。

整体来看，市域环境友好水平的空间分异格局由 2010 年的交错分布演变为 2019 年上游市域高下游市域低的分异格局，中上游市域环境友好水平不断提升，特别是上游市域，下游市域环境友好水平有所下降。

（二）空间分异程度演化

由表 5-9 可知，2010 年市域环境友好水平的标准差为 0.392，至 2015 年波动递减至 0.260，此后整体呈现下降趋势，至 2019 年变为 0.235，由此可以发现，10 年间市域环境友好水平的标准差呈现减小趋势，说明市域环境友好水平的绝对差异在缩小。

从变异系数和泰尔指数的变化过程看（见表 5-9），二者分别由 2010 年的 0.109、0.003 减小至 2015 年的 0.070、0.001，至 2019 年减小至 0.057、0.001，说明 10 年间变异系数和泰尔指数整体呈现减小趋势，表明市域间环境友好的相对差异在缩小。

表 5-9　2010—2019 年市域环境友好空间分异程度变化

判别指标	2010 年	2011 年	2012 年	2013 年	2014 年	2015 年	2016 年	2017 年	2018 年	2019 年
标准差	0. 392	0. 381	0. 314	0. 315	0. 274	0. 260	0. 266	0. 225	0. 229	0. 235
变异系数	0. 109	0. 105	0. 085	0. 086	0. 074	0. 070	0. 068	0. 057	0. 057	0. 057
泰尔指数	0. 003	0. 002	0. 002	0. 002	0. 001	0. 001	0. 001	0. 001	0. 001	0. 001

（三）空间分异趋势演化

从标准差椭圆和重心坐标的变化看，2010 年环境友好的椭圆重心坐标为 109. 32°E，36. 44°N，2015 年和 2019 年依然为 109. 32°E，36. 44°N，重心坐标未发生变化，说明 10 年间市域环境友好的重心未发生移动。椭圆转角由 2010 年的 84. 35°微降至 2019 年的 84. 29°，说明方向分布保持稳定。椭圆短半轴由 2010 年的 315. 93 千米降至 2015 年的 312. 63 千米，至 2019 年微减至 312. 40 千米，椭圆短半轴不断减小，说明环境友好的空间分异趋势呈现持续集聚的演变过程。椭圆长半轴由 2010 年的 667. 22 千米增至 2015 年的 669. 40 千米，进而降至 2019 年的 667. 75 千米，呈现先增大再减小的变化趋势，表明环境友好的东北—西南向分布先强化后弱化。

三、成果共享时空变化分析

（一）空间分异水平演化

2010 年市域成果共享高水平地区主要集中在上游地区，中下游多为最低水平区；2015 年高值区依然位于上游地区，中游地区的低值区增多，下游地区保持稳定；2019 年整体格局与 2015 年相似。

整体来看，10 年间市域成果共享水平呈现由上游向下游递减的分异格局，上游地区高值区集中，成果共享水平提升且趋于均衡，中游地区低值区增加，下游地区基本保持稳定。

（二）空间分异程度演化

如表 5-10 所示，2010 年市域成果共享水平的标准差为 1. 661，2015 年上升至 2. 562，至研究期末的 2019 年变为 3. 170。整体来看，10 年间市域成果共享的标准差逐年增长，说明市域间成果共享的绝对差异在持续拉大。

从变异系数和泰尔指数的变动情况看（见表 5-10），二者分别由 2010 年的 0. 589、0. 062 增至 2015 年的 0. 666、0. 077，至 2019 年变为 0. 686、0. 082，可以发现，变异系数和泰尔指数在个别年份偶有起伏，整体趋于增大，说明 10 年间市域成果共享的相对差异在扩大。

表 5-10 2010—2019 年市域成果共享空间分异程度变化

判别指标	2010 年	2011 年	2012 年	2013 年	2014 年	2015 年	2016 年	2017 年	2018 年	2019 年
标准差	1. 661	1. 811	1. 992	2. 053	2. 203	2. 562	2. 621	2. 953	2. 902	3. 170
变异系数	0. 589	0. 600	0. 613	0. 604	0. 614	0. 666	0. 644	0. 685	0. 655	0. 686
泰尔指数	0. 062	0. 064	0. 066	0. 065	0. 068	0. 077	0. 074	0. 082	0. 075	0. 082

（三）空间分异趋势演化

分析标准差椭圆和重心坐标的变化可知，2010 年市域成果共享的椭圆重心坐标为 108. 12°E，36. 60°N，2015 年变为 107. 46°E，36. 68°N，2019 年变为 107. 38°E，36. 79°N，表明市域旅游成果共享的重心先向西北再向北转移，共移动 68 千米。椭圆转角由 2010 年的 84. 01°增至 2015 年的 85. 18°，再增至 2019 年的 84. 70°，说明方向分布先强化再弱化。椭圆短半轴由 2010 年的 336. 54 千米增至 2015 年的 342. 78 千米，至 2019 年增长为 343. 54 千米，椭圆短半轴持续增大，说明成果共享的空间分异趋势呈现持续扩散的演变过程。椭圆长半轴由 2010 年的 659. 15 千米增至 2015 年的 673. 18 千米，进而又增至 2019 年的 690. 75 千米，呈现不断增大的变化过程，表明成果共享的东北—西南向分布不断强化。

四、旅游社会事业综合水平时空变化分析

（一）空间分异水平演化

市域尺度下，高值区为上游民族地区州/盟，例如，甘南州、阿拉善盟，以及省会城市，并且上游高值区市域的数量在增加，而中下游地区出现了更多的低值区，这种西北高东南低的旅游事业发展水平分异格局一直持续，与我们对黄河流域社会经济发展的惯常认识不同，甚至相反，其原因可能在于，一是上游民族地区州/盟，如甘南州、阿坝州、阿拉善盟等，旅游业发展起步虽晚，但是速度快，旅游设施及配套服务产品及时跟进；二是这些地区有更为稀缺独特的旅游资源，旅游业是支柱型产业，依托旅游业的发展，道路、宾馆、城镇绿化、环境卫生等事关旅游发展成果公平共享的要素水平进一步提升；三是这些地区自然环境恶劣，人口较少，虽然旅游者规模在扩大，但是人地矛盾不甚突出，人均资源、设施及旅游发展成果的拥有量更高。

（二）空间分异程度演化

2010 年市域旅游事业高质量发展水平的标准差、变异系数和泰尔指数分别为 2.004、0.243 和 0.012，2015 年变为 2.880、0.283 和 0.015，2019 年则为 3.555、0.296 和 0.017（见表 5－11），三者年均增长分别为 6.68%、2.91%和 4.22%，表明 10 年间市域旅游事业高质量发展水平的绝对差异和相对差异都在扩大，而绝对差异扩大的幅度更大，说明市域间旅游事业高质量发展水平的差距在不断拉大，这与市域旅游业发展基础，旅游资源、人才、创新等推动性要素的不均衡分布密切相关。

表 5-11　2010—2019 年市域旅游事业高质量发展水平空间分异程度变化

判别指标	2010 年	2011 年	2012 年	2013 年	2014 年	2015 年	2016 年	2017 年	2018 年	2019 年
标准差	2.004	2.114	2.284	2.337	2.508	2.880	2.952	3.258	3.225	3.555
变异系数	0.243	0.248	0.253	0.251	0.257	0.283	0.277	0.293	0.281	0.296

续表

判别指标	2010 年	2011 年	2012 年	2013 年	2014 年	2015 年	2016 年	2017 年	2018 年	2019 年
泰尔指数	0.012	0.012	0.013	0.013	0.013	0.015	0.015	0.017	0.015	0.017

（三）空间分异趋势演化

趋势变化上（见图 5-2），2010 年旅游社会事业高质量发展曲线中部高东西两端低，2015 年和 2019 年趋势相同，西端抬升明显，其分异格局由中部地区高东西部低演变为西高东低的格局；南北方向上，2010 年、2015 年和 2019 年拟合曲线均呈现“L”形变化，北端高，中、南端平缓而低，说明十年间市域旅游事业高质量发展的南北向分异格局总体稳定，北高南低的特征一直持续。

对比市域旅游业综合水平和分维度水平的曲线变化情况发现，东西方向上旅游经济的空间分异趋势更为显著，旅游事业分异变化情况与旅游业高质量发展和旅游经济高质量发展的分异变化情况相反。南北方向上，旅游业高质量发展水平的分异趋势和旅游经济一致，均呈现南北向分异先增大后减小的变化趋势，旅游业高质量发展水平 10 年间均呈现北高南低的特点，而且这一特点极为稳定，这或许与研究期内黄河流域北部市域经济受益分配、居民旅游公平参与、环境治理、旅游资源及设施更高的共享水平有关。

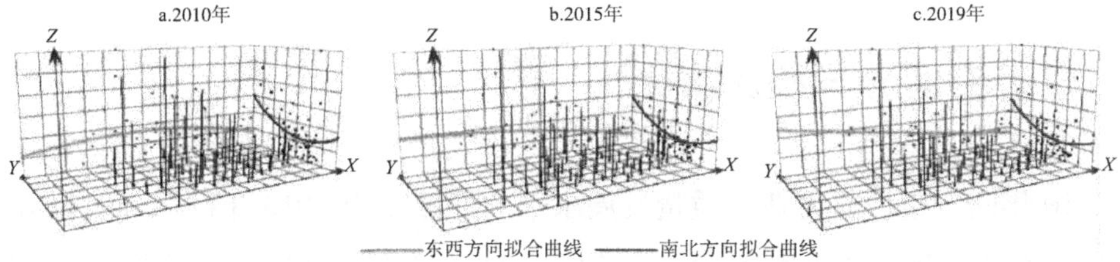

图 5-2　2010 年、2015 年、2019 年市域旅游事业高质量发展水平空间分异趋势演化

第三节 市域旅游业高质量发展综合水平的时空变化

一、空间分异水平演变

市域尺度下，2010—2019年市域旅游业高质量发展水平空间分异特征显著，整体上呈现“插花式”分布特征，高、中、低等水平市域交错分布，省会城市、民族地区州/盟以及中下游部分市域发展水平更高，上、中、下游部分地级单元发展水平较低，如上游的黄南州、海南州、庆阳市、白银市、定西市、固原市、中卫市及巴彦淖尔市等，中游的鄂尔多斯市，以及下游的德州市、菏泽市等，这种上游地区低水平市域占比最高，并且上、中、下游高、中、低3种水平的分异格局10年间一直持续，不仅说明黄河流域市域尺度上旅游业高质量发展的空间分异水平整体趋于稳定状态，10年间高水平市域、中等水平市域和低水平市域各自呈集聚分布态势，具有高值或低值组团状格局，同时也反映出上、中、下游三大地带内部市域之间旅游业高质量综合水平存在极大的内部分异，呈现一种次级区域范围内的核心—边缘结构。

二、空间分异程度演化

10年间，市域旅游业高质量发展水平的标准差由2010年的4.651提升至2015年的5.558，进而达到2019年的7.194（见表5-12），年均增速5.2%，表明市域间旅游业高质量发展水平的绝对差异在增大；变异系数由2010年的0.302缩减至2015年的0.289，2019年基本维持2015年水平，年均增长-0.24%；泰尔指数2010年、2015年和2019年的值分别为0.019、0.017和0.018，年均增长0.18%，由此可以看出，市域旅游业高质量发展水平的相对差异随年际变化略有变动，但基本保持稳定。

表 5-12 2010—2019 年市域旅游业高质量发展水平空间分异程度变化

判别指标	2010 年	2011 年	2012 年	2013 年	2014 年	2015 年	2016 年	2017 年	2018 年	2019 年
标准差	4. 651	4. 889	5. 551	5. 572	5. 133	5. 558	6. 237	6. 275	6. 273	7. 194
变异系数	0. 302	0. 298	0. 314	0. 306	0. 280	0. 289	0. 304	0. 284	0. 272	0. 292
泰尔指数	0. 019	0. 018	0. 020	0. 019	0. 016	0. 017	0. 019	0. 017	0. 016	0. 018

三、空间分异趋势演变

以趋势分析工具继续探查市域旅游业高质量发展的方向分异趋势（见图 5-3），发现东西方向上，旅游业高质量发展水平呈现东高西低的分异特征，但随着 2015 年和 2019 年曲线中端的隆起，中东部差异明显缩小，与西部差异拉大；南北方向上，2010 年、2015 年和 2019 年拟合曲线均呈现“U”形变化，2010 年和 2019 年“U”形槽较浅，但曲线两端高度互换，由南高北低变为北高南低，2015 年“U”形槽较深，曲线南端抬升超过北端，说明旅游业高质量发展水平呈现北高—中低—南高的分异趋势，2010 年这种趋势较弱，至 2015 年最强，2019 年南北端差异较小，但北端位置更高。整体来看，10 年间旅游业高质量发展水平南北高中间低的分异趋势先强化后弱化。对比东西向和南北向的差异可以发现，东西向差异较大且整体较为稳定，而南北向差异较小且呈现波动变化。

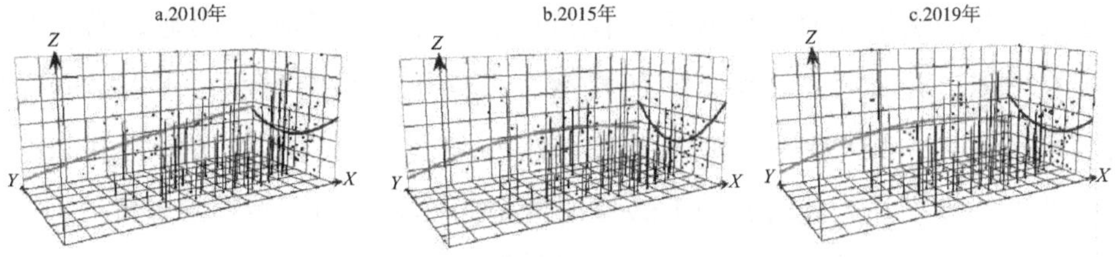

图 5-3 2010 年、2015 年、2019 年市域旅游业高质量发展水平空间分异趋势演化

四、空间分异状态演变

与省域处理方法相一致，首先以60个市域单元的旅游业高质量发展水平四分位数为准将市域单元划分为4个层级，再借助马尔可夫链和空间马尔可夫链分析市域旅游业高质量发展的空间分异状态变化。

如表5-13所示，在不考虑空间滞后的影响时，市域旅游业高质量发展水平保持原有类型不变的概率大于69%，明显高于省域，说明市域旅游业高质量发展水平惯性发展趋势更明显，特别是低水平区（74.5%）和高水平区（94.9%）存在显著的低端和高端锁定效应，其中高端锁定效应最为明显。各类型区向上转移的概率普遍大于向下转移的概率，说明在不考虑空间滞后的影响下，市域旅游业高质量发展的等级均有向上提升的可能性。

当受到空间滞后影响时，邻近市域旅游业高质量发展水平不同，其状态转移情况也不尽相同（见表5-13）。具体来看：①当领域为低水平区时，其低水平区和高水平区保持原有状态的概率更高，锁定效应更为明显，此时不存在相邻类型的高水平区向低水平区转移的可能性，而由低水平区转向较高水平区的概率提升至57.1%；②当邻域为中等水平区时，其低水平区和高水平区锁定效应虽有降低，但锁定概率依然明显，大于81%，并且保持中等水平区的概率最高，为74.5%，向上转移的概率也都大于向下转移的概率；③当领域为较高水平区时，低水平区保持原有类型的概率降低明显，而高水平区则在增强，此时向上转移1级的概率大于向下转移的概率；④当空间滞后为高水平区时，低水平区变动的概率未发生变化，而高水平区保持其状态的可能性进一步增强，此时，向上转移的概率同样大于向下转移的概率。

表 5-13　市域旅游业高质量发展水平空间马尔可夫转移概率

空间滞后	本地状态	频数	Ⅰ	Ⅱ	Ⅲ	Ⅳ
		540	<25%	26%~50%	51%~75%	>76%
无滞后	Ⅰ	149	0.745	0.255	0.000	0.000
	Ⅱ	136	0.066	0.691	0.235	0.007
	Ⅲ	137	0.000	0.000	0.766	0.234
	Ⅳ	118	0.000	0.008	0.042	0.949
Ⅰ	Ⅰ	26	0.885	0.115	0.000	0.000
	Ⅱ	7	0.000	0.286	0.571	0.143
	Ⅲ	13	0.000	0.000	0.846	0.154
	Ⅳ	9	0.000	0.000	0.000	1.000
Ⅱ	Ⅰ	74	0.811	0.189	0.000	0.000
	Ⅱ	47	0.064	0.745	0.191	0.000
	Ⅲ	32	0.000	0.000	0.781	0.219
	Ⅳ	25	0.000	0.040	0.040	0.920
Ⅲ	Ⅰ	42	0.571	0.429	0.000	0.000
	Ⅱ	72	0.083	0.694	0.222	0.000
	Ⅲ	63	0.000	0.000	0.730	0.270
	Ⅳ	57	0.000	0.000	0.053	0.947
Ⅳ	Ⅰ	7	0.571	0.429	0.000	0.000
	Ⅱ	10	0.000	0.700	0.300	0.000
	Ⅲ	29	0.000	0.000	0.793	0.207
	Ⅳ	27	0.000	0.000	0.037	0.963

对比上述 4 种邻域影响可知，无论邻近市域的旅游业高质量发展水平如何，其向上转移的可能性均大于向下转移的可能性，可能的原因是当受到低水平区影响时，比其水平更高的市域为维护自身既有的地位，不太可能转为水平更低的类型。而当受到高水平区影响时，其高水平的锁定效应使得高水平区不太可能降低发展水平，改变类型状态。随着邻域水平的升级，低水平区保持原有类型的概率在降低，而高水平区保持原有概率的可能性在增加，说明如果市域旅游业发展受到旅游业高质量发展水平较高市域的影响时，则更有可能保持原有的高水平状态，并且相邻类型区向上转移的概率也整体在提升，说明邻近市域旅游业高质量发展水平越高，则越有可能促进发展水平

相近的市域实现旅游业高质量发展水平的升级。

2010—2019 年，市域旅游业高质量发展状态有平稳型和向上转移型两种，前者研究初期类型与末期类型一致，该类型市域有 7 个，大致分两种，一种是旅游业高质量发展水平一直居高的省会城市，如济南、郑州、西安等；另一种为旅游业高质量发展水平一直在低等级徘徊的市域，如濮阳、淄博等。状态向上转移的市域共计 52 个，其中有 22 座城市向上转移 1 级，25 座城市向上转移 2 级，5 座城市向上转移 3 级。分阶段看，2010—2014 年，向下转移的市域有 2 个，平稳型市域有 27 个，向上转移 1 级的市域有 28 个，向上转移 2 级的市域有 3 个；2015—2019 年，平稳型市域有 21 个，向上转移 1 级的市域有 31 个，向上转移 2 级的市域有 8 个。从状态转移的空间格局看，整个研究期和不同发展阶段，状态等级跨越较大的市域多为中上游地区市域，如海南州、临夏州、海北州、黄南州、天水市、吕梁市、晋中市、咸阳市等，状态等级转移幅度较小的市域多分布在内蒙古、山东等旅游业高质量发展水平一直居高的地区，以及青海、甘肃、宁夏等旅游业高质量发展水平整体维持在低等级运行的地区。

第四节　省、市域旅游业高质量发展水平空间演化的尺度对比分析

空间尺度是地理学中解释地理要素等级的范畴，空间认知论认为，地理事物的发展不仅受事物本身特点的影响，更与观察事物的空间尺度紧密相关，地理事物格局及过程的产生、时空分布、相互耦合等都具有明显的尺度依赖性（李霖等，2004）。某一尺度上的特征和机理在其他尺度上不一定存在，多尺度分析有助于全面把握地理现象或事物的内在规律（刘振锋等，2016）。为此，在各维度空间分异演化特征的基础上，对省、市域空间分异程度、空间分异趋势及空间分异状态进行比较分析，以便深入理解旅游业高质量发展水平空间演化的尺度效应。

从旅游业高质量发展水平空间分异程度看，省域旅游业高质量发展水平

的标准差变动较小，而市域旅游业高质量发展水平的标准差变动幅度较大，表明旅游业高质量发展的绝对差异上存在尺度关联，空间尺度越小，空间分异程度越高。从变异系数和泰尔指数反映的地区相对差异看，省域尺度差异较大，而市域尺度差异较小，随着空间尺度的减小，其差异水平也在降低。省、市域旅游经济高质量发展水平随空间尺度变化，空间分异程度的变化趋势与旅游业高质量的变化相一致。旅游业高质量发展的绝对差异随着空间尺度的缩小变化不明显，而相对差异随着尺度缩小在增大。

从旅游业高质量发展水平空间分异趋势看，东西方向上省、市域旅游业高质量发展水平均呈现东高西低的分异趋势，东西向分异在缩小，但是在研究的中前期，省域旅游业高质量发展的东西向分异更为显著；南北方向上，省、市域整体都呈现南北向分异先增大再减小的趋势，且均由北低南高逐渐演化为南低北高的分异格局，相较而言，省域旅游业高质量发展水平南北向的分异变化起伏更大。

从空间分异状态的演化特征看，无论受到哪种空间滞后类型的影响，市域尺度下，每种类型区均有一定研究单元存在，样本数量类型更为齐全，数量更大；而省域尺度下，当受到低水平（类型Ⅰ）和高水平（类型Ⅳ）空间滞后类型影响时，类型Ⅳ和类型Ⅰ下并没有研究单元存在。在受到空间滞后类型区的影响时，省、市域低水平区保持原有状态的概率均在降低，但省域降低更快，而高水平区保持原有状态的概率在提升，省域提升更多，说明空间尺度越小，原有状态发生变化的幅度越小。随着空间滞后类型区旅游业发展水平的提升，市域旅游业高质量发展水平向更高层级转移的可能性一直大于向下转移的可能性，省域除了空间滞后类型为Ⅰ时，其余 3 种空间滞后类型下，其状态转移趋势与市域一致，表明邻域旅游业高质量发展水平越高，空间尺度越小的研究单元旅游业高质量发展水平越有可能向上转移，而且状态向上转移的可能性大于向下转移的可能性。

第五节 本章小结

旅游经济高质量发展方面。从各要素的时空变化看，市域运行平稳水平呈现由上游向下游递减的分异格局，绝对差异和相对差异都在缩小，空间分异趋势呈现持续集聚的演变过程，方向分布先强化再弱化；供需升级水平呈现明显的东南—西北向分异，整体由下游地区向上游递减，绝对差异和相对差异均呈现轻微下降的趋势，空间分异趋势经历了先扩散后集聚的演变过程，方向分布先弱化再强化；中上游市域的结构优化水平不断提升，高值区数量增加，但高、低值区相间分布，差异明显，下游市域一直保持稳定，且以低水平区为主，绝对差异扩大，相对差异缩小，空间分异趋势呈现持续扩散的演变过程，东北—西南向分布在不断弱化；效率提升水平中间高两端低的分异格局比较显著，绝对差异明显拉大，相对差异略有扩大，空间分异趋势经历了扩散—集聚的演变过程，方向分布先强化再弱化。

旅游社会事业高质量发展方面。从各要素的空间演化看，市域公平受益水平空间分异格局较为稳定，高值区多集中于上游市域，绝对差异在扩大，相对差异在缩小，空间分异趋势呈现先扩散再集聚的演变过程，方向分布先弱化再强化；市域环境友好水平的空间分异格局由交错分布演变为上游市域高下游市域低的分异格局，绝对差异和相对差异都在缩小，空间分异趋势呈现持续集聚的演变过程，方向分布先强化后弱化；市域成果共享水平呈现由上游向下游递减的分异格局，绝对差异和相对差异不断扩大，空间分异趋势呈现持续扩散的演变过程，方向分布不断强化。

旅游业高质量发展综合水平方面。空间分异水平上，市域旅游业高质量发展呈现“插花式”分布特征，高、中、低水平市域交错分布，省会城市、民族地区州/盟以及中下游部分市域发展水平更高；空间分异程度上，市域旅游业高质量发展的绝对差异在扩大，相对差异保持稳定；空间分异趋势上，东西向差异较大且整体较为稳定，而南北向差异较小且呈现“U”形变化，先强化再弱化；空间分异状态上，各地级单元保持原有状态不变的概率最大，具有明显的低端和高端锁定效应。无论空间滞后为哪种类型，既有类型向上转移的概率均大于向下转移的概率，发展水平较为接近的市域更容易产生状态的变换，随着空间滞后区水平的提升，低水平区保持原有状态的概率在降低，而高水平区保持原有状态的概率在增加。旅游业高质量发展状态有平稳型和向上转移型两种，后者占据主体，多转移 1~2 级，主要为中上游地级单元。空间尺度越小，旅游业高质量发展的绝对分异程度越高，相对分异程度越低。东西方向上省、市域旅游业高质量发展均呈现东高西低的分异趋势，但分异在缩小，南北分异都存在先强后弱的演化过程，省域的南北向分异波动更大。邻域旅游业高质量发展水平越高，空间尺度越小的研究单元其旅游业高质量发展水平越有可能向上转移，而且状态向上转移的可能性大于向下转移的可能性。

第六章　黄河流域旅游业高质量发展的影响因素

黄河流域旅游业高质量发展存在显著的空间差异，这种差异对流域旅游业整体均衡发展具有较大的制约作用，不利于旅游业高质量发展目标的实现。为深入探讨这种分异格局的成因，本章以市域单元为例（市域单元与黄河流域自然空间边界更为接近，数据样本数量更大，借助计量模型可以获得更为准确可靠的结果；空间分异程度更为显著，在省域和市域尺度中更具有代表性），通过旅游业高质量发展影响因素的理论探讨，科学识别影响因素，借助计量模型具体探讨各因素对流域整体以及上、中、下游不同地区旅游业高质量发展的影响作用。

第一节　影响因素理论分析

旅游地域系统由旅游客源地系统、旅游目的地系统和旅游通道组成。对于区域旅游业的发展而言，影响旅游业发展水平的要素亦可以从影响客源地、目的地及旅游通道的要素切入，将其归结为客源地发展要素、目的地发展要素及旅游通道要素，具体要素包括经济发展水平、收入与闲暇、资源禀赋及吸引力、交通条件等（王新越等，2019）。同时，旅游业的发展也要受制于各种内外力因素（如消费需求、资本投入、国家政策、技术创新等）的影响，（耿松涛等，2022）。在旅游业高质量发展的时代背景下，旅游地域系统各要素以及内外动力各要素亟须提质升级，要素间相互作用更加复杂、多元，联系更为紧密。因此，将旅游地域系统及内外动力要素相结合，构建旅游业高质量发展影响因素的理论分析框架，有助于提升旅游业高质量发展影响因素分析的理论性和系统性。据此，本书综合旅游地域系统中各子系统发展的制约因素及旅游业内外动力因素，建构旅游业高质量发展影响因素的“支撑力—内核力—连接力”框架，即 SIC 分析框架（见图 6-1）。

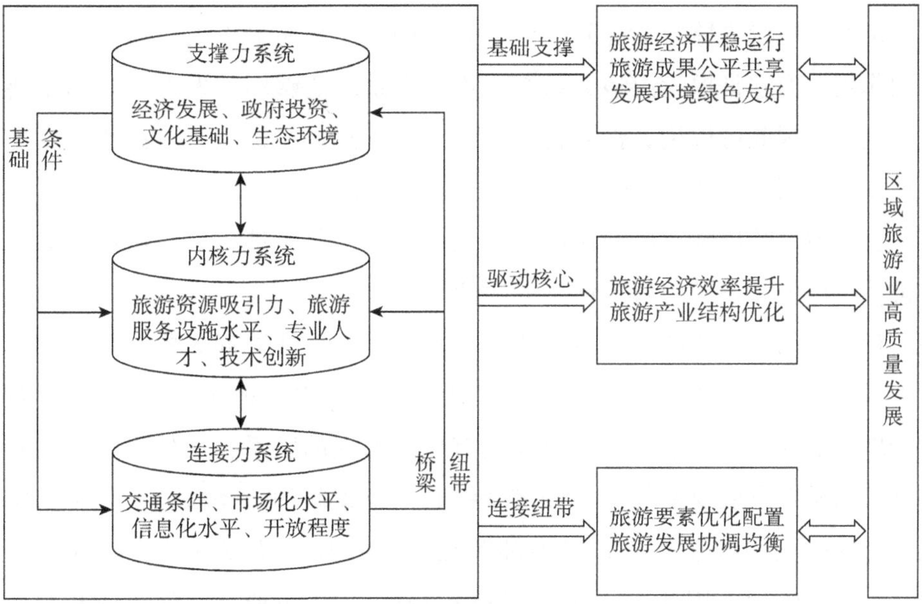

图 6-1　区域旅游业高质量发展影响因素 SIC 分析框架

一、支撑力系统

从产业角度看，旅游业是集交通、餐饮、住宿、购物等于一体的综合性产业集群，与一、二、三产业存在不同程度的关联关系，因而旅游业具有较强的关联性、带动性特征。同时，作为第三产业的重要组成部分，旅游业的产生和发展相对较晚，是“产业之上的产业”，强烈依赖于相关行业的发展。从旅游事业角度看，旅游业要实现公平共享、环境友好等具体目标也需要旅游经济、地区政策、生态环境等要素的支撑。因此，可以说，良好的支撑环境是旅游业发展的重要基础和条件，旅游业的高质量发展必然离不开这些支撑要素，这些要素组成了旅游业高质量发展的支撑保障系统，对旅游业高质量发展的影响作用主要体现在以下几个方面：

支撑力系统有力地保证了旅游业高质量发展外围环境的稳定和安全，是旅游业高质量发展的重要基础和制约条件。旅游业高质量发展需要一个稳定、安全的外围环境，这种环境的建立要依赖于区域经济水平、环境状况及政策制度、管理水平等要素，这是由旅游业本身的特点及旅游业发展的现实状况所决定的。虽然支撑力系统并不一定会对旅游业高质量发展产生直接有效的推动作用，但它是保障内核力系统、连接力系统能够高效发挥作用的重要条件和基础，因此可以说，没有稳定可持续的支撑环境，旅游业高质量发展的内核驱动力因素和连接力因素必将受到极大的影响。

支撑力系统反映了区域旅游业高质量发展的供给能力，是旅游业对社会经济系统产生影响带动效应的重要渠道。支撑力要素集中反映了区域旅游业高质量发展的供给侧能力，有助于旅游目的地区域建立起完整、高效的支撑力体系。旅游业强大的关联性造就了其“宽基窄尖”的金字塔形产业体系，位于塔基的支撑力要素与其他行业具有广泛深入的联系，这种强有力的联系保证了旅游业发展要素与社会经济系统其他要素间的流动联通，有利于旅游业从其他行业中汲取养分并经内部转化形成旅游业高质量发展的推动因素（程圩等，2021）。因此，可以说，支撑力系统为旅游业从其他行业和领域吸收养分提供了必要通道，是旅游业对社会经济系统产生影响和带动作用的重要渠道，没有“宽基”的支撑及其与社会经济系统的强有力联系，旅游业高质量发展的“塔身”“塔尖”部分势必受到影响。

支撑力系统是推动旅游业实现平稳运行、公平共享和环境友好等高质量发展目标的重要因素。旅游产业是经济产业的重要组成部分，其平稳健康发展强烈依赖于区域经济的运行状况，区域经济健康稳定运行是保障旅游经济稳定运行的关键。支撑力系统中的政策、管理等制度性因素对资源要素起到调控和优化的积极作用，有助于实现区域内旅游公共资源、基础设施、专业人才、旅游发展红利等公平共享，进而促进旅游事业高质量发展目标的实现。旅游业的发展依赖于地域良好的自然环境状况，优良的自然环境是吸引游客的重要因素，也是旅游业实现可持续发展的重要条件。

二、内核力系统

马克思主义唯物辩证法认为内因是事物的内部矛盾，是促进事物发展的根本原因，也是事物变化的根据，它规定了事物发展变化的趋势和方向。在旅游业发展中，可以将能够直接被旅游者感知的目的地有形、无形的体验（如旅游资源、旅游服务、技术水平等）界定为旅游业高质量发展的内核力因素（王新越，2020），它们是直接有效地推动旅游业发展的内在驱动因子，这些因素一般包括旅游资源、旅游服务设施、旅游人力资源、创新能力等，是新时期推动旅游业高质量发展的核心驱动力，其对旅游业高质量发展的促进作用体现在以下几个方面：

内核力系统是旅游业高质量发展的核心动力。在旅游业高质量发展影响因素分析框架中，内核力系统是旅游业高质量发展的核心和关键，是推动旅游业在“量”的基础上持续提升“质”的关键动力，有助于旅游业从资源依赖向技术、知识依赖转型，促进旅游业的高级化（刘应基，2020）。同时，随着旅游产品技术含量的增加，对上下游产业的带动作用将进一步增强，对区域旅游相关行业的辐射带动作用将进一步凸显，进而对旅游服务配套产生驱动作用。因此，在新发展理念的时代背景下，旅游业高质量发展需要在经济、政策、制度、环境等因素的支撑下，通过技术、人才的赋能作用，不断推动旅游业的内涵式发展，持续增强旅游资源的吸引力，提高旅游服务水平，进而促进区域旅游经济高质量发展。

内核力系统有助于推动旅游业发展效率的提升。高技术因素和高素质劳动力（旅游专业人才）的供给是知识生产、技术扩散的重要载体，是吸收、利用和转化知识资源，开展创新研发，提升旅游业高质量发展效率的物质条件。高素质的旅游专业人才能够将各种知识和技能应用于旅游经营管理过程中，有助于推动旅游业的组织、技术和产品创新。而技术创新带来的高技术含量的设施设备的应用为劳动力将经验、知识和技能转化为经济效益和创新动力提供了平台，为促进旅游业生产效率的提升提供了技术积累和发展空间（刘英基等，2020）。

内核力系统有助于优化旅游经济结构。内核力系统为生产、服务模式创新，实现旅游产品结构、服务类型、消费方式提供了资源和设施服务支撑，推动旅游经济结构不断趋向优化（刘英基等，2020）。技术、高素质人才等内核力要素为旅游地增强旅游资源的吸引力，引进高技术设备，提升经营服务水平，促进旅游资源向产品的高效转化利用，推动技术性含量高、服务水平好的旅游产品和服务的等级规模及品质不断提升。内核力要素引发的产业结构优化和多产业的融合发展，为旅游地开发范围的拓展提供了动力，能有效促进旅游经济发展质量的提升。

三、连接力系统

地理学将旅游活动作为人类活动的一种空间表现形式来研究，从系统论的角度出发，地理学将旅游系统解构为旅游目的地系统、旅游客源地系统和旅游通道三部分。其中，旅游通道是促进旅游客源地和旅游目的地实现相互联系、增强相互作用的桥梁和纽带，对推动旅游客源地、旅游目的地各要素的有序高效运转，增进要素的流动和优化组合具有突出意义。具体看，其对旅游业高质量发展的影响作用主要体现在以下几个方面：

连接力系统是旅游业高质量发展各要素的纽带和桥梁，是促进支撑力系统和内核力系统各要素自由流动、增强要素间相互作用的重要连接通道。借助此通道，支撑力各要素，如经济、政策、管理、环境，以及内核力各要素，如资源、服务、人才、创新等能够通畅地交融、组合，为资源要素的有效配置和增值转化，为地区旅游业发挥各自比较优势提供了重要的渠道和平台。综合既有研究，本书认为，连接力系统包括交通条件、市场化进程、信息化水平、开放程度等具体要素。

连接力系统有助于促进旅游发展要素的优化配置，推动旅游业高质量发展。随着旅游交通条件和信息通信技术的持续改善，客源地和目的地之间的双向联系更趋紧密，各类旅游发展要素的流动规模更大，转化利用效率更高，旅游资源、设施和服务能更好、更迅捷地与客源地的需求相匹配。同时，在市场机制不断完善、开放程度不断提升的作用下，旅游供需趋向均衡，旅游产业发展更具活力，有助于建立规范的市场竞争机制，理顺市场主体关系，促进要素的优化配置（刘瑞明，2018）。

连接力系统有助于破除地方壁垒，发挥旅游经济的正外部效应，促进区域旅游业均衡发展。在交通、通信等旅游介体的连接作用下，地区之间的旅游联系日益紧密，同时，随着市场化改革进程和对外开放水平的持续推进，一方面，可以有效打破行业垄断，营造公平的旅游发展环境，提升旅游经济的发展效率（王慧娴等，2014）；另一方面，可以打破地区壁垒，发挥旅游经济的正向外部溢出效应，辐射和带动周围地区旅游业的发展，推动区域旅游业向均衡化水平迈进。

第二节　影响因子选择

一、支撑力因子识别

旅游发展和经济增长之间的关系长期受到学界的关注，整体上形成了 3 种认识：第一种观点认为经济发展对旅游业具有显著的促进作用（Balaguer & Cantavella-Jorda，2002；罗文斌等，2012；王新越，2019；邓爱民，2020；刘雨婧，2021）；第二种观点认为旅游业发展促进了地方经济的发展（Durbarry，2002；Gunduz & Hatemi，2005；Tang & Tan，2015），促进作用主要体现在创收外汇、增加税收、促进就业、拉动投资和刺激消费等方面（田里等，2018）；第三种观点认为旅游业的发展与经济增长是一种双向因果关系，旅游业的发展取决于一个国家或地区的经济水平，而经济水平的提高又可以（直接或间接）促进旅游业的发展，二者在动态发展中相互影响（Ditsakis，2004；Kim et al.，2006；Pratt，2015）。综上，可以发现，经济增长和旅游发展之间的相互关系研究并没有形成定论，但是国内的众多实证研究表明，经济发展水平是旅游业发展的驱动因素，良好的经济基础有助于为旅游业发展提供资金支持、增强旅游消费活力，促进旅游消费升级。为此，本书以人均 GDP 为具体指标表征市域经济发展水平。

政府政策对旅游业的发展起着重要的调控和引导作用，在不同的发展阶段，国家及黄河流域省级政府出台了一系列政策文件，很好地适应了不同时期社会经济发展的使命要求，积极贯彻了国家战略方针，因而，可以说政府政策是旅游行业与国家社会经济发展战略之间的纽带（刘冰洁等，2021）。旅游政策为资源要素的优化配置和旅游业转型升级提供了有力保障，为其向高质量迈进提供了引导、管理等保障作用（耿松涛，2022）。其中，旅游业发展中存在的诸如旅游项目立项、土地审批、旅游与环境保护、地区旅游业之间的协调发展等都有赖于政府投资政策的调控，所以说旅游业的发展离不开政府投资政策的支持。政府政策是影响旅游业发展的一个重要因素（Kang et al.，2021）。本书借鉴徐爱萍（2021）的方法，以第三产业固定资源投资总额表征政府对旅游业发展的投资力度。

旅游业发展需要以自然生态环境为外在支撑，优良的生态环境不仅能增加旅游目的地的吸引力，提升游客的旅游体验，而且是区域旅游业可持续发展和高质量转型升级的基础和前提（穆学青等，2022）。进入新时代，生态绿色成为旅游业高质量发展的底线，是旅游业实现高质量发展的基础环境支撑。从黄河流域的发展实际看，流域不少地区为全国性、区域性的生态功能区，生态环境脆弱，社会经济活动的环境承载力有限，但流域生态保护价值极高，会严重影响流域社会经济的可持续发展（陆大道，2019）。基于此，为探究生态环境支撑情况对旅游业高质量发展的影响，本书选用绿地率为作具体指标考察其对旅游业高质量发展的影响作用。

文化资源、文化景观等不仅是旅游业赖以发展的资源基础，而且是营造地方旅游的文化环境氛围、增加地方旅游吸引力和感染力的重要支撑因素。随着文旅融合的不断拓展和深入，二者的依赖程度越来越深，并在不断地创造旅游发展的新业态。黄河流域是我国文化资源极其丰富的地区，这些资源中有相当数量的资源见证了中华文明的兴衰更替，是中华文明的重要发祥地和符号标识，也是当前国家四大文化公园建设中唯一均有涉及的地理单元，在旅游业发展中文化资源发挥了极其重要的作用（吴姗姗，2020）。为此，为考察文化基础对旅游业高质量发展的基础支撑作用，本书以各市域博物馆数量为具体指标，衡量其对旅游业高质量发展的影响。

二、内核力因子识别

尽管旅游业外延不断扩展，旅游资源的范畴也不断扩张，但是以 A 级景区为代表的核心旅游吸引物依旧是地区旅游业发展的第一生产力，代表着地区旅游资源的禀赋状况，在目的地供给体系中也占据着核心地位（刘佳明，2016）。国内外众多研究已经证明，旅游资源禀赋对区域旅游业的发展具有积极意义。一方面，旅游资源为旅游业的发展提供了物质基础，是开发旅游产品并据此形成稳定客源市场的核心要素之一，在一定程度上决定了地区的旅游产品类型、结构及其竞争力；另一方面，旅游资源的吸引力又会吸引支撑力、连接力要素的投入，从而为旅游业各发展要素实现良性循环，促进旅游业发展做出贡献。本书结合既有研究并结合黄河流域实际，以 A 级景区数量反映市域旅游资源禀赋及吸引力大小（Cheng et al.，2019）。

旅游服务设施是体现某一地区旅游供给能力大小的重要指标之一，对方便游客出游、提高游客旅游体验具有重要作用，也是区域旅游业发展中不可或缺的核心服务设施要素。旅游服务设施的规模、质量决定了旅游业高质量发展的高度（徐爱萍，2021）。星级饭店是旅游服务设施的核心代表，可以为游客提供住宿接待、餐饮服务等旅游活动的必要内容，是影响区域旅游经济发展的内核性因子之一。因此，本书参考 Kang 等（2022）、邓爱民（2022）的研究，以星级饭店数量为具体指标考察其对旅游业高质量发展的影响。

新经济增长理论认为，人力资本的积累有助于生成递增的经济效益（Romer，1990；Lucas，1988）。在旅游业发展方面，专业人才是推动旅游业发展的第一资源，旅游业发展质量的提升根本点在于人才（刘军等，2018；耿松涛，2022）。作为劳动密集型服务业，高素质劳动力的加入有助于提升旅游管理水平、促进新技术的应用，从而推动旅游业发展效率和质量的提升（王兆峰，2022）。进入新发展时代以来，人才对旅游业发展的推动作用越发明显，黄河流域大部分市域作为高素质人才匮乏地区，通过引进优质旅游人才、优化人才发展环境、调整旅游人才结构等，不仅可以有效落实人才强旅战略，巩固和增强旅游业发展成果，而且能够为旅游业发展提供充足的人才资源和智力支持。为分析专业人才对旅游业高质量发展的影响作用，本书借鉴王兆峰等（2022）的研究方法，以第三产业从业人数表征专业人才状况。

新发展理念认为，创新是经济发展的第一动力，在旅游业发展领域，创新一般包括旅游产品创新、旅游服务创新、旅游技术创新等（邓爱民，2022）。其中，技术创新有利于推动营销模式、消费方式、服务管理水平的升级，通过技术创新，可以改变资源消耗型发展方式，促进旅游业走集约高效的发展路子，也有助于推动旅游业与农业、体育、互联网、大数据、人工智能等行业的结合，进而创造更多适应市场新需求的旅游业态（刘应基，2020）。旅游业发展中的技术创新产出是旅游创新成果的集中展示，是推动旅游业高质量发展的内在动力，本书采用刘雨婧和唐健雄（2022）的处理方法，以市域 3 种专利授权数衡量各市域单元技术创新能力。

三、连接力因子识别

交通条件是旅游业发展中沟通客源地和目的地的重要通道，便捷的交通网有利于压缩时空距离，促进旅游要素的流动，提升旅游目的地的可进入性。考虑到自驾游已成为人们出游的主要形式，公路交通作为城市之间互动的主要方式，旅游目的地的公路网络越发达，越有利于旅游者进入，越有利于促进旅游业的发展（王兆峰等，2022）。同时，由于黄河流域是地跨我国三大阶梯的大尺度地理单元，市域单元之间国土面积相差较大，如果以公路里程为指标，可能无法准确反映不同地区旅游公路交通发展的真实水平，为此，本书在借鉴 Jiao 等（2021）、王新越（2022）、邓爱民（2022）等的研究的基础上，以公路网密度来表征交通发展条件。

随着互联网渗透力度的增强，以互联网为代表的信息技术对我国旅游业的发展产生了深远的影响。旅游业依托互联网平台，从游客需求角度促进了多元化发展，是实现供给侧质量变革的重要作用力（杨勇，2022）。同时，互联网与旅游的结合，打破了旅游业和相关行业之间的边界，形成了多元化的服务供给体系，成为旅游业质量提升的关键体现，有利于生产效率的提升（Enz & Verma，2012）；也提高了旅游资源的整合能力，推动了旅游业商业模式的创新，有助于提高旅游管理和服务绩效，促进旅游业的业态创新（杨德进等，2016；王德刚，2016）。众多研究已经表明，以互联网为代表的信息技术是新时期赋能旅游产业、推动旅游业提质增效的重要推动力，为此，本书以互联网普及率为具体指标，考察其对黄河流域旅游业高质量发展的影响。

旅游市场是联通旅游各发展要素，促进旅游供需各要素相互交换，实现旅游资源优化配置和价值转化的重要场所，随着市场化水平的不断提升，可以更加积极地激发旅游市场主体的活力，促进旅游业高质量发展（徐爱萍，2021）。随着旅游产业的持续发展和高质量发展时代的到来，市场化进程在旅游经济发展中的作用不断增强，市场化进程也体现了我国制度变迁的历程（余凤龙，2013）。一般而言，市场化水平越高，旅游经济发展态势越好。优良有序的市场环境也有助于提高资源配置效率，降低旅游发展环境带来的不利影响，推动旅游业可持续发展（岳立，2021）。本书借鉴王坤等（2016）的处理方法，以旅游外汇收入占第三产业增加值的比重来反映市域旅游市场化发展水平。

对外开放程度是旅游业开放性特征的集中体现，对吸引入境游客、稳固境外客源市场、吸引并增加外资、优化旅游市场结构意义明显。对外开放水平的提升可以积极促进区内供给与区外需求的有效衔接，扩大区域旅游发展的知名度和影响力。众多研究者已经关注到对外开放水平对旅游业发展的影响，如荣浩、王菁华（2011）发现，对外开放程度对我国旅游发展的地区差异具有显著的正向作用；阮文奇等（2018）的研究发现，国际旅游开放度是影响我国入境旅游发展的核心驱动因素之一；吴良平等（2020）的研究发现，对外开放程度对东部省域影响较弱，对中西部省域作用显著。据此，为反映对外开放程度对旅游业高质量发展的影响，本书采用胡森林等（2021）的方法，以进出口总额占 GDP 的比例表征对外开放程度（见表 6-1）。

表 6-1　区域旅游业高质量发展影响因素指标

变量类型与层级		影响因素	具体指标	指标单位	参考来源
被解释变量		旅游业高质量发展水平	旅游业高质量发展（HQT）	—	本书第四章计算结果
解释变量	支撑力	经济发展水平	人均 GDP	元	崔丹
		政府投资	第三产业固定资产投资	亿元	Kang 等
		文化基础	博物馆数量	座	—
		生态环境	建成区绿地率	%	—
	内核力	旅游资源吸引力	A 级景区数量	家	Cheng 等
		旅游服务设施水平	星级宾馆数量	座	Kang 等；邓爱民
		专业人才	第三产业从业人数	万人	王兆峰等
		技术创新	专利授权数	件	刘雨婧、唐健雄
	连接力	交通条件	公路里程与国土面积之比	千米/平方千米	Jiao 等；王新越
		市场化水平	旅游外汇收入与第三产业增加值之比	%	刘雨婧、唐健雄
		信息化水平	互联网宽带接入用户数与市域户数之比	%	王坤
		开放程度	进出口总额与 GDP 之比	%	胡森林等

第三节　模型构建与数据说明

一、模型选择与构建

相较于横截面数据和时间序列数据，面板数据不仅样本容量更大，可以提高估计的精确性，而且能够提供更多个体动态行为信息，也可以解决遗漏变量的问题（陈强，2015）。故本书选用面板数据模型分析上述因素对旅游业高质量发展的影响，由于各因素量纲不同可能会导致异方差问题，本书对人均 GDP、第三产业固定资产投资、博物馆数量、A 级景区数量、星级宾馆数量、第三产业从业人数、专利授权数、公路网密度等指标进行了对数化处理，具体模型如下：

$$\ln HQT_{it} = \beta_0 + \beta_1 \ln pgdp_{it} + \beta_2 \ln fai_{it} + \beta_3 cul_{it} + \beta_4 env_{it} + \beta_5 \ln res_{it} + \beta_6 \ln ser_{it} + \beta_7 \ln hum_{it} + \beta_8 \ln tec_{it} + \beta_9 \ln tra_{it} + \beta_{10} inf_{it} + \beta_{11} mar_{it} + \beta_{12} ope_{it} + \varepsilon \quad (6-1)$$

式中，i 表示市域单元，t 表示年份，HQT 表示旅游业高质量发展水平，$pgdp$ 为人均国内生产总值，fai 为第三产业固定资产投资，cul 为博物馆数量，env 为建成区绿地率，res 表示 A 级景区数量，ser 表示星级宾馆数量，hum 为第三产业从业人数，tec 为专利授权数，tra 为公路网密度，inf 为互联网普及率，mar 为旅游外汇收入占第三产业增加值的比重，ope 为进出口总额占 GDP 的比重，ε 表示随机干扰项。

二、数据来源说明

本章所需的旅游业高质量发展影响因素数据中人均 GDP、博物馆数量、建成区绿地率、专利授权数、公路网密度、互联网普及率、旅游外汇收入、第三产业增加值、GDP 等数据源于黄河流域各省（区）2011—2020 年统计年鉴；第三产业固定资产投资额、进出口总额等数据源于 2010—2019 年各市域单元国民经济与社会发展统计公报；A 级景区数量和星级宾馆数量源于各省旅游局网站及对应市域相应年份的国民经济与社会发展统计公报。

需要说明的是，以上数据中，人均 GDP、第三产业固定资产投资总额、博物馆数量、建成区绿地率、A 级景区数量、星级宾馆数量、第三产业从业人数、专利授权数为直接数据，直接获取自上述统计资料；公路网密度通过公路里程与国土面积比值求得，互联网普及率为市域互联网宽带接入用户数与市域用户数的比值，市场化水平为旅游外汇收入与第三产业增加值的比值，对外开放程度为进出口总额与 GDP 的比值。

此外，借助 Stata17 软件对各变量进行描述性统计（见表 6-2），可以发现各变量的平均值、标准误符合随机性数据要求，可以进行进一步的实证分析。

表 6-2 旅游业高质量发展相关变量描述性统计

变量	代码	平均值	标准差	最小值	最大值	样本量
旅游业高质量发展水平	*HQT*	19.561	6.439	7.767	45.575	600
经济发展水平（元）	*pgdp*	48474.19	36154.54	5441	215488	600
政府投资（亿元）	*fai*	687.560	925.326	7.59	7082.81	600
文化基础（座）	*cul*	12.385	15.657	0	128	600
生态环境（%）	*env*	35.636	8.763	10.242	60.58	600
旅游资源吸引力（家）	*res*	7.292	5.643	0	30	600
旅游服务设施水平（座）	*ser*	29.079	24.806	1.9	154.005	600
专业人才（万人）	*hum*	20.505	19.795	1.248	137.65	600
技术创新（件）	*tec*	1973.931	4414.068	4	38279	600
交通条件（千米/平方千米）	*tra*	0.893	0.556	0.289	2.389	600
市场化水平（%）	*mar*	0.408	0.58	8.40E-04	4.339	600
信息化水平（%）	*inf*	50.843	33.159	2.339	199.15	600
对外开放程度（%）	*ope*	6.586	8.728	6.60E-04	55.869	600

第四节　实证结果分析

一、黄河流域整体实证结果分析

将旅游地域系统中各子系统发展的制约因素与旅游业发展的内外动力要素相结合，构建旅游业高质量发展影响因素分析框架（SIC 框架），依据此框架，从支撑力、内核力和连接力 3 个方面选取 12 项指标建立旅游业高质量发展影响因素分析模型，并通过以下 4 个步骤分析各要素对流域整体和上、中、下游不同地区旅游业高质量发展的影响，首先通过单位根检验检查数据的平稳性；其次以市域单元为例，进行面板数据回归分析，考察各因素的影响作用；再次为考察回归结果的可靠性，对其进行稳健性检验；最后将黄河流域分为上、中、下游 3 个地区分析各因素对不同地区的影响。

（一）单位根及协整检验

为了避免伪回归，确保面板数据分析结果的可靠性，本书综合运用 LLC、IPS、Fisher-ADF、Fisher-PP4 种方法检验各变量的平稳性。检验发现（见表 6-3），建成区绿地率（*env*）为平稳序列，通过了 1%的显著性水平检验，其余各因素为非平稳序列，通过一阶差分处理后，均通过 1%的显著性水平检验。而后，进一步对非平稳因素进行了 KAO 协整检验，发现其通过了 1%的显著性水平检验（KAO $t=2.069^{***}$）。由此可知，变量间存在长期均衡关系，可以进一步进行回归分析。

表 6-3　各变量单位根检验结果

变量	LLC	IPS	Fisher-ADF	Fisher-PP
ln*HQT*	-23.451***	-8.524***	233.206***	506.192***
ln*pgdp*	-9.572***	-5.352***	241.325***	306.770***
ln*fai*	-15.851***	-7.086***	219.046***	452.387***
ln*cul*	-21.279***	-9.111***	211.457***	673.511***
env	-13.505***	-4.137***	321.965***	221.678***
ln*res*	-19.534***	-9.309***	261.405***	623.313***
ln*ser*	-56.984***	-9.131***	406.293***	1097.005***
ln*hum*	-21.146***	-8.067***	383.675***	1056.960***
ln*tec*	-31.859***	-9.720***	227.541***	522.498***
ln*tra*	-7.624***	-7.616***	322.965***	315.802***
mar	-17.248***	-8.119***	159.712***	322.834***
inf	-26.703***	-6.755***	336.273***	469.206***
ope	-16.045***	-8.365***	356.407***	583.192***

注：数值为变量单位根检验统计值，*** 表示在 1%的显著性水平上拒绝原假设。

（二）模型估计结果

借助 Stata17 软件，首先对面板数据进行设定，其次按照面板数据回归模型的分析步骤开展回归分析（陈强，2015）。具体为：作为参照系，首先将面板数据视为横截面数据进行混合回归（OLS），结果如表 6-4 所示；其次进行固定效应（FE）分析，结果发现 F 检验的 P 值为 0，存在固定效应，不应使用混合回归；再次进行随机效应分析，并进行 LM 检验，结果发现 P 值为 0，因此在混合效应和随机效应之间应选择随机效应；最后通过 Hausman 检验，判定使用固定效应还是随机效应，检验发现，P 值为 0，表明应该使用固定效应模型。固定效应模型根据遗漏变量与个体、时间的关系，一般分为个体固定效应模型、时间固定效应模型和个体时间双向固定效应模型，参考已有研究（徐爱萍，2021），并考虑到本文涉及的影响指标较为完整，故选择时间固定效应模型探讨各要素对旅游业高质量发展的影响作用。

从回归结果看（见表 6-4），政府投资（*fai*）、文化基础（*cul*）、生态环境（*env*）、旅游资源吸引力（*res*）、旅游服务设施水平（*ser*）、专业人才（*hum*）、交通条件（*tra*）、信息化水平（*inf*）、市场化水平（*mar*）、开放程度（*ope*）10 项指标通过了显著性检验，经济发展水平（*pgdp*）、技术创新（*tec*）未通过显著性检验。各因素中，文化基础（*cul*）、生态环境（*env*）、旅游资源吸引力（*res*）、旅游服务设施水平（*ser*）、专业人才（*hum*）、信息化水平（*inf*）、市场化水平（*mar*）的估计系数为正，说明其对旅游业高质量发展具有正向影响；政府投资（*fai*）、交通条件（*tra*）、对外开放程度（*ope*）的估计系数为负，说明其对旅游业高质量发展具有负向影响。

表 6-4　面板数据回归分析结果

解释变量	混合效应	个体固定效应	时间固定效应	个体时间双向固定效应	随机效应
人均 GDP（*pgdp*）	0.009 （0.016）	0.015 （0.024）	0.016 （0.016）	-0.099*** （0.021）	0.016 （0.021）

续表

解释变量	混合效应	个体固定效应	时间固定效应	个体时间双向固定效应	随机效应
第三产业固定资产投资（*fai*）	-0.007 (0.015)	-0.016 (0.012)	-0.040** (0.016)	-0.055*** (0.011)	-0.008 (0.013)
博物馆数量（*cul*）	0.035*** (0.005)	0.016*** (0.006)	0.025*** (0.005)	0.006 (0.004)	0.027*** (0.005)
建成区绿地率（*env*）	0.003** (0.001)	0.005*** (0.001)	0.003** (0.001)	0.002** (0.001)	0.004*** (0.001)
A 级景区数量（*res*）	0.032*** (0.005)	0.011*** (0.003)	0.029*** (0.004)	0.005* (0.003)	0.014*** (0.004)
星级宾馆数量（*ser*）	0.064*** (0.016)	0.033 (0.020)	0.108*** (0.016)	0.129*** (0.017)	0.056*** (0.019)
旅游业从业人员数量（*hum*）	0.051** (0.023)	0.113*** (0.040)	0.095*** (0.023)	0.007 (0.034)	0.071** (0.030)
专利授权数（*tec*）	0.012 (0.012)	0.055*** (0.012)	0.003 (0.012)	0.018* (0.010)	0.048*** (0.012)
公路网密度（*tra*）	-0.125*** (0.015)	0.264*** (0.076)	-0.111*** (0.015)	-0.077 (0.064)	-0.141*** (0.029)
互联网普及率（*inf*）	0.004*** (0.000)	0.002*** (0.000)	0.002*** (0.000)	-0.001*** (0.000)	0.004*** (0.000)
旅游外汇收入占第三产业增加值的比重（*mar*）	0.131*** (0.014)	0.002 (0.015)	0.153*** (0.013)	0.038*** (0.013)	0.028* (0.015)
进出口总额占 GDP 的比重（*ope*）	-0.008*** (0.001)	-0.000 (0.001)	-0.005*** (0.001)	-0.003*** (0.001)	-0.004*** (0.001)
常数项（*cons*）	1.994*** (0.135)	1.880*** (0.240)	2.025*** (0.129)	3.382*** (0.220)	1.694*** (0.194)
观察值	600	600	600	600	600
F 值	109.52	91.43	92.11	98.41	
F 检验	0.000	0.000	0.000	0.000	0.000
R^2	0.6913	0.6751	0.6556	0.7993	0.6481
Hausman 检验			Chi2（13）=75.25，Prob>chi2=0.000		

注：数字表示面板回归系数，*、**、***分别表示在10%、5%、1%的水平上显著，括号内为标准误。

1. 支撑力系统影响方面

人均 GDP 对旅游业高质量发展的影响没有通过显著性检验，说明黄河流域市域单元经济发展质量对旅游业高质量发展的影响不显著，这反映出黄河流域经济增长与旅游发展关系的时变性及不稳定性特征（Oh，2005；刘汉等，2016；Antonakakis et al.，2015），可能的原因是黄河流域各市域单元经济发展差异极大，上游地区为我国重要的生态功能区，经济发展质量不高，虽然资源富集，但旅游业的发展并不能从地区经济发展中获益，经济发展甚至抑制旅游业发展。同时，流域不少地区经济发展以重化工业为主导，经济发展的成效更多地体现在对这些产业的质量和效益提升上。第三产业投资对市域旅游业高质量发展呈现负向影响，其影响作用在5%的水平下显著。随着近年来社会经济的转型，包括旅游业在内，其发展的动力由投资驱动向创新驱动转变，政府投资力度的加大在一定程度上缓解了旅游发展的资金问题，但是对旅游业提质增效并不一定具有积极意义。同时，在旅游发展稳增量、优存量的背景下，流域内经济发达地区如山东等，尽管旅游业高质量发展水平一直在高位运行，但是其第三产业的投资在降低，随着旅游内生性动力的增强，投资对流域旅游业高质量发展的负向作用可能会进一步增大。博物馆数量对旅游业高质量发展的影响通过了1%水平的显著性检验，说明文化基础有助于旅游业高质量发展。黄河流域是文化资源富集的地区，旅游业的发展大多依赖于这些资源发挥吸引作用。在文旅融合的背景下，随着四大国家文化公园在黄河流域的交织，以市域文化资源为核心通过旅游发展建构地区国家文化认同，也有利于营造良好的文化旅游环境，促进旅游业发展。建成区绿化率对旅游业高质量发展的影响在5%的水平上显著，说明生态环境保护对黄河流域旅游业高质量发展具有正向影响。一方面，黄河流域大多地区地处生态环境脆弱区，生态环境安全是旅游业发展的基本保障，黄河流域旅游业高质量发展的鲜明特点是以环境安全为支撑；另一方面，在新发展理念的引领下，绿色资源/环境已经成为旅游业发展的重要吸引，在经济发展较为落后的黄河流域，自然环境存在先天不足，绿色生态对公众的吸引力更大。同时，通过贯彻国家生态安全保护战略，近年来流域各市域增绿、添绿成效显著，进一步优化了旅游活动的自然环境，增强了绿色生态环境对游客的吸引力。

2. 内核力系统影响方面

A 级景区数量对旅游业高质量发展的影响在 1%的水平上显著，说明旅游资源吸引力对旅游业高质量发展具有正向影响。黄河流域旅游资源丰富，旅游资源成为旅游业发展的物质载体，依托独有资源发展旅游业成为大多数城市旅游发展的重要方式。近年来，随着旅游产业结构的调整，以质量效率的提升为目标，旅游资源的利用方式进一步向高级化、集约化方向发展，旅游资源为流域旅游业高质量发展奠定了坚实的基础。同时，在四大文化公园建设背景下，黄河流域丰富的文旅资源为旅游业融合创新发展注入了动力，成为新时期黄河流域旅游业发展的重点方向。星级宾馆数量对旅游业高质量发展的影响在 1%的水平上显著，表明旅游服务设施对旅游业高质量发展具有正向影响。一方面，随着近年来黄河流域旅游经济的持续转型，游客对接待服务设施的需求水平不断提升，倒逼旅游市场不断增强旅游服务设施供给，升级相关产品，有力匹配了市场需求；另一方面，旅游接待服务设施不断向多样化、个性化发展，以星级宾馆为代表，农家乐、民宿、露营基地等接待服务设施不断完善，黄河流域相关省市政府都加大了旅游新型住宿接待设施供给力度，制定了相关行业标准，为旅游业高质量发展提供了有力的服务支撑。旅游从业人员数量对旅游业高质量发展的影响在 1%的水平上显著，说明专业人才对旅游业高质量发展具有正向影响。专业人才是旅游业高质量发展的第一资源，随着旅游业专业化、细分化不断推进，专业人才对旅游业发展的作用更加明显。黄河流域是我国人口密集区之一，从劳动密集型服务业角度看，旅游劳动力资源是充裕的。随着市场对旅游专业人才需求的增加，通过引进专业人才，培训既有从业人员相关业务都有效提升了旅游从业者在旅游业发展中的能力水平。技术创新对旅游业高质量发展未通过显著性检验，其原因可能在于，黄河流域旅游业发展水平较高的市域单元，在研究期后段旅游业高质量发展水平增长缓慢，但是专利授权数量在大幅提升，旅游业高质量发展水平提升较快的市域单元，技术创新水平较低，专利授权数增长缓慢。同时，技术专利的申请授权及其在旅游业发展中的应用在黄河流域各市域存在较大的差异，除省会及个别市域外，大部分市域单元技术创新能力较低，技术创新对旅游业高质量发展的具体影响机制尚不明显。

3. 连接力系统影响方面

交通条件对旅游业高质量发展的影响在1%的水平上显著，但是回归系数为-0.111，表明交通条件对旅游业高质量发展具有负向影响。交通条件作为连接目的地和客源地的桥梁，在基础设施不断完善，市域差异逐渐缩小的背景下，其对旅游业高质量发展的促进作用可能无法提供广泛的助力（王兆峰，2022），交通综合网络建设与旅游交通网之间缺乏有效的衔接也可能导致交通条件对旅游业高质量发展产生负向影响。同时，也有研究指出，旅游交通条件的完善，如高铁的开通并不会显著提升旅游客流，可能仅起到“过道作用”，并不能有效促进沿线站点的旅游业高质量发展（冯烽，2020）。互联网普及率对旅游业高质量发展的影响系数为正，且在1%的水平上显著，表明其对旅游业高质量发展具有正向影响。随着互联网技术的不断提升及其在旅游业发展中的渗透应用，旅游业信息化水平不断提升，有效提升了游客与目的地吸引物之间的相互沟通和了解，加快了旅游发展要素的流通速度，提升了各要素的利用效率。同时，在“互联网+旅游”不断深入的背景下，智慧旅游、云旅游等新型旅游产品和业态不断涌现，引领了旅游业智能化发展的潮流，为旅游业高质量发展提供了智能化、智慧化的助力和方向。旅游外汇收入占第三产业增加值的比重对旅游业高质量发展的影响系数为0.153，通过1%的显著性水平检验，说明市场化水平对黄河流域旅游业高质量发展具有显著的正向影响。随着市场化水平的不断提升，旅游业领域的市场机制得以完善，这促进了旅游发展要素的自由流动和有效配置，推进区域旅游业向供需均衡发展。另外，市场化水平提升有助于打破地区行政边界和行业垄断，发挥旅游业关联性强的带动作用，营造公平发展环境，提升旅游业高质量发展效率（王慧娴，2014）。进出口总额占GDP的比重对旅游业高质量发展的影响系数为-0.005，通过1%的显著性水平检验，说明对外开放程度对旅游业高质量发展具有负向影响。在黄河流域积极实施“一带一路”倡议等背景下，流域整体开放水平不断提升，但是下游地区开放程度依然高于中上游地区，差异十分明显，这些地区旅游业高质量发展水平一直较为稳定，而开放程度较低的中上游市域旅游业高质量发展却提升明显。同时，随着居民收入水平的提升，近年来民众出境旅游快速发展，这导致高端旅游市场和消费向外转移，不利于国内、国外两大旅游市场的均衡协调，也可能对“以我为主”的旅游业高质量发展产生不利影响。

（三）稳健性检验

为进一步检验上述回归结果的可靠性和稳健性，本书通过改变参数的方法检验回归结果的稳健性。如果变量参数改变后，回归结果的显著性未发生明显的改变，则说明回归结果是稳健的。既有研究中，旅游资源吸引力也可用4A级及其以上景区数量（*hs*）表示（崔丹等，2022），旅游服务设施水平也可以通过旅游企业数量（*te*）表示（吴媛媛，2018），交通条件也可以借助公路里程（*rm*）表示（王兆峰，2022），对外开放程度也可以通过外商直接投资额（*ie*）衡量（阮文奇等，2018）。通过替代上述变量后，继续借助Stata17软件进行时间固定效应分析，结果显示（见表6-5），各解释变量的显著性及影响系数未发生明显的改变，说明本书设计的旅游业高质量发展影响因素计量模型是比较稳健的，分析得出的结论是比较可靠的。

表6-5　稳健性检验

解释变量	模型1	模型2	模型3	模型4
人均GDP（*pgdp*）	0.024 (0.015)	0.011 (0.016)	0.055*** (0.015)	0.031* (0.016)
第三产业固定资产投资（*fai*）	-0.058*** (0.015)	-0.023 (0.016)	-0.044*** (0.016)	-0.037** (0.016)
博物馆数量（*cul*）	0.019*** (0.005)	0.034*** (0.005)	0.014*** (0.005)	0.032*** (0.006)
建成区绿地率（*env*）	0.002*** (0.002)	0.003** (0.001)	0.000 (0.001)	0.004*** (0.001)
A级景区数量（*res*）		0.030*** (0.005)	0.027*** (0.005)	0.033*** (0.005)

续表

解释变量	模型 1	模型 2	模型 3	模型 4
4A 级及其以上景区数量（*hs*）	0.062*** (0.007)			
星级宾馆数量（*ser*）	0.105*** (0.016)		0.141*** (0.016)	0.111*** (0.016)
旅游企业数量（*te*）		0.029** (0.013)		
旅游业从业人员数量（*hum*）	0.090*** (0.022)	0.129*** (0.023)	0.105*** (0.025)	0.108*** (0.023)
专利授权数（*tec*）	0.006 (0.011)	-0.001 (0.013)	-0.037*** (0.011)	0.011 (0.012)
公路网密度（*tra*）	-0.101*** (0.014)	-1.142*** (0.015)		-0.110*** (0.015)
公路里程（*rm*）			-0.058*** (0.017)	
互联网普及率（*inf*）	0.002*** (0.000)	0.002*** (0.000)	0.001*** (0.000)	0.001*** (0.000)
旅游外汇收入占第三产业增加值的比重（*mar*）	0.145*** (0.013)	0.140*** (0.014)	0.182*** (0.014)	0.150*** (0.014)
进出口总额占 GDP 的比重（*ope*）	-0.004*** (0.001)	-0.004*** (0.001)	-0.004*** (0.001)	
外商直接投资额（*ie*）				-0.024*** (0.005)
常数项（*cons*）	2.050*** (0.124)	2.081*** (0.124)	2.443*** (0.207)	1.771*** (0.147)
观察值	600	600	600	600
F 值	102.73	83.49	82.23	92.88
F 检验	0.000	0.000	0.000	0.000
R^2	0.6808	0.6341	0.6306	0.6585

注：数字表示面板回归系数，*、**、*** 分别表示在 10%、5%、1% 的水平上显著，括号内为标准误。

二、分地区实证结果分析

考虑到黄河流域涉及范围广，上、中、下游不同地区在经济发展、环境背景、技术创新、产业基础、资源禀赋等方面都存在较大的差异，根据黄河流域上、中、下游的自然界点，顾及市域行政单元边界的完整性，并考虑到市域间的社会经济联系，将青海、四川、甘肃、宁夏和内蒙古各市域划入上游地区，共计 27 个市域单元；将陕西、山西各市域划入中游地区，共计 17 个市域单元；将河南、山东各市域划为下游地区，共计 16 个市域单元。基于此，继续借助面板数据时间固定效应模型分析各因素对上、中、下游不同地区旅游业高质量发展的影响，以深入探析黄河流域不同地区旅游业高质量发展的影响差异及其机制，为促进流域旅游业高质量均衡发展提供参考。

（一）单位根检验

借助 Stata17 软件，通过 LLC 检验考察黄河流域上、中、下游不同地区时间序列数据的平稳性。结果显示，除上游地区的星级宾馆数量、中游地区的星级宾馆数量和专利授权数、下游地区的人均 GDP 等指标外，其余各变量均通过了 1%的显著性水平。对上述不平稳的数据通过一阶差分处理后继续进行 LLC 检验，结果发现各变量也均通过了 1%的显著性水平检验（见表 6-6）。由此说明，本研究中的所有变量均拒绝了存在单位根的原假设，可以认为这些变量数据是平稳的，可以进行进一步的回归分析。

表 6-6 分地区变量单位根检验结果

变量	上游地区	中游地区	下游地区
ln*HQT*	-9.337***	-6.604***	-6.37***
ln*pgdp*	-5.194***	-13.475***	-5.413***
ln*fai*	-4.591***	-7.549***	-4.049***
ln*cul*	-3.337***	-37.87***	-7.26***
env	-5.574***	-11.505***	-7.017***

续表

变量	上游地区	中游地区	下游地区
ln*res*	-7.652***	-9.712***	-6.742***
ln*ser*	-6.212***	-6.099***	-3.5***
ln*hum*	-6.007***	-3.867***	-1.685***
ln*tec*	-5.716***	-4.884***	-6.466***
ln*tra*	-7.104***	-9.724***	-5.974***
mar	-14.334***	-5.165***	-3.538***
inf	-6.224***	-10.967***	-4.282***
ope	-5.249***	-20.22***	-5.989***

注：数字为面板数据单位根检验统计值，***表示在1%的水平上显著。

（二）模型估计结果

借助Stata17软件，与前文一致，通过面板数据时间固定效应模型分析各因素对流域上、中、下游三大地区的影响作用。

1. 上游地区影响因素作用分析

如表6-7所示，人均GDP、第三产业固定资产投资、博物馆数量、A级景区数量、星级宾馆数量、旅游业从业人员数量、公路网密度、互联网普及率、旅游外汇收入占第三产业增加值的比重、进出口总额占GDP的比重10项要素对旅游业高质量发展的影响通过显著性检验，其中，人均GDP、博物馆数量、星级宾馆数量、旅游业从业人员数量、互联网普及率、旅游外汇收入占第三产业增加值的比重回归系数为正，说明这些因素对黄河流域上游地区旅游业高质量发展具有正向影响。第三产业固定资产投资、公路网密度和对外开放程度的回归系数为负值，说明其影响作用为负，建成区绿地率和专利授权数未通过显著性检验。具体而言：

（1）支撑力系统影响方面

人均GDP对旅游业高质量发展的影响在5%的水平上显著，回归系数为0.049，说明上游地区经济发展质量对其旅游业高质量发展具有正向影响。近年来，随着国家新一轮西部大开发战略、“一带一路”倡议、生态补偿等战略的实施，黄河上游地区经济发展水平稳步向好，为促进旅游消费需求、增加旅游项目投资等发挥了重要作用，促进了旅游业发展质量的进一步提升。第三产业固定资产投资的回归系数为-0.054，通过5%的显著性水平检验，说明其对黄河流域上游地区旅游业高质量发展具有负向影响。随着社会经济的转型，投资对旅游业发展的影响作用在降低，旅游业更加重视结构调整和效率提升，三产投资的增加并不一定对旅游业的发展产生积极作用，相反，过多的资金投入可能导致旅游企业暂缓提质增效的变革，进而会影响其发展质量的提升。博物馆数量在1%的显著性水平下对流域上游地区的旅游业高质量发展具有正向影响。黄河流域上游地区是我国重要的民族聚居区，藏族、回族、蒙古族、汉族各民族共同创造了丰富多元的文化，为上游地区增加旅游吸引、促进旅游发展营造了浓郁的地域特色和文化氛围。建成区绿地率对上游地区旅游业高质量发展的影响未通过显著性检验，可能的原因是黄河流域上游地区是我国重要的生态屏障，在全国生态安全格局中发挥着举足轻重的作用，维护生态安全一直是国家确立的上游地区主要的功能定位，这在一定程度上抑制了旅游业的发展。同时，上游地区地形地势复杂，气候环境较为恶劣，虽然近年来环境条件在不断好转，但是其生态环境依旧脆弱，生态保护依旧是上游地区主要的社会经济功能。

表6-7　分地区面板数据回归结果

变量	上游地区	中游地区	下游地区
人均GDP（*pgdp*）	0.049** (0.020)	0.007 (0.044)	0.140*** (0.029)
第三产业固定资产投资（*fai*）	-0.054** (0.024)	-0.107 (0.021)	0.043 (0.037)
博物馆数量（*cul*）	0.033*** (0.007)	0.048*** (0.012)	0.070*** (0.018)
建成区绿地率（*env*）	0.002 (0.002)	0.002*** (0.002)	0.002 (0.002)
A级景区数量（*res*）	0.018*** (0.005)	0.225*** (0.033)	0.184*** (0.027)

续表

变量	上游地区	中游地区	下游地区
星级宾馆数量（*ser*）	0.087*** （0.023）	0.185*** （0.035）	0.074** （0.036）
旅游业从业人员数量（*hum*）	0.173*** （0.035）	−0.096*** （0.033）	0.037 （0.048）
专利授权数（*tec*）	−0.011 （0.017）	−0.027 （0.020）	0.006 （0.025）
公路网密度（*tra*）	−0.130*** （0.020）	0.055 （0.047）	−0.053 （0.054）
互联网普及率（*inf*）	0.002*** （0.001）	0.000 （0.000）	−0.000 （0.000）
旅游外汇收入占第三产业增加值的比重（*mar*）	0.103*** （0.023）	0.140*** （0.022）	0.106*** （0.025）
进出口总额占 GDP 的比重（*ope*）	−0.011*** （0.002）	0.007*** （0.002）	−0.001 （0.001）
常数项（*cons*）	1.757*** （0.161）	2.750*** （0.400）	0.077 （0.296）
观察值	270	170	160
F 值	50.82	51.69	77.23
F 检验	0.000	0.000	0.000
R^2	0.7109	0.8074	0.8704

注：数字表示面板回归系数，**、*** 分别表示在 5%、1%的水平上显著，括号内为标准误。

（2）内核力系统影响方面

A 级景区数量、星级宾馆数量和旅游业从业人员数量均在 1%的水平上对旅游业高质量发展具有正向影响。黄河上游地区受经济水平、市场化进程、自然环境等因素的制约，依托核心资源发展旅游业成为普遍形态，高级别的旅游景区往往成为其旅游产品的核心部分，对旅游业发展起到积极的引领作用。虽然旅游住宿接待愈加多元，但星级宾馆依然是主要的接待服务设施，随着上游地区旅游业整体发展速度和水平的不断提升，区内酒店接待设施不断完善，为旅游业高质量发展提供了充足的设施服务保障。人力资源是旅游业发展的第一资源，上游地区旅游业发展吸纳了充足的劳动力资源，为旅游发展提供了人力资本，有效满足了旅游市场的人力需求。专利授权数的影响未通过显著性检验，可能的原因在于，一方面，黄河流域上游地区创新能力弱，高速发展的旅游经济与较弱的技术创新不同步；另一方面，上游地区旅游业的发展以资源依托型为主，一些新型技术在旅游发展中的应用和作用尚未受到足够的重视。

（3）连接力系统影响方面

公路网密度对旅游业高质量发展具有负向影响，这可能源于上游地区不少市域交通条件的改善更多地为旅游发展提供了“过道作用”，没能吸引游客驻足游览。互联网普及率和旅游外汇收入占第三产业的比重对旅游业高质量发展的影响在1%的水平上显著，说明信息化和市场化水平对上游地区旅游业高质量发展产生了积极的影响。随着上游地区网络基础设施的日益完善，旅游市场机制的建立，为旅游业高质量发展提供了重要的连通渠道和增进旅游发展要素相互作用的场所。对外开放程度对上游地区旅游业高质量发展的负向影响在1%的水平上显著，说明对外开放程度的提高并不利于上游地区旅游业的高质量发展。一方面，黄河上游地区深居内陆，长期以来在地理区位、交通条件、社会环境等的影响下，整体相对闭塞，对外联系较弱，这不利于开放型特征十分突出的旅游业的发展；另一方面，对外开放程度的提升，也可能会导致区域内的人才资源等旅游发展核心要素向外转移，从而削弱该地区旅游业高质量发展的核心动力。

2. 中游地区影响因素作用分析

据表6-7可知，中游地区旅游业高质量发展影响因素通过显著性检验的有第三产业固定资产投资、博物馆数量、A级景区数量、星级宾馆数量、旅游业从业人员数量、旅游外汇收入占第三产业增加值的比重、进出口总额占GDP的比重。其中，第三产业固定资产投资、旅游业从业人员数量为负向影响，其余因素为正向影响。人均GDP、建成区绿地率、专利授权数、公路网密度和互联网普及率未通过显著性检验。具体来看：

（1）支撑力系统方面

人均 GDP 对旅游业高质量发展的影响未通过显著性检验。黄河流域中游地区是我国重要的能源化工业基地，随着近年来产业结构的调整，虽然这些行业在去产能化，但依旧是中游地区经济发展的主要动力源，由于能源化工产业与旅游业的关联性较小，由其推动的经济质量提升对旅游业的带动作用有限。第三产业固定资产投资的影响也没有通过显著性检验，一方面，随着社会经济的整体转型和中游地区产业结构的调整，三产投资在放缓，这与旅游业高质量水平的持续提升不一致；另一方面，旅游业的发展越发注重人才、技术等内生动力的赋能作用，投资的推动作用在下降。博物馆数量在 1%的显著性水平上对旅游业高质量发展具有正向影响。黄河流域中游地区是中华文明起源、发展的核心区之一，具有深厚的历史文化积淀，为塑造黄河旅游的整体形象提供了深厚的文化基础，贡献了特殊的文化基因，形成了特色鲜明的黄河文化、晋商文化、关中文化等，有力支撑了中游地区旅游业的发展。建成区绿地率的正向影响作用也通过了 1%水平上的显著性检验，说明生态环境对中游地区旅游业的发展具有正向影响。近 20 年来，黄河中游地区通过防风固沙、植树造林等多种方式，有效提升了黄土高原地区的绿化水平，为区域旅游业的持续发展打造了更为有利可持续的生态基底，保障了旅游业高质量发展的底色。

（2）内核力系统方面

A 级景区和星级宾馆数量对旅游业高质量发展的影响均通过了 1%水平上的显著性检验，说明旅游资源和服务设施对旅游业高质量发展具有正向影响。一方面，中游地区具有可以代表黄河流域独特资源的典型代表，如壶口瀑布、古都西安、革命圣地延安、平遥古城等世界级、国家级资源，为推动区内旅游业发展奠定了坚实的资源基础；另一方面，随着区内经济结构转型，服务业成为中游地区经济发展的重要组成部分，旅游业发展持续推进，以星级宾馆为代表的服务设施建设更趋完善。旅游业从业人员数量对旅游业高质量发展具有负向影响，可能与旅游业高质量发展对劳动力的需求变化有关。中游地区的晋、陕两省劳动力密集，为旅游业发展提供了充足的人力资源，但是随着旅游业迈向高质量发展的新时期，旅游业发展可能并不缺乏普通劳动力资源，普通劳动力大量涌入旅游业，也许并不能带来旅游服务、旅游质量的提升，反而会形成劳动力过剩、生产效率不高等问题，这些都不利于旅游业发展质量的提升。专利授权数的影响作用未通过显著性检验，这与中游地区专利申请和授权主要集中于能源化工等非旅游行业有关，也与新兴技术在旅游业发展中的应用以及旅游业自身的创新能力不足有关。

（3）连接力系统方面

公路网密度和互联网普及率对旅游业高质量发展的影响未通过显著性检验，一方面说明中游地区旅游交通条件对旅游业发展的“引擎作用”并不明显，另一方面也说明信息化水平可能没有对旅游业高质量发展产生直接影响，其影响的机制和路径仍然不显著。旅游外汇收入占第三产业的比重对中游地区旅游业高质量发展具有显著的正向影响，说明市场化水平的提升有效促进了旅游业的均衡发展，营造了更为公平的市场竞争环境，充分释放了旅游发展要素的市场激励作用。进出口总额占 GDP 比重的影响系数为正，且通过1%的显著性水平检验，说明开放程度对中游地区旅游业高质量发展具有正向影响。随着“一带一路”倡议等的实施，晋、陕两省迎来了发展的新契机，并进一步提升了其提高对外开放水平的能力，促进了旅游发展要素在国内、国外两大市场中的互换，为旅游业发展营造了更加开放包容的发展环境。

3. 下游地区影响因素作用分析

人均 GDP、博物馆数量、A 级景区数量、星级宾馆数量、旅游外汇收入占第三产业增加值的比重 5 个要素对旅游业高质量发展的影响通过了显著性检验，这些因素的影响作用均为正向，其余因素未通过显著性检验（见表 6-7）。具体来看：

（1）支撑力系统方面

支撑力系统方面，人均 GDP 和博物馆数量对旅游业高质量发展的影响在1%的水平上显著，说明经济发展质量和文化基础对下游地区旅游业高质量发展具有正向影响。黄河下游地区经济发展水平相对较高，为旅游业发展提供了较为充足的资本，有利于完善旅游设施，增加适应市场需求的旅游产品。同时，下游地区的中原文化和齐鲁文化具有深厚的历史根基，是塑造地区独特旅游文化、增强旅游吸引的地域特色文化资源，随着下游地区旅游资源转化利用水平的提升，这些代表性文化资源为旅游业的发展提供了重要的物质基础，增强了旅游的地域文化吸引。第三产业固定资产投资的影响未通过显著性检验，这与近年来下游地区更加注重旅游内生动力推动旅游业发展有关。建成区绿地率的影响也没有通过显著性检验，下游地区人口密集，人类开发活动强烈，绿色空间有限，再加之雾霾等不良天气的影响，使得本区域旅游发展的生态环境基础较差，对旅游业高质量发展的环境支撑作用并不明显。

（2）内核力系统方面

内核力系统方面，A 级景区数量和星级宾馆数量对旅游业高质量发展的影响分别在 1%和 5%的水平上通过了显著性检验，说明下游地区旅游资源禀赋和旅游服务设施对本区域旅游业高质量发展具有正向影响。在国家文化公园建设背景下，河南、山东两省充分利用区内文化资源，加强资源整合和与其他行业资源的融合，打造了独特的旅游产品，资源转化利用水平不断提升。同时，下游地区经济较为发达，旅游服务设施较为完善，为旅游业高质量发展提供了设施服务保障。旅游业从业人员数量和专利授权数的影响作用未通过显著性检验，说明旅游人力资本和创新能力在下游地区旅游业高质量发展中并没有发挥应有的作用，这是未来这一地区增强内生动力赋能旅游业发展应该努力的方向。

（3）连接力系统方面

连接力系统方面，旅游外汇收入占第三产业的比重在 1%的水平上通过了显著性检验，说明其对旅游业高质量发展具有正向影响。黄河下游地区经济较为发达，旅游市场机制、市场竞争更为成熟、公平，为促进旅游业高质量发展各要素发挥作用提供了自由开放的市场环境。公路网密度、互联网普及率以及进出口总额占 GDP 的比重 3 个要素对下游地区旅游业高质量发展未产生显著影响。下游地区以公路和互联网为代表的旅游基础设施已经比较完善，旅游业高质量发展水平持续在高位，旅游基础设施在旅游业高质量发展中的作用并不像在旅游发展起步地区及旅游业快速发展地区那么明显。同时，下游地区尽管对外开放较早，开放程度较高，但是近年来在全球贸易格局发生重大变化的情势下，出口贸易受到一定的影响，在由注重开放规模向开放水平提升的过程中，旅游发展越发向内寻求助力，因而可能导致其对旅游业高质量发展没有显著影响作用。

对比来看，不同因素对黄河流域上、中、下游不同地区旅游业高质量发展的影响各异。支撑力系统方面，经济发展水平对上游和下游地区的影响通过了显著性检验，而对中游地区没有通过显著性影响，这可能与中游地区更依赖重化工业发展经济有关。政府投资仅在上游地区具有显著影响，但是影响为负，中下游地区未通过显著性检验，说明高质量发展阶段资本投入不仅不会对旅游业高质量发展产生有效影响，甚至可能产生负向作用，这与社会经济更依赖消费拉动发展有关。博物馆数量对上下游均有显著的正向影响，说明良好的文化基础能促进流域不同地区旅游业发展质量的提升。生态环境的影响仅在中游地区具有显著性，这与长期以来中游黄土高原地区不断改善生态、保持水土，为旅游业发展塑造了优良的绿色保障有关。

（4）内核力系统方面

内核力系统方面，旅游资源吸引力、旅游服务设施水平对流域三大地区旅游业高质量发展均有显著的正向影响，说明资源禀赋和旅游服务设施是旅游业高质量发展的重要资源基础和服务保障，能有效提升上、中、下游不同地区的旅游业高质量发展水平。旅游人力资源对中上游旅游业高质量发展具有显著性影响，上游地区的影响为正，中游地区的影响为负，下游地区未通过显著性检验，说明旅游劳动力资源对旅游业高质量发展的影响存在较大的空间分异，这与不同地区旅游业发展对劳动力的差异化需求相关。尽管创新是经济发展的第一动力，但是技术创新能力对黄河流域三大地区的影响均未通过显著性检验，一方面可能是流域整体创新能力不高，创新能力的提升并没有给旅游业高质量发展带来显著的技术溢出；另一方面，旅游业发展更加倚重旅游资源等传统发展要素，创新等新发展要素的价值尚未在旅游发展中体现出应有的价值。

（5）连接力系统方面

连接力系统方面，交通条件和信息化水平仅对上游地区旅游业高质量发展具有显著性影响，其中交通条件对上游地区的影响为负，这可能与上游地区较大的交通水平差异以及交通网络的“过道作用”有关。中下游地区交通条件、信息化水平已相对完善，在高质量发展的新阶段可能不会对旅游业高质量发展产生直接影响。旅游市场化水平在上、中、下游三大地区均有显著性的正向影响，说明随着旅游市场的发育完善，通过高效、公平的旅游市场机制，可以有效促进旅游发展要素的整合、互换，促进支撑力要素和内核力要素优化组合，为旅游业高质量发展提供强有力的新型要素组合动力。对外开放程度对中上游地区的影响具有显著性，但是对上游地区的影响为负，这可能是因为市场的开放对于社会经济发展落后的地区而言，会加剧发展要素外流，从而抑制旅游业的发展。中游地区充分利用国家向西开放的战略契机，不断加强对外交流，为旅游业发展营造了良好的外部环境。同时，中游地区关中城市圈、太原城市群等发育完善，城市体系竞争力较强，能够较好地引入并吸收旅游发展要素，所以开放水平的提升可以促进其旅游业高质量发展。下游地区尽管开放得早，开放程度较高，与国际市场的联系也更密切，但是同时也更容易受到国际市场波动的影响。近年来，随着国际贸易格局的转变，依托外贸发展经济的下游地区面临巨大的压力，从而不得不转而开拓国内市场，扩大内需，刺激国内旅游发展。

第五节　本章小结

依据旅游地域系统理论和旅游业发展的内外力因素，建构了旅游业高质量发展的SIC框架。在构建SIC分析框架的基础上，结合前人研究，从黄河流域实际和数据的可获得性出发，支撑力系统方面选取了人均GDP、第三产业固定资产投资、博物馆数量、建成区绿地率4项指标，以分别反映经济发展质量、政府投资、文化基础和生态环境对旅游业高质量发展的支撑性影响作用；内核力系统方面选取A级景区数量、星级宾馆数量、旅游业从业人员数量和专利授权数4项与旅游业紧密相关又对旅游业发展具有内生影响的要素，分别表征旅游资源吸引力、旅游服务设施水平、旅游人力资源和创新能力；连接力系统选取了公路网密度、互联网普及率、旅游外汇收入占第三产业增加值的比重以及进出口总额占GDP的比重4项指标，分别表征交通条件、信息化水平、市场化水平和对外开放程度。

借助 Stata17 面板数据分析模型探讨 2010—2019 年各因素对流域整体和上、中、下游不同地区旅游业高质量发展的影响，结果发现，流域整体旅游业高质量发展方面，政府投资、文化基础、生态环境、旅游资源吸引力、旅游服务设施水平、专业人才、交通条件、信息化水平、市场化水平、开放程度 10 项指标均通过了显著性检验，其中，文化基础、生态环境、旅游资源吸引力、旅游服务设施水平、专业人才、信息化水平、市场化水平的估计系数为正，说明其对旅游业高质量发展具有正向影响，政府投资、交通条件、开放程度的估计系数为负，说明其对旅游业高质量发展具有负向影响。政府投资仅对上游地区有负向影响；生态环境对中游地区的正向影响通过了显著性检验；旅游人力资源对上游地区具有正向影响，对中游地区具有负向影响；交通条件和信息化水平仅对上游地区产生了显著性影响，但是前者为负向影响，后者为正向影响；对外开放程度对上游地区具有负向作用，对中游地区有正向影响。影响因素的地区差异充分反映了各因素对不同地区旅游业高质量发展的异质性影响作用，为后文异质性分析奠定了基础。

第七章　黄河流域旅游业高质量发展影响因素的空间效应

空间效应是指某一地理事物对另一地理事物产生影响后的空间效果，主要包括空间特征、空间格局、相互作用等内容，空间效应通过空间依赖性、空间异质性、空间集聚扩散机制发挥作用（关伟，2015；刘瑜等，2023）。地理学第一定律深刻揭示了地理事物的空间关联性，这种关联性可能是由各种空间溢出效应引起的，而异质性则是由空间单元之间的固有差异和空间背景变化造成的（Anselin，1988）。新经济地理学认为，区域经济的增长既受到内生性因素的影响，又受到外在性因素的作用，这种外在性的影响被称为溢出效应，区域经济增长中溢出效应普遍存在，对区域经济发展具有推动作用（王少剑等，2015）。

在旅游发展领域，既有研究已经证实（Pike et al.，2017；Cheng et al.，2019；薛明月等，2020；陈晓艳等，2020；黄睿等，2022），旅游业发展不仅受到内部自身因素的影响，还受到邻近区域的影响，体现出明显的空间依赖性。与此同时，不同区域旅游业的发展存在显著的非均衡性，这种非均衡性是不同要素异质性作用的体现，当前旅游异质性效应在旅游资源分布、旅游经济发展和旅游流等许多方面普遍存在（王秀伟，2022；Yang，2014；崔丹等，2022）。在旅游业高质量发展阶段，区域旅游协调均衡发展在某种程度上体现了旅游业的空间公平和正义，是实现区域旅游业高质量发展的应有之义。基于此，结合既有研究，本书将从空间关联效应、空间溢出效应和空间异质性效应 3 个方面探讨各因素对旅游业高质量发展的空间效应。

第一节　空间关联效应

一、研究方法

空间自相关是指一些变量在一个分布区内的观测数据之间的相互依赖性。空间自相关是反映这种依赖性的量化指标，如果检验结果为正且显著，说明属性变化和趋势特征趋同，存在空间集聚效应，反之则相反。

全局空间自相关用于反映属性值在整个区域的空间关联程度，通过全局莫兰指数（Global Moran's I）度量。计算公式如下（Cliff，1970）：

$$I=\frac{n\sum_{i=1}^{n}\sum_{j=1}^{n}w_{ij}(x_i-\bar{x})(x_j-\bar{x})}{\sum_{i=1}^{n}\sum_{j=1}^{n}w_{ij}\sum_{i=1}^{n}(x_i-\bar{x})^2}=\frac{\sum_{i=1}^{n}\sum_{j\neq 1}^{n}w_{ij}(x_i-\bar{x})(x_j-\bar{x})}{S^2\sum_{i=1}^{n}\sum_{j\neq 1}^{n}w_{ij}} \tag{7-1}$$

$$S^2=\frac{1}{n}\sum_{i=1}^{n}(x_i-\bar{x})^2\ \bar{x}=\frac{1}{n}\sum_{i=1}^{n}x_i \tag{7-2}$$

$$Z(I)=\frac{I-E(I)}{S(I)}=\frac{I-E(I)}{\sqrt{\mathrm{var}(I)}} \tag{7-3}$$

式（7-1）中，I 为 Global Moran's I 统计量；n 为研究单元个数；x_i 为 i 市域旅游业高质量发展水平；w_{ij}为 i 市和 j 市的空间权重矩阵，表示 i 和 j 的空间相邻关系。Global Moran's I 的取值为［−1，1］，若 Global Moran's I 显著且为正，表明存在正向空间自相关，相似属性值（高值或低值）的空间单元趋于空间集聚，且 I 的绝对值越大，空间自相关程度越高。反之，若 Global Moran's I 显著且为负，则表明存在负的空间自相关，相似观测值趋于空间分散分布状态。仅当 Global Moran's I 接近期望值$-1/(n-1)$时，观测值呈独立随机分布状态。$Z(I)$ 为 Global Moran's I 的标准化统计量 Z 检验，$E(I)$ 为 Global Moran's I 的期望值，$S(I)$ 为 Global Moran's I 的方差。

虽然通过 Global Moran's I 可以整体反映旅游业高质量发展的空间集聚特

征，但要了解区域内部的空间差异需要进行局部空间自相关分析，LISA（Local Indicators of Spatial Association）是局域空间自相关指标，用于寻找被掩盖的或可能与全局空间自相关不一致的局部不平衡的分布特征。LISA 值描述了空间单元与其周围相似值区域之间的旅游业高质量发展水平集聚程度，并对 Local Moran's I 进行了可视化表达，计算式如下（Anselin，1988，2010）：

$$I_i = \frac{(x_i - \bar{x})}{S^2} \sum_{j=1}^{n} w_{ij}(x_j - \bar{x})^2 \tag{7-4}$$

$$Z(I_i) = \frac{I_i - E(I_i)}{S(I_i)} = \frac{I_i - E(I_i)}{\sqrt{\mathrm{var}(I_i)}} \tag{7-5}$$

式（7-5）中，I_i 为局部莫兰指数（Local Moran's I）统计量；其他变量与式（7-1）~式（7-3）中的含义相同，其含义都是代表 Local Moran's I 的计算和检验结果。若 Local Moran's $I>0$，说明具有相同属性值的研究单元在空间上趋于集聚，也就是属性值高的或低的空间单元邻近，记作高—高（H-H）或低—低（L-L）；若 Local Moran's $I<0$，表示不同属性值的空间单元趋向集聚分布，即与属性值高的空间单元邻近的是属性值低的空间单元，记作高—低（H-L），抑或是相反，则记为低—高（L-H）。

二、空间关联特征分析

借助 Geoda 分析软件，对黄河流域 2010—2019 年旅游业高质量发展水平进行全局空间自相关检验，结果发现（见表 7-1），2010—2019 年，除 2014 年和 2015 年外，其余年份旅游业高质量发展水平的 Moran' I 指数均通过了显著性检验，其中 2010—2013 年、2016 年和 2019 年通过了 5%水平的显著性检验，2017 年和 2018 年通过了 1%水平上的显著性检验，说明从整体上看，10 年间黄河流域旅游业高质量发展水平存在明显的空间关联特征。Moran' I的值经历了变小—变大—变小—变大的演变过程，说明 10 年间旅游业高质量发展水平的空间关联性呈波动变化趋势。

从分维度的空间关联特征看（见表 7-2、表 7-3），2010—2019 年旅游经济高质量发展水平的 Moran' I 值均通过了 1%水平上的显著性检验，Moran' I

的系数也明显变大，说明研究期内旅游经济高质量发展水平一直存在显著的空间关联效应；Moran' I 的值先减小后增大，说明这种空间关联效应先弱化再强化。旅游事业高质量发展水平除 2010 年外，其余年份 Moran' I 均通过了 5% 水平上的显著性检验，说明旅游事业高质量发展同样存在显著的空间依赖性，从 Moran' I 的变化可以发现，这种空间依赖整体上在逐渐强化。

表 7-1　黄河流域旅游业高质量发展水平全局空间自相关分析结果

年份	Moran' I	Z 值	P 值
2010	0. 133	2. 276	0. 023
2011	0. 128	2. 238	0. 023
2012	0. 107	1. 980	0. 037
2013	0. 108	1. 968	0. 035
2014	0. 066	1. 319	0. 111
2015	0. 059	1. 185	0. 130
2016	0. 132	2. 242	0. 024
2017	0. 101	1. 760	0. 053
2018	0. 084	1. 486	0. 076
2019	0. 133	2. 215	0. 022

表 7-2　黄河流域旅游经济高质量发展水平全局空间自相关分析结果

年份	Moran' I	Z 值	P 值
2010	0. 286	4. 617	0. 001
2011	0. 267	4. 347	0. 001
2012	0. 221	3. 708	0. 002
2013	0. 245	4. 059	0. 002
2014	0. 209	3. 520	0. 002
2015	0. 219	3. 659	0. 002
2016	0. 285	4. 499	0. 001
2017	0. 342	5. 267	0. 001
2018	0. 319	4. 915	0. 001

续表

年份	Moran' I	Z值	P值
2019	0. 352	5. 346	0. 001

表 7-3 黄河流域旅游事业高质量发展水平全局空间自相关分析结果

年份	Moran' I	Z值	P值
2010	0. 063	1. 245	0. 108
2011	0. 128	2. 268	0. 027
2012	0. 108	1. 987	0. 045
2013	0. 142	2. 541	0. 014
2014	0. 148	2. 626	0. 015
2015	0. 176	3. 142	0. 005
2016	0. 138	2. 520	0. 018
2017	0. 197	3. 490	0. 003
2018	0. 210	3. 696	0. 002
2019	0. 194	3. 501	0. 003

对比而言，旅游经济高质量发展水平的空间关联特征最突出，不仅各个年份的 Moran' I 都通过了显著性检验，其得分也最高；其次是旅游事业高质量发展水平，其通过显著性检验的年份和 Moran' I 的值均介于旅游业高质量和旅游经济高质量的同类值之间；旅游业综合水平的空间关联特征不及旅游经济和旅游事业高质量发展，这可能受旅游业高质量发展复杂性和综合性的影响，也与黄河流域内部旅游业高质量发展的巨大差异有关。

为了进一步了解黄河流域旅游业高质量发展水平的内部差异，本书选取 2010 年、2013 年、2016 年和 2019 年 4 个年份的时间截面数据，继续借助 Geoda 软件进行旅游业高质量发展及旅游经济和旅游事业高质量发展的局部空间自相关分析。由以上数据可知，2010 年旅游业高质量发展水平高—高集聚区位于山东泰安，低—低集聚区集中于青海和甘肃的部分市域，高—低集聚类型在阿拉善盟、兰州、西宁等地区；2013 年低—低集聚区和高—低集聚区的分布与 2010 年基本相同，但是高—高集聚区转移至陕西境内，2016 年低—

低集聚区集中于甘肃陇东和内蒙古个别市域，数量较少，高—低集聚区仅有兰州，没有高—高集聚区出现；2019 年低—低集聚区主要位于青海、甘肃和内蒙古的部分市域，高—低和低—高集聚类型均位于内蒙古，高—高集聚区则集中于山西中南部城市。综观 10 年间旅游业高质量发展的局部空间关联情况可以发现，研究期内黄河流域旅游业高质量发展的局部空间关联表现出明显的东西向分异，低值集聚区分布相对稳定，一直位于上游甘肃、青海两省的部分市域，高值集聚区在空间上则由下游向中游的山西中南部地区转移。

旅游经济高质量发展的局部空间关联方面，2010 年低—低集聚区集中于上游广大市域单元内，高值集聚类型仅有山东泰安；2013 年低值集聚区的分布与 2010 年相似，但是陕西商洛成为高值集聚类型；2016 年低值集聚区依然稳定在上游的青海、甘肃、内蒙古、宁夏等省（区）的部分市域，而高值集聚区连片出现在山西中南部和陕西、河南两省的商洛和三门峡；2019 年低值集聚区、高值集聚区的分布与 2016 年相似，但是低值集聚区的市域单元数量下降。综合来看，10 年间黄河流域旅游经济高质量发展的局部空间关联特征呈现出低值区稳定在上游市域单元，数量有所减少，高值区由下游转向中游地区转移的特征。旅游事业高质量发展的局部空间关联方面，2010 年低—低集聚区位于新乡、菏泽、巴彦淖尔等市，高—高集聚区集中于宁夏北部地区、鄂尔多斯市和阿坝州；2013 年低—低集聚区依旧在山东、河南两省的部分城市，并向晋东南蔓延，高—高集聚区集中分布于宁夏北部及其与内蒙古毗邻的市域；2016 年整体格局特征与 2013 年相似，但是高—高集聚区的数量在减少；2019 年高—高集聚类型集中出现在上游青海省的市域单元内，低—低集聚区集中于山西南部、山东西部地区。10 年间，旅游事业高质量发展的局部空间关联特征呈现如下变化特征：低值集聚区较稳地的分布于下游山东、河南两省的部分城市，并且向中游山西省的部分城市扩展，内蒙古和宁夏毗邻市域一直是高—高集聚类型的集中区，研究期末，高值集聚区向上游的青海各市域转移。

第二节　空间溢出效应

一、研究方法

（一）空间计量模型

计量经济学认为，长期的区域经济增长是本区域和相邻/近邻区域特征的一个函数，因此模型构建必须将空间关联项纳入，以此规避遗漏空间变量及捕捉区域增长中的溢出效应（Lesage & Fischer，2008）。空间计量模型的分析数据也由截面数据向面板数据转变，空间面板回归模型一般包括空间面板滞后模型（SPLM）、空间面板误差模型（SPEM）和空间面板杜宾模型（SPDM）3 种，3 种模型在普通面板模型中分别加入了因变量、自变量的误差项及其因变量与自变量的空间误差项，以反映因变量对自变量的空间依赖效应。因为相较于 SPLM、SPEM，SPDM 同时包含了自变量和因变量的空间滞后项，因此是更为一般的形式，其基本模型公式如下（Elhorst，2003；Lesage，2009）：

$$Y_{it} = \beta X_{it} + \rho \sum_{j=1}^{N} W_{ij} Y_{jt} + \varphi \sum_{j=1}^{N} W_{ij} X_{jt} + \mu_i + \nu_t + \varepsilon_{it} \tag{7-6}$$

式（7-6）中，Y_{jt} 为第 t 年区域 j 的因变量观测值，在本书中为黄河流域某市域第 t 年的旅游业高质量发展水平；X_{it} 为第 t 年区域 i 的自变量观测值，在本书中指黄河流域 i 市域第 t 年旅游业高质量发展的影响因素；β 为自变量的待估参数向量；ρ 为因变量的空间滞后系数；W_{ij} 为空间权重矩阵；φ 为自变量的空间回归系数；μ_i 代表空间效应，ν_t 表示时间效应；ε_{it} 为服从独立同分布的随机误差项。

当 $\varphi=0$，$\rho \neq 0$ 时，式（7-6）变为 SPLM 模型；当 $\varphi+\rho\beta=0$ 时，式（7-6）变为 SPEM 模型（徐冬等，2019）。SPLM 模型和 SPEM 模型的公式如下：

$$Y_{it} = \rho \sum_{j=1}^{N} W_{ij} Y_{jt} + \beta X_{it} + \mu_i + \nu_t + \varepsilon_{it} \tag{7-7}$$

$$Y_{it} = \beta X_{it} + \mu_i + \nu_t + \mu_{it}, \ \mu_{it} = \lambda \sum_{j}^{N} W_{ij}\mu_{it} + \varepsilon_{it} \tag{7-8}$$

式（7-7）、式（7-8）中各符号代表的含义与式（7-6）相同。

（二）空间权重矩阵的设定

目前通用的空间权重设定方法主要有二进制邻接权重、地理距离权重和经济空间权重 3 种，二进制空间权重设定方法只考虑空间上邻近地区的影响，分析结果往往与现实有较大的出入；经济空间权重虽然考虑了经济、文化等多元要素的影响，但计算相对复杂。地理学第一定律认为，事物之间的联系与其空间距离有关，距离越近越相似，反之相似性越弱。本文采用地理距离的倒数构建地理距离空间权重矩阵。公式为：

$$W_{ij} = \begin{cases} 1/S_{ij}, & i \neq j \\ 0, & i = j \end{cases} \tag{7-9}$$

式（7-9）中，W_{ij} 为市域 i 和市域 j 之间的空间权重；S_{ij} 为根据市域 i 和市域 j 的质心坐标计算得出的欧氏距离。

（三）空间效应分解

由于上述模型中的回归系数不能直接反映因变量对自变量的影响，Lesage 等（2009）提出用偏微分方法将估计系数分解为直接效应和间接效应。前者表示因变量对区域自身的影响，后者则为因变量对近邻地区的影响，也就是空间溢出效应。根据 Lesage 等的研究，将式（7-6）合并同类项则有：

$$Y = [I - \rho W]^{-1} \times [kI_N + X'\gamma + WX'\gamma + \varepsilon^*] \tag{7-10}$$

式（7-10）中，Y 表示 $N \times 1$ 维因变量的向量；k 为常数项；I_N 为元素均为 1 的 $N \times 1$ 维向量；X' 为 $N \times M$ 维的自变量矩阵；$N=60$，其余变量含义同式（7-6）。

对因变量 Y 取其期望 E（Y），并对第 k 个自变量求其偏微分有：

$$\left[\frac{\partial E(Y)}{\partial x_{1k}} \cdots \frac{\partial E(Y)}{\partial x_{Nk}}\right] = [I-\rho W]^{-1} [I\gamma_k + W\gamma_k] \tag{7-11}$$

式（7-11）中，右端矩阵对角线上的元素均值 γ_k 表示直接效应的取值，反映自变量对本区域因变量的影响；非对角线上的元素均值为间接效应的取值，反映自变量对其邻近地区因变量的影响，直接效应和间接效应之和即为总效应。

二、空间溢出效应结果分析

（一）变量说明与模型检验

根据本书第六章的分析，旅游高质量发展要受到支撑力、内核力、连接力三重作用系统的影响，具体的影响因素包括经济发展水平（人均 GDP）、政府投资（第三产业固定资产投资）、文化基础（博物馆数量）、生态环境（建成区绿地率）、旅游资源吸引力（A 级景区数量）、旅游服务设施水平（星级宾馆数量）、专业人才（旅游业从业人员数量）、技术创新（专利授权数）、交通条件（公路网密度）、信息化水平（互联网普及率）、市场化水平（旅游外汇收入占第三产业增加值的比重）、对外开放程度（进出口总额占 GDP 的比重）。因变量为第五章计算得出的黄河流域各市域旅游业高质量发展水平。为消除异方差的影响，与第六章一致，对人均 GDP、第三产业固定资产投资、博物馆数量、建成区绿地率、A 级景区数量、星级宾馆数量、旅游业从业人员数量、专利授权数、公路网密度及旅游业高质量发展水平进行对数化处理，分别记作 ln*pgdp*、ln*fai*、ln*cul*、ln*env*、ln*res*、ln*ser*、ln*hum*、ln*tec*、ln*tra* 和 ln*HQT*。

在进行空间计量模型分析前，需要对分析数据进行多重共线性、空间自相关性和平稳性等的检验，本书第六章已对因变量、自变量进行了平稳性检验（见表 6-3），发现数据是平稳的，可以进行估计分析。本章前述部分分析了市域旅游业高质量发展的空间关联特征（见表 7-1），发现市域旅游业高质量发展存在显著的空间自相关性，可以进行进一步的模型估计。因而，在此仅列出面板数据各变量共线性检验结果，如表 7-4 所示，各变量 *VIF* 均小于 10，可以认为不存在多重共线性，适合构建空间面板回归模型。

表 7-4　各变量多重共线性检验

变量	*VIF*	1/*VIF*
ln*pgdp*	2. 36	0. 424342
ln*fai*	6. 44	0. 155275
ln*cul*	2. 04	0. 490485
env	2. 18	0. 458632
ln*res*	1. 57	0. 638455
ln*ser*	2. 90	0. 345347
ln*hum*	7. 60	0. 131564
ln*tec*	8. 88	0. 112553
ln*tra*	3. 37	0. 296960
inf	2. 12	0. 471035
mar	1. 24	0. 809404
ope	1. 65	0. 606536
VIF 均值	3. 53	

注：*VIF* 小于 10 意为不存在多重共线性，借助 Stata17 软件计算得出。

在进行空间计量模型估计之前，需要借助 LM（拉格朗日乘数）检验和 Robust LM（稳健拉格朗日乘数）判定是否空间计量模型比普通回归模型更优，并进一步判定空间关联性是以滞后项还是误差项形式存在。如表 7-5 所示，在地理距离空间权重矩阵的设定下，黄河流域旅游业高质量发展影响因素的模型检验结果中，LM-lag、Robust LM-lag 通过了 0. 01 水平上的显著性检验，LM-error 通过了 0. 05 水平上的显著性检验，Robust LM-error 则通过了 0. 1 水平上的显著性检验，说明各因素对旅游业高质量发展的影响既存在空间滞后项，也存在空间误差项，但是 SPLM 优于 SPEM，模型不能简化为 OLS。其次，构建 SPDM 模型，借助 LR（似然比）和 Walds（瓦尔德）检验判断 SPDM 是否可以简化为 SPLM 和 SPEM，由表 7-5 可知，LR 和 Walds 检验均通过了 0. 01 水平上的显著性检验，表明旅游业高质量发展影响因素的 SPDM 模型不能简化为 SPLM 和 SPEM。

表 7-5 空间计量模型检验结果

检验方法	统计值	P 值
LM-lag	8.932	0.003
Robust LM-lag	8.250	0.004
LM-error	4.067	0.044
Robust LM-error	3.384	0.066
Hausman test	62.690	0.000
LR-lag	61.260	0.000
Wald-lag	108.810	0.000
LR-error	61.860	0.000
Wald-error	97.450	0.000

（二）估计结果分析

确定了 SPDM 为最优模型后，借助 Hausman 检验进一步判定该模型使用固定效应还是随机效应更为合适，如表 7-5 所示，检验结果在 0.01 水平上具有显著性，说明空间面板杜宾模型应该选择固定效应。进一步以个体固定效应模型、时间固定效应模型和个体时间双向固定效应模型进行回归分析，结果如表 7-6 所示，拟合优度（R^2）和对数似然比（Log-likelihood）都表明时间固定效应的拟合结果最优，因此本书以空间面板杜宾模型的时间固定效应分析各因素对市域旅游业高质量发展的空间溢出效应。

表 7-6 各因素 SPDM 模型估计结果

变量	个体固定效应	时间固定效应	个体时间双向固定效应
ln*pgdp*	-0.071*** (0.00)	0.034** (0.05)	-0.089*** (0.00)
ln*fai*	-0.048*** (0.00)	-0.038** (0.01)	-0.047*** (0.00)
ln*cul*	0.009** (0.03)	0.022*** (0.00)	0.008* (0.05)

续表

变量	个体固定效应	时间固定效应	个体时间双向固定效应
env	0.002** (0.01)	0.002** (0.04)	0.002** (0.03)
ln*res*	0.005* (0.07)	0.027*** (0.00)	0.005** (0.04)
ln*ser*	0.130*** (0.00)	0.108*** (0.00)	0.146*** (0.00)
ln*hum*	0.019 (0.54)	0.084*** (0.00)	0.01 (0.74)
ln*tec*	0.023** (0.01)	−0.005 (0.65)	0.020** (0.02)
ln*tra*	−0.021 (0.72)	−0.089*** (0.00)	−0.089 (0.12)
inf	−0.001 (0.12)	0.002*** (0.00)	−0.001*** (0.00)
mar	0.032*** (0.01)	0.162*** (0.00)	0.034*** (0.00)
ope	−0.004*** (0.00)	−0.004*** (0.00)	−0.004*** (0.00)
W×ln*pgdp*	−0.037 (0.53)	−0.178** (0.02)	−0.215** (0.01)
W×ln*fai*	0.056 (0.12)	0.071 (0.31)	−0.009 (0.83)
W×ln*cul*	0.089*** (0.00)	0.147*** (0.00)	0.066*** (0.00)
W×*env*	−0.001 (0.78)	0.007 (0.32)	−0.001 (0.89)
W×ln*res*	0.01 (0.34)	0.009 (0.71)	0.004 (0.77)

续表

变量	个体固定效应	时间固定效应	个体时间双向固定效应
$W\times \ln ser$	0.091 (0.14)	-0.093 (0.19)	0.254*** (0.00)
$W\times \ln hum$	0.115 (0.28)	-0.099 (0.45)	-0.059 (0.67)
$W\times \ln tec$	0.035 (0.35)	0.003 (0.95)	0.087* (0.05)
$W\times \ln tra$	0.306 (0.24)	-0.267*** (0.00)	-0.423 (0.13)
$W\times inf$	0.004*** (0.00)	-0.001 (0.82)	-0.004** (0.04)
$W\times mar$	0.100*** (0.01)	0.277*** (0.00)	0.089** (0.03)
$W\times ope$	-0.003 (0.50)	0 (0.96)	-0.013*** (0.01)
Log-likelihood	702.139	258.951	727.194
R^2	0.159	0.646	0.375
观察值	600	600	600

注：***、**、*分别表示在1%、5%、10%的水平上显著，括号内数字是估计系数的 t 统计量，$W\times \ln pgdp$ 表示变量 $\ln pgdp$ 的空间交互项，其他变量类似。

由表7-6可知，除技术创新能力外，其余因素对旅游业高质量发展的影响均通过了显著性检验，其中，人均GDP、文化基础、生态环境、资源禀赋、服务设施水平、人力资源、信息化水平、市场化水平的回归系数为正，说明这些因素能够推动本市域旅游业高质量发展；而政府投资、交通条件、开放水平的回归系数为负，表明这些因素对市域旅游业高质量发展具有抑制作用，可能的原因是旅游业高质量发展对投资规模的依赖度在降低，资本的大规模涌入并不一定有助于提升旅游业的发展质量，交通条件的提高可能在旅游业发展中起到了“过道作用”，将区域旅游发展要素转移至区外，并未带来发展要素的集聚及其转化，开放水平的提升也可能导致区域旅游发展核心要素（如人才、资金等）的外流，从而对本区域的发展产生不利影响。

（三）影响因素空间效应分解

为了进一步考察各因素对旅游业高质量发展影响的边际效应，将空间效应分解为直接效应和间接效应以揭示各影响因素对本地区和邻近地区旅游业高质量发展的影响。直接效应指的是各因素对各市域单元本身旅游业高质量发展的影响，间接效应为各因素对邻近市域旅游业高质量发展的影响，总效应为各因素对整体旅游业高质量发展的影响。

在各因素对本地旅游业高质量发展的影响方面（见表 7-7），除技术创新能力外，其他各因素对本地旅游业高质量发展具有显著影响，人均 GDP、文化基础、生态环境、资源禀赋、服务设施水平、人力资源、信息化水平、市场化水平回归系数为正，这些因素每提升 1%，将分别促进本地旅游业高质量发展增长 0.037%、0.021%、0.002%、0.026%、0.110%、0.085%、0.002%、0.158%；政府投资、交通条件、对外开放程度回归系数为负，表明这三大因素的提升对本地旅游业高质量发展会产生负向影响。从各因素对旅游业高质量发展的空间溢出效应看，人均 GDP、文化基础、服务设施水平、交通条件、市场化水平对邻近市域旅游业高质量发展的影响通过了 10%水平上的显著性检验，其中市场化水平、文化基础的回归系数为正，而经济发展质量、服务设施水平和交通条件回归系数为负，说明本地区文化基础的巩固和市场化水平的提升对邻近地区旅游业的高质量发展具有带动效应，服务设施水平、经济发展水平和交通条件的提高对邻近地区旅游业高质量发展具有屏蔽效应。近年来，全国经济增速放缓，调结构、提质量成为黄河流域各省市经济发展的主旋律，同时受制于经济结构偏重的影响和流域内部的巨大差异，各省市更加注重消化本地区重化工业产能，注重本区域经济质量的提高，经济发展要素的自由流动性在收敛，因而经济发展质量的提高并没有对邻近区域旅游业高质量发展产生正向作用。交通设施作为客源地和目的地的纽带，在促进市域旅游业高质量发展方面未能有效推进其均衡化，而是存在“过道效应”。近年来，在文旅融合、国家文化公园建设等战略的指引下，黄河流域各省市更加注重文化资源的保护与开发，更加注重旅游发展中地域特色文化元素的注入，为区域旅游业高质量发展创造了良好的文化环境，这些跨区域的文化与旅游发展战略的实施，很好地推动了区域旅游业一体化、均衡化发展。旅游发展市场机制的建立，确保了旅游发展要素在更广阔的市场中自由流动，推动了旅游发展要素的合理配置，对邻近地区旅游业高质量发展产生了明显的带动作用。

表 7-7　各因素对旅游业高质量发展影响的 SPDM 时间固定效应分解结果

变量	直接效应	间接效应	总效应
ln*pgdp*	0.037** (0.03)	-0.154** (0.01)	-0.117* (0.08)
ln*fai*	-0.040*** (0.01)	0.068 (0.26)	0.028 (0.67)
ln*cul*	0.021*** (0.00)	0.115*** (0.00)	0.136*** (0.00)
env	0.002* (0.05)	0.005 (0.35)	0.007 (0.19)
ln*res*	0.026*** (0.00)	0.004 (0.84)	0.030 (0.14)
ln*ser*	0.110*** (0.00)	-0.101* (0.09)	0.008 (0.89)
ln*hum*	0.085*** (0.00)	-0.100 (0.38)	-0.014 (0.90)
ln*tec*	-0.005 (0.63)	0.003 (0.94)	-0.002 (0.97)
ln*tra*	-0.085*** (0.00)	-0.204*** (0.00)	-0.289*** (0.00)
inf	0.002*** (0.00)	-0.001 (0.64)	0.001 (0.61)

续表

变量	直接效应	间接效应	总效应
mar	0. 158*** （0. 00）	0. 196*** （0. 00）	0. 354*** （0. 00）
ope	−0. 004*** （0. 00）	0. 001 （0. 83）	−0. 003 （0. 41）

注：***、**、*分别表示在1%、5%、10%的水平上显著，括号内数字是估计系数的 *t* 统计量。

综合来看，促进本地和邻近市域旅游业高质量发展的主要因素是市场化水平和文化基础环境，这两大因素的提升有助于带动本地和邻近市域旅游业高质量发展。交通条件则是制约本地和邻近地区旅游业高质量发展的主要因素，这与交通网络完善产生的“过道作用”有关，经济发展水平对本地旅游业高质量发展具有直接推动作用，但是对邻近市域旅游业高质量发展的溢出作用为负。政府投资、生态环境、资源禀赋、人力资源、信息化水平和开放程度仅对本地旅游业高质量发展具有影响作用，并没有产生空间溢出。总体来看，各因素的影响作用存在显著差异，这不仅体现了各市域单元影响因素及其空间集聚对旅游业高质量发展产生的空间交互作用差异，也说明各影响因素在旅游业高质量发展的空间效应模型中的控制作用存在差异。

（四）分地区估计结果

黄河流域覆盖范围广，涉及上、中、下游不同地理单元，三大地理单元之间旅游业发展水平及其影响因素存在显著差异，为了进一步考察各因素对流域不同地区旅游业高质量发展的空间影响，本书进一步对上、中、下游三大地区的空间效应进行分析。

首先，对上、中、下游三大地区的各影响因素进行 LR 和 Walds 检验，结果发现各因素在三大地区均通过了1%水平下的显著性检验，说明 SPDM 模型不能简化为 SPLM 模型和 SPEM 模型。其次，通过 Hausman 检验发现，应采用固定效应模型（见表 7−8）。进一步从固定效应的分析结果看（见表 7−9），拟合优度（R^2）和对数似然值（Log−likelihoo）的结果均表明时间固定效应模型的拟合结果最优，其中，模型（1）、模型（2）和模型（3）分别表示个体固定效应模型、时间固定效应模型和个体时间双向固定效应模型。

表 7-8 黄河流域上、中、下游三大地区模型检验结果

检验方法	上游地区	中游地区	下游地区
LR-lag	44.77***	89.20***	90.46***
Wald-lag	97.6***	171.67***	221.97***
LR-error	46.01***	84.49***	96.50***
Wald-error	130.51***	133.08***	281.55***
Hausman test	57.30***	56.75***	71.21***

注：***表示在1%的水平上显著。

各因素对黄河流域上、中、下游地区旅游业高质量发展的影响作用各不相同（见表 7-9），上游地区除政府投资和技术创新外，其余因素均通过 10%水平上的显著性检验，其中交通条件和对外开放程度呈负向影响；中游地区文化基础、生态环境、资源禀赋、人力资源、市场化水平和对外开放程度通过了 1%水平下的显著性检验，其中人力资源呈负向影响；下游地区文化基础、资源禀赋、服务设施水平、技术创新、交通条件、市场化水平对旅游业高质量发展的影响作用通过了显著性检验，其中交通条件呈现负向影响。

表 7-9 黄河流域上、中、下游三大地区不同效应的 SPDM 模型估计结果

变量	上游地区			中游地区			下游地区		
	模型（1）	模型（2）	模型（3）	模型（1）	模型（2）	模型（3）	模型（1）	模型（2）	模型（3）
ln*pgdp*	-0.096***	0.094***	0.117***	-0.083	-0.020	-0.139***	-0.010	0.036	-0.022
ln*fai*	-0.013	-0.027	0.019	-0.049***	-0.021	-0.044***	0.017	0.034	0.042
ln*cul*	0.013***	0.033***	0.015***	0.025*	0.041***	0.023*	0.026**	0.093***	0.020
env	0.006***	0.004**	0.006***	-0.001	0.004***	-0.002*	0.003**	0.001	0.003***
ln*res*	0.004**	0.023***	0.004*	0.103***	0.288***	0.116***	0.106***	0.164***	0.128***

续表

变量	上游地区			中游地区			下游地区		
	模型（1）	模型（2）	模型（3）	模型（1）	模型（2）	模型（3）	模型（1）	模型（2）	模型（3）
ln*ser*	0.064**	0.046*	0.078***	0.025	0.056	0.091***	0.100***	0.141***	0.077***
ln*hum*	0.053*	0.118***	0.043	0.021	-0.126***	0.065	-0.253***	-0.031	-0.244***
ln*tec*	0.011	-0.002	0.001	0.004	-0.016	-0.016	0.056**	0.039*	0.049**
ln*tra*	-0.012	-0.141***	-0.066	-0.563**	0.038	-0.525**	0.185**	-0.140**	0.008
inf	0.002***	0.002**	0.002***	-0.001	0.000	-0.001**	0.001	0.000	-0.001
mar	0.044***	0.106***	0.047***	0.012	0.132***	0.029	-0.001	0.072***	-0.032
ope	0.006***	-0.010***	0.005***	-0.011***	0.007***	-0.010***	0.000	0.001	0.000
W×ln*pgdp*	-0.042	-0.056	-0.121**	0.077	-0.172***	-0.058	-0.021	-0.108***	-0.03
W×ln*fai*	0.091***	0.149***	0.062*	-0.032	-0.094***	-0.054***	-0.029	0.011	-0.012
W×ln*cul*	-0.008	0.007	-0.006	0.056**	0.102***	0.041*	-0.001	0.026	-0.006
W× *env*	0.000	-0.009**	0.000	0.002	0.001	-0.001	-0.004***	-0.003**	-0.003***
W×ln*res*	0.005	0.003	0.004	-0.014	-0.169***	-0.050	0.008	0.108***	0.041*
W×ln*ser*	-0.045	0.000	0.007	-0.058	0.108*	0.097*	0.065**	-0.020	0.044
W×ln*hum*	0.223***	-0.041	0.143**	0.150	0.092*	0.294*	-0.021	-0.063	-0.06
W×ln*tec*	-0.013	-0.034	-0.057**	-0.034*	-0.089***	-0.069***	0.080***	0.128***	0.075***
W×ln*tra*	0.157	0.005	-0.005	1.789***	0.013	0.903***	0.106	-0.136**	-0.039
W×*inf*	0.000	-0.003*	0.000	0.002***	0.001	0.000	-0.001	-0.001**	-0.002***
W×*mar*	-0.062*	0.091	-0.019	-0.023	0.006	0.025	0.04	-0.006	0.007
W×*ope*	0.003	-0.015**	-0.001	0.005	-0.001	0.000	0.004***	0.001	0.003***
Log-likelihood	363.12	131.29	371.26	265.64	210.82	296.02	249.15	203.14	271.02

续表

变量	上游地区			中游地区			下游地区		
	模型（1）	模型（2）	模型（3）	模型（1）	模型（2）	模型（3）	模型（1）	模型（2）	模型（3）
R^2	0.256	0.529	0.251	0.064	0.268	0.032	0.368	0.887	0.358
观测值	270	270	270	170	170	170	160	160	160

注：***、**、*分别表示在1%、5%、10%的水平上显著。

将黄河流域上、中、下游三大地区旅游业高质量发展的空间效应分解为直接效应和间接效应，进一步考察各因素对流域不同地区旅游业高质量发展影响的边际效应，并揭示其对本地和邻近市域旅游业高质量发展的影响。

表7-10　黄河流域上、中、下游三大地区时间固定效应SPDM模型的空间效应分解结果

	上游地区			中游地区			下游地区		
	直接效应	间接效应	总效应	直接效应	间接效应	总效应	直接效应	间接效应	总效应
ln*pgdp*	0.093***	-0.051	0.042	-0.026	-0.191***	-0.216**	0.052*	-0.116***	-0.064**
ln*fai*	-0.023	0.173***	0.151**	-0.026	0.102***	-0.128***	0.031	0.008	0.039
ln*cul*	0.034***	0.013	0.048**	0.046***	0.112***	0.158***	0.093***	0.011	0.103***
env	0.004**	-0.009**	-0.005	0.004***	0.002	0.006*	0.002	-0.004***	-0.002
ln*res*	0.023***	0.008	0.032***	0.284***	-0.147**	0.137**	0.153***	0.084***	0.237***
ln*ser*	0.047*	0.001	0.048	0.063*	0.122**	0.185**	0.147***	-0.043	0.104***
ln*hum*	0.117***	-0.030	0.087	-0.124***	0.085*	-0.039	-0.023	-0.060	-0.083
ln*tec*	-0.003	-0.040	-0.043	-0.021	-0.098***	-0.118***	0.023	0.123***	0.145***
ln*tra*	0.140***	-0.023	-0.163**	0.044	0.011	0.055	-0.118**	-0.119**	-0.237***
inf	0.002**	-0.003*	-0.002	0.000	0.001	0.001	0.000	-0.001**	-0.001
mar	0.109***	0.112	0.221**	0.131***	0.021	0.151***	0.073***	-0.017	0.056*
ope	-0.010***	-0.018**	-0.028***	0.008***	0.000	0.007	0.001	0.000	0.002

注：***、**、*分别表示在1%、5%、10%的水平上显著，括号内数字是估计系数的t统计量。

由表7-10可知，上游地区经济发展水平、文化基础、生态环境、资源禀赋、服务设施水平、人力资源、信息化水平、市场化水平对本地旅游业高质量发展具有显著的正向影响，交通条件和对外开放程度对本地旅游业高质量发展具有负向影响。各因素中仅有政府投资、生态环境、信息化水平和对外开放程度对邻近市域旅游业高质量发展具有显著溢出作用，其中生态环境和信息化水平以及对外开放程度的溢出效应为负向。整体来看，政府投资、文化基础、资源禀赋、交通条件、信息化水平、市场化水平和对外开放程度是影响上游地区各市域及其邻近市域旅游业高质量发展的主要因素，但是各因素的直接效应和溢出效应各不相同。中游地区文化基础、生态环境、资源禀赋、服务设施水平、人力资源、市场化水平和对外开放程度是影响本地旅游业高质量发展的主要因素，经济质量、政府投资、文化基础、旅游资源、水平服务设施、人力资源水平和技术创新对本区域旅游业高质量发展具有空间溢出效应，其中政府投资、文化基础、服务设施水平和专业人才的提升能够有效带动邻近市域旅游业高质量发展，其余要素则会产生抑制作用。下游地区经济发展质量、文化基础、资源禀赋、服务设施水平和市场化水平对本地旅游业高质量发展具有显著带动作用，仅有资源禀赋和技术创新对邻近市域旅游业高质量发展产生了正向溢出作用，经济发展质量、生态环境、交通条件和信息化水平则为负向溢出。

对比来看，各因素对黄河流域三大地区旅游业高质量发展的直接影响和溢出作用各不相同，影响作用大小各异。其中经济发展水平、文化基础、资源禀赋、交通条件、市场化水平和对外开放程度对三大地区旅游业高质量发展的影响均比较显著。经济发展水平对上游地区和下游地区旅游业高质量发展具有直接带动作用，但在中下游地区具有负向溢出作用；文化基础对中上游地区和邻近市域旅游业高质量发展的正向带动作用明显；资源禀赋对三大地区旅游业高质量发展具有正向带动作用，但是在中下游地区的溢出效应有正有负；交通条件对上游地区和下游地区旅游业高质量发展具有负向作用，但仅在下游地区产生了负向溢出；市场化水平对上、中、下游三大地区内部市域旅游业高质量发展的正向作用明显，但是并未产生空间溢出；对外开放程度在中上游地区的直接效应分别为正向和负向，说明中游地区开放程度的提升有助于本地旅游业高质量发展，上游地区则相反，而且对邻近市域旅游业高质量发展也会产生抑制作用。

第三节　空间异质性效应

空间异质性反映了地理事物在空间上的非平稳性和复杂性，是空间效应的主要表现形式之一。旅游业发展过程中，各因素对不同地区旅游业发展的影响并不都是全局性的，存在明显的局部性特征，表现出强烈的空间分异关系。因此，为进一步探查各影响因素对旅游业高质量发展的空间异质性作用，本书选取2010年、2013年、2016年和2019年4个节点年份，借助多尺度地理加权回归模型进行分析。

一、研究方法

（一）地理加权回归模型（GWR）

地理加权回归分析（GWR）是在普通回归分析（OLS）的基础上，通过空间权重矩阵的概念将空间对因变量的影响纳入分析模型，与OLS相比，其优势在于能够对每个研究区形成单独的估计系数，可以很好地揭示不同空间单元中的地理事物受自变量影响的差异性，使得不同参数在不同空间位置下发生变化，结果也与实际更为相符，其计算公式如下（Fotheringham，2010）：

$$y_i = \beta_0(u_i,\ v_i) + \sum_{i=1}^{k} \beta_k(u_i,\ v_i)x_{ik} + \theta_i \qquad (7-12)$$

式（7-12）中，y_i 为市域旅游业高质量发展水平；$(u_i,\ v_i)$ 表示市域单元的质心坐标；$\beta_0(u_i,\ v_i)$ 为 i 市域回归系数；$\beta_k(u_i,\ v_i)$ 为 i 市域变量 k 的回归系数；k 为变量个数；x_{ik} 是变量 x_k 在 i 市域的值，θ_i 为随机误差。

（二）多尺度地理加权回归模型（MGWR）

Fotheringham（2017）针对传统GWR和半参数GWR（SGWR）仅能从全

局和局部尺度考察各变量影响尺度的不足，提出了多尺度地理加权回归模型（MGWR）。Yu 等（2019）补充完善了 MGWR 的统计推断，进而使得该方法普遍用于实证研究中（沈体雁等，2020；曹开军等，2022）。相较于经典 GWR，MGWR 允许每个变量使用各自最优的带宽，解决了不同变量的尺度和带宽问题。也就是说，带宽大小的选取与变量局部和全局尺度的影响特征有关。在此，本书借助 MGWR 模型分析各因素对黄河流域旅游业高质量发展影响的空间分异及其空间差异尺度。其计算公式如下（肖凡等，2022）：

$$y_i = \sum_{i=1}^{k} \beta_{bwj}(u_i, v_i)x_{ij} + \varepsilon_i \tag{7-13}$$

式（7-13）中，$i=1, 2, \cdots, n$；y_i 含义同式（7-12）；x_{ij} 表示第 j 个自变量；$j=1, 2, \cdots, k$；bwj 表示估计第 j 个参数时使用的带宽；$\beta_{bwj}(u_i, v_i)$ 表示在（u_i, v_i）处第 j 个参数的估计值；ε_i 表示误差项。与 GWR 模型中所有参数具有相同带宽不同，MGWR 中每个估计参数 β_{bwj} 都是基于局部回归得到。MGWR 也可以表达为广义相加模型的形式：

$$y = \sum_{j=1}^{k} f_j + \varepsilon \tag{7-14}$$

式（7-14）中，f_j 表示第 j 个自变量的平滑函数，带宽可随自变量发生变化。

采用双平方核函数计算最佳带宽（Fotheringham，2017），使用后退拟合算法拟合各平滑项，选择 GWR 估计作为初始估计，以残差平方和的变化比例作为收敛准则，公式如下：

$$SOC_{RSS} = \left| \frac{RSS_{new} - RSS_{old}}{RSS_{new}} \right| \tag{7-15}$$

式（7-15）中，RSS_{new} 表示这一步残差平方和；RSS_{old} 表示上一步残差平方和。

二、影响因素空间分异特征分析

（一）影响因素的尺度效应

首先借助 Stata17 软件对 2010 年、2013 年、2016 年和 2019 年各变量进行共线性检验，并剔除 *VIF*（方差膨胀因子）大于 7.5 的变量。其次运用 MGWR2.2 软件对比 GWR 模型和 MGWR 模型的拟合效果，结果发现（见表 7-11），4 个节点年份 MGWR 模型的拟合优度（R^2）均高于 GWR 模型，AICc 的值和残差平方和也均小于 GWR 模型，说明 MGWR 模型的估计效果更优。由于 MGWR 模型顾及了各个变量作用尺度的差异性，降低了回归系数中存在的偏误和噪声，因此选择 MGWR 模型分析影响因素的尺度效应和空间异质性特征更为适宜。

表 7-11　GWR 模型和 MGWR 模型优势对比

年份	模型指标	GWR	MGWR
2010	拟合优度（R^2）	0.851	0.877
	AICc	97.157	95.689
	残差平方和	8.958	7.406
2013	拟合优度（R^2）	0.864	0.890
	AICc	89.710	88.811
	残差平方和	8.142	6.590
2016	拟合优度（R^2）	0.806	0.851
	AICc	111.972	111.030
	残差平方和	11.663	8.910
2019	拟合优度（R^2）	0.715	0.819
	AICc	133.324	126.051
	残差平方和	17.103	10.880

经典 GWR 模型计算得出的各影响因素具有相同的作用尺度，其带宽均为 60 个市域单元，而 MGWR 模型估计结果显示，在不同的年份，各自变量的带宽并不相同。具体来看（见表 7-12），2010 年博物馆数量（*cul*）和 A 级景区数量（*res*）的带宽分别为 43 和 48，在各因素中最小，说明这两大因素对旅游业高质量发展的作用限于 43 个和 48 个市域单元，空间分异特征较为明显；2013 年 A 级景区数量（*res*）、公路网密度（*tra*）和市场化水平（*mar*）带宽最小，说明这三大因素对旅游业高质量发展影响的分异程度较为明显；2016 年第三产业固定资产投资（*fai*）、博物馆数量（*cul*）、A 级景区数量（*res*）、公路网密度（*tra*）和对外开放程度（*ope*）的带宽排在后五位，表明其影响作

用的分异程度较大；2019 年 A 级景区数量（*res*）、公路网密度（*tra*）和市场化水平（*mar*）的带宽最小，说明此 3 项因素对旅游业高质量发展影响的分异程度较大。整体而言，各因素的带宽占总样本的比重均较大，各因素几乎都是全局变量，空间作用范围广，但是博物馆数量（*cul*）、A 级景区数量（*res*）、公路网密度（*tra*）、市场化水平（*mar*）的带宽在各个节点年份相对较小，说明这些因素对黄河流域市域旅游业高质量发展的影响存在一定程度的空间非平稳性，而其余各因素的带宽在 4 个节点年份基本接近总样本量，说明其主要在全局层面产生影响作用。

表 7-12　GWR 模型和 MGWR 模型带宽

年份	变量	GWR 带宽	MGWR 带宽	年份	变量	GWR 带宽	MGWR 带宽
2010	*pgdp*	60	56	2016	*pgdp*	60	59
	cul	60	43		*fai*	60	49
	env	60	57		*cul*	60	43
	res	60	48		*env*	60	53
	ser	60	59		*res*	60	45
	tec	60	59		*ser*	60	59
	tra	60	59		*tra*	60	50
	inf	60	59		*inf*	60	56
	mar	60	59		*mar*	60	59
	ope	60	59		*ope*	60	52
2013	*pgdp*	60	56	2019	*pgdp*	60	59
	cul	60	59		*cul*	60	59
	env	60	59		*env*	60	59
	res	60	43		*res*	60	45
	ser	60	59		*ser*	60	59
	tra	60	50		*tra*	60	46
	inf	60	59		*inf*	60	59
	mar	60	52		*mar*	60	45
	ope	60	59		*ope*	60	59

（二）影响因素的空间异质性特征

首先，借助 MGWR2.2 软件进行回归分析，各变量系数统计性描述见表 7-13。其次，利用 Arcgis10.2 软件分别对 2010 年、2013 年、2016 年和 2019 年 MGWR 模型分析所得的回归系数进行可视化处理（见表 7-13）。本书仅对通过 10%水平下显著性检验的变量进行可视化呈现，部分变量仅有部分市域显著，此处对不显著的市域单元用斜线显示，说明该变量的解释力度较弱；并按照自然断点法将显著性变量的回归系数划分为 5 个等级，以反映各解释变量影响程度的强弱。具体来看：

表 7-13　MGWR 回归系数描述性统计结果

年份	变量	平均值	标准差	最小值	中位数	最大值
2010	*pgdp*	0.119	0.038	0.065	0.108	0.180
	cul	0.204	0.083	0.136	0.176	0.474
	env	0.050	0.041	-0.008	0.048	0.115
	res	0.395	0.082	0.274	0.372	0.529
	ser	0.181	0.015	0.162	0.178	0.214
	tec	0.168	0.006	0.158	0.170	0.187
	tra	-0.073	0.028	-0.118	-0.073	-0.029
	inf	0.095	0.006	0.081	0.096	0.109
	mar	0.175	0.014	0.154	0.169	0.201
	ope	-0.035	0.010	-0.044	-0.040	-0.006
2013	*pgdp*	0.120	0.028	0.066	0.122	0.159
	cul	0.173	0.006	0.165	0.172	0.192
	env	-0.042	0.012	-0.063	-0.042	-0.003
	res	0.401	0.088	0.262	0.378	0.596
	ser	0.222	0.012	0.200	0.219	0.244
	tra	-0.081	0.073	-0.232	-0.063	0.013
	inf	0.107	0.007	0.094	0.108	0.126
	mar	0.240	0.038	0.193	0.222	0.338
	ope	0.013	0.017	-0.021	0.010	0.056

续表

年份	变量	平均值	标准差	最小值	中位数	最大值
2016	*pgdp*	-0.202	0.020	-0.242	-0.206	-0.159
	fai	-0.146	0.048	-0.186	-0.161	0.075
	cul	0.020	0.090	-0.377	0.032	0.115
	env	0.104	0.082	-0.002	0.108	0.223
	res	0.546	0.128	0.360	0.558	0.745
	ser	0.118	0.007	0.093	0.121	0.125
	tra	-0.359	0.056	-0.460	-0.339	-0.247
	inf	0.334	0.056	0.253	0.341	0.430
	mar	0.295	0.018	0.266	0.294	0.324
	ope	0.002	0.052	-0.131	0.018	0.065
2019	*pgdp*	-0.178	0.009	-0.191	-0.18	-0.146
	cul	0.188	0.009	0.150	0.189	0.202
	env	0.156	0.056	0.065	0.171	0.225
	res	0.491	0.120	0.302	0.508	0.697
	ser	0.158	0.011	0.120	0.161	0.178
	tra	-0.429	0.120	-0.578	-0.412	-0.197
	inf	0.084	0.040	0.040	0.070	0.174
	mar	0.206	0.142	-0.004	0.199	0.512
	ope	-0.070	0.031	-0.164	-0.070	-0.002

2010年人均GDP（*pgdp*）、博物馆数量（*cul*）、A级景区数量（*res*）、星级宾馆数量（*ser*）、旅游外汇收入占第三产业增加值的比重（*mar*）5个变量对黄河流域旅游业高质量发展的影响通过了10%水平下的显著性检验，其中*pgdp*、*cul*和*ser*在部分市域通过了检验，*res*和*mar*则在各个市域均通过了显著性检验。*pgdp*仅对中游山西部分市域和下游市域具有显著影响，说明经济发展水平对旅游业高质量发展的影响在中游山西和下游的河南、山东具有显著性，而且空间上呈现自下游向中游递减的趋势；*cul*对上游青海、甘肃以及下游的河南、山东等省的市域旅游业高质量发展具有显著影响，其影响作用从东西两端向中间收敛，说明黄河源头地区以及下游的山东旅游业高质量发展对文化环境的依赖性更高，文化基础的巩固有助于更大程度地提升这些地

区的旅游业高质量发展水平；*res* 的正向影响作用从西北向东南递减，说明上游地区旅游业高质量发展更加倚重旅游资源禀赋状况；*ser* 在上游部分市域对旅游业高质量发展具有显著影响，其作用在上游地区从黄河源头向下递减，表明旅游业高质量发展中黄河源头地区旅游服务设施的完善有助于推动其旅游业高质量发展，一方面，是由于该地区存在较大的服务设施完善空间；另一方面，旅游服务设施的完善对环境脆弱的黄河源头地区提升旅游环境承载力作用显著；*mar* 的正向影响作用整体上从下游向上游递减，下游地区市场化水平更高，旅游市场机制更趋完善，各种旅游发展要素流动也更为充分，因而更有助于推动旅游业高质量发展，上游地区则相反，因而推动作用较小。

2013 年人均 GDP（*pgdp*）、博物馆数量（*cul*）、A 级景区数量（*res*）、星级宾馆数量（*ser*）、公路网密度（*tra*）、旅游外汇收入占第三产业比重（*mar*）6 个变量的影响作用均通过了显著性检验（$p<0.1$），其中 *pgdp* 和 *tra* 的影响作用是局部性的。*pgdp* 的正向影响作用格局与 2010 年相似，但是逐步向上游的内蒙古推进。*cul* 的正向影响作用呈现明显的“两头大中间小”的分异特征，特别是黄河源头地区的影响作用最为明显，这与该地域旅游业发展主要依托特有民族文化有关。*res* 的正向影响作用格局与 *cul* 类似，黄河源头地区和下游的山东各市域旅游业高质量发展有高度的资源依赖特征。*ser* 的正向影响从下游地区向上游地区递减，随着中下游地区旅游服务设施已趋于完备，开始向满足游客个性化和满足市场品质化需求的方向发展，能够更好地匹配新时期旅游者住宿需求升级的需要。*tra* 的影响作用为负，并且仅在甘、青、川邻近地区产生了显著性影响，其中阿坝州和甘南州的负向影响作用最大，这些地区地形条件复杂，交通条件落后，区内交通线主要起着穿越性的通道作用，对市域内部社会经济发展的辐射带动作用不强；同时，交通条件的改善可能导致旅游发展要素在交通网“过道作用”的影响下流向其他地区，因而产生了负向作用。*mar* 的正向影响作用从上游地向下游地递减，说明随着下游地区旅游市场机制的建立和完善，其对旅游业高质量发展的影响作用在弱化，而上游地区尽管旅游业高质量发展水平较低，但是在旅游市场化水平提升的作用下有效激发了旅游市场主体的活力，促进了旅游各发展要素的自由流动和优化配置。

2016 年人均 GDP（*pgdp*）、建成区绿地率（*env*）、A 级景区数量（*res*）、公路网密度（*tra*）、互联网普及率（*inf*）、旅游外汇收入占第三产业增加值的比重（*mar*）6 个变量的异质性影响作用通过了 10%水平下的显著性检验。*pgdp* 的回归系数为负，负向作用呈明显的西北—东南分异格局，上游地区经济发展水平对旅游业高质量的负向影响作用较小，而中下游地区较大，可能的原因是经济质量的提升并没有直接作用于旅游提质增效，同时经济质量的发展与旅游业高质量发展的匹配程度在空间上并不一致；*env* 在内蒙古、山西部分市域以及山东所有市域具有显著影响，其中山西市域的影响较小；*res* 的正向影响作用格局与 2010 年和 2013 年相似，流域上游市域影响大，下游市域影响小；*tra* 影响作用为负，并呈现自下游向中上游递减的分异格局，说明交通条件主要发挥了“过道作用”；*inf* 的正向影响作用呈现明显的东西分异，上游地区影响大，中下游地区影响小，表明上游地区旅游信息网络的完善可以更有效地促进旅游业高质量发展水平的提升；*mar* 的正向作用从下游向上游地区递减，说明下游市域旅游业高质量发展更依赖于市场化水平的提升。

2019 年人均 GDP（*pgdp*）、建成区绿地率（*env*）、A 级景区数量（*res*）、星级宾馆数量（*ser*）、公路网密度（*tra*）、旅游外汇收入占第三产业增加值的比重（*mar*）6 个变量的异质性影响作用通过了 10%水平下的显著性检验。*pgdp* 在上、中、下游部分市域通过了显著性检验，并且影响作用为负；*env* 在中下游部分市域呈现显著的正向影响作用；*res* 的正向影响作用格局与其他几个年份相似；*ser* 的正向影响仅在上游 6 个市域通过了显著性检验，表明这些市域旅游服务设施的完善可以有效提升旅游业高质量发展水平；*tra* 的影响为负，并且呈现明显的上、中、下游分异，对下游地区的抑制作用最强；*mar* 的正向作用主要在上游大部分市域通过了显著性检验，说明上游市域旅游业高质量发展中市场化水平的正向作用明显，特别在内蒙古各市域单元。

整体而言，4 个节点年份各影响因素对旅游业高质量发展的空间分异作用各不相同，经济发展水平、旅游资源禀赋和市场化水平在各节点年份的影响作用一直显著，其他因素变动较大。*res* 不仅在各节点年份均呈现显著的正向作用，而且在各要素中正向作用最强，并且西强东弱的影响格局在 4 个节点年份基本保持一致；*pgdp*、*cul* 和 *ser* 的异质影响作用存在局部效应，也呈现局部地区内的分异特征，其中 *pgdp* 在研究期后段的影响作用为负向；*tra* 在研究期后段对大部分市域具有显著的影响作用，但其作用力为负，对相应市域旅游业高质量发展产生了抑制作用；*mar* 在各节点年份影响作用为正，除研究期末（2019 年），其余年份的影响均为全局性的，并且影响格局从 2010 年的东强西弱转为 2013 年的东弱西强，2016 年又转变为东强西弱，2019 年仅在上游大部分市域具有显著的正向影响作用。

第四节　本章小结

分析旅游业高质量发展影响因素的空间效应有助于加深对旅游业高质量发展空间集聚特征和异质性格局的深入理解，揭示旅游业高质量发展在各变量影响下的非均衡特征，进而为因地制宜地提出均衡化发展策略提供参考。为此，本章从空间依赖效应、空间溢出效应和空间异质性效应 3 个方面探讨了各因素对旅游业高质量发展的空间影响作用。结果发现：

一、空间依赖效应方面

Moran' *I* 的计算结果显示，旅游业高质量综合发展具有显著的空间依赖性，10 年间依赖程度呈现波动变化趋势。旅游经济和旅游事业高质量发展也存在明显的空间依赖性，旅游经济高质量发展的空间关联作用先弱化再强化，旅游事业高质量发展的空间关联作用持续增强。通过对比发现，首先是旅游经济高质量发展的空间关联特征最突出，其次是旅游事业高质量发展，最后是旅游业高质量发展综合；Local Moran's *I* 分析发现，不同年份旅游业高质量发展的空间集聚格局不尽相同，整体呈现出明显的东西向分异，低值集聚区分布相对稳定，始终位于上游甘肃、青海两省的部分市域，高值集聚区则由下游向中游的山西中南部市域转移。

二、空间溢出效应方面

从流域整体上看，人均 GDP、文化基础、服务设施水平、交通条件、市场化水平对邻近市域旅游业高质量发展具有显著影响，其中市场化水平、文化基础的提升会带动周边市域旅游业高质量发展，而经济发展质量、服务设施水平和交通条件的提升会抑制周边地区旅游业高质量发展。综合来看，促进本地和邻近市域旅游业高质量发展的主要因素是市场化水平和文化基础环境，交通条件则是制约本地和邻近地区旅游业高质量发展的主要因素，经济发展水平、政府投资、生态环境、资源禀赋、人力资源、信息化水平和开放程度仅对本地旅游业高质量发展具有影响作用，并没有产生空间溢出。分地区看，各因素对黄河流域三大地区旅游业高质量发展的空间溢出作用各不相同，影响作用大小各异。政府投资、生态环境、信息化水平和对外开放程度对上游地区各市域旅游业高质量发展具有空间溢出效应，其中政府投资为正向溢出，其余因素为负向溢出。中游地区政府投资、文化基础、服务设施水平、人力资源水平的提升能够有效带动邻近市域旅游业高质量发展，经济质量、资源禀赋和技术创新则会产生负向溢出，抑制邻近市域旅游业高质量发展。下游地区资源禀赋和技术创新对邻近市域旅游业高质量发展产生了正向溢出作用，经济发展水平、生态环境、交通条件和信息化水平则为负向溢出。

三、空间异质性效应方面

不同年份对旅游业高质量发展产生异质性影响的因素各不相同，旅游资源禀赋在各节点年份均呈显著的正向作用，而且正向作用最强，其西强东弱的影响格局在 4 个节点年份基本保持一致。经济发展水平、文化基础和旅游服务设施水平的异质性影响作用存在局部效应，其中经济发展水平在研究期后段的影响作用为负向；交通条件在研究期后段对大部分市域具有显著的负向影响，说明其对相应市域旅游业高质量发展产生了抑制作用；市场化水平在各节点年份的影响作用为正向，大多数年份的影响为全局性的，并且影响格局从东强西弱转向东弱西强，而后又转变为东强西弱，且在研究期末仅在上游大部分市域具有显著的正向影响作用。

第八章　黄河流域旅游业高质量发展的推进策略与实施路径

第一节　推进策略

一、加强规划引领，谋划旅游业高质量发展的崭新蓝图

在落实《黄河流域生态保护和高质量发展规划纲要》等事关全流域高质量发展规划的基础上，根据黄河流域旅游资源禀赋、旅游产业发展模式、发展阶段及市场的产品需求等，加快编制流域旅游业高质量发展综合规划和各类专项规划，如黄河文化公园建设规划、文化资源保护利用规划、乡村旅游高质量发展规划、红色旅游高质量发展规划、文化旅游发展规划等，构建黄河流域旅游业高质量发展的规划体系，以明确旅游业高质量发展的目标和定位，谋划旅游业高质量发展的重点领域、关键地区以及时间表、路线图等。要紧密结合国家文旅融合发展的大势，以文化和旅游融合高质量发展规划为突破口，探索完善多规融合的顶层设计。要广泛开展各类旅游资源的调查，建立旅游资源数据库，通过科学方法进行旅游资源分类和评价，为制定各类规划奠定基础。要将黄河流域旅游业发展纳入区域战略规划中，打造全国乃至世界闻名的大河文明旅游样板区。要积极推动黄河流域 9 省（区）及市域单元，以及与流域发展紧密相关的京津冀等省协作制定旅游业高质量发展协作机制和纲领。同时，应高度重视旅游地居民参与旅游规划设计的权利，在旅游决策、规划设计、经营管理、监管等不同环节应积极鼓励和支持社区居

民的参与，提高居民的旅游发展知情权、参与度，进而促进居民旅游权益的增长，推动旅游发展中弱势群体公平共享旅游发展成果。要关注地区旅游业发展实际，注意旅游规划的可操作性和与其他规划的衔接，以充分发挥旅游规划对流域旅游业高质量发展的引领作用。

二、巩固生态基底，筑牢旅游业高质量发展的环境底色

黄河自西向东流经我国9省（区），跨越东、中、西三大地区。黄河流域东临渤海、西接昆仑、南倚秦岭、北抵阴山，拥有三江源、若尔盖、秦岭、黄河三角洲等多个重点生态功能区，是我国生态安全格局中的重要屏障。黄河流经青藏高原、黄土高原、内蒙古高原、汾渭平原、华北平原等我国重要的地貌类型区，沿线穿越高原冻土区、水土流失区、荒漠沙漠化地区、湖泊河口湿地等事关西北、华北乃至全国的重要生态功能区。

尽管经过持续多年的努力，黄河流域生态环境明显向好，但黄河流域依然是我国生态环境最为脆弱的地区之一，特别是中上游地区。黄河流域生态基底较差，水资源短缺，水土流失严重，环境承载力弱等事关生态环境健康稳固的现实问题并没有得到根本解决。可以说，黄河流域的社会经济发展必然要长期在脆弱敏感的生态环境中找寻生存发展的空间，生态环境已成为流域社会经济发展最大的制约条件。

良好的生态环境是旅游业可持续发展的基础支撑。面对黄河流域在全国生态安全格局中的重要地位以及现实中存在的问题，要实现黄河流域旅游业高质量发展，必然要持续巩固旅游业发展的生态基底，筑牢旅游业高质量发展的绿色底线。为此，首先，要深入落实《黄河流域生态保护和高质量发展规划纲要》等国家战略规划，构建点、线、面结合的生态保护空间格局，充分发挥国家生态安全重要屏障作用。其次，应分区域实施重点生态保护工程，上游地区应持续巩固和提升水源涵养能力，保护好三江源“中华水塔”及其他重要水源地，不断加强荒漠化治理；中游地区要加强水土保持，大力实施山水林田湖草的系统保护工程，不断增强水土保持能力；下游地区要加强湿地保护和生态治理，推进主要河湖、黄河三角洲等重点生态功能区的修复。

最后，要在国家公园、沿黄生态廊道、森林公园、湿地公园等涉旅项目建设中将生态保护放在首位，科学评估旅游环境承载力，重点发展乡村旅游、生态旅游等亲环境旅游项目。

三、强化要素赋能，增强旅游业高质量发展的核心动力

黄河流域整体经济发展较为落后，中上游地区具有大面积欠发达地区，全国 14 个集中连片特困地区有 5 个涉及黄河流域，要彻底解决相对贫困问题尚需持久的努力。经济欠发达给旅游业高质量发展带来了诸多障碍，一是产业结构偏重、资源消耗型企业占主体，资源利用水平较低、环境污染等问题影响流域生态安全和可持续发展，从而导致旅游业发展的自然环境和社会经济环境较差。二是经济发展严重依赖于资源型行业，导致各类发展要素向这些行业集中，服务业发展滞后；经济欠发达还可能导致旅游开发中过度重视眼前的经济收益，而环境保护、旅游服务质量、产品品质等问题被掩盖和忽视。

面对黄河流域经济欠发达的现实，作为消费性产业的旅游业要实现质量提升、效率变革，就必须强化核心要素赋能旅游业发展的能力，为旅游业发展“造血”，增强其核心驱动力。为此，一要加强对资源的保护性利用，提高特色资源的产品转化能力，发展适应市场需求的优质旅游产品，积极开拓以文化旅游为核心代表的体验型旅游产品；二要大力提升旅游服务管理水平，加强旅游从业者的素质培养，努力营造安全、舒适、贴心、细致的旅游软环境，为旅游者提供个性化的定制服务；三要大力培育和引进旅游发展所需的专业人才，要根据地区发展实际制订育才、引才、用才计划，通过加强与旅游类院校合作，确保旅游专才能够得到长久持续的供应，要系统性地加强旅游从业者知识、技能培训，为旅游业高质量发展探索新途径；四要借助数字技术、新一轮科技革命带来的新兴技术，将虚拟现实、5G 等新技术融入旅游行业，通过科技推进旅游消费的智能化革新和旅游产品创新，进一步释放旅游新消费需求，加速提升旅游产品服务质量，满足市场差异化和个性化的实际需求，实现旅游地向数字化、智慧化和科技化转型，从而带动整个行业提

质增效。

四、夯实基础支撑，提升旅游业高质量发展的保障水平

黄河流域不同地区地形地貌等自然环境差异较大，从而导致上游、中游的不少地区在旅游业发展中依然面临基础设施滞后、可进入性差等现实问题。加之革命老区、贫困地区、民族地区等多区问题叠加，致使区域的交通网络布局、互联网普及、对外开放和市场化改革均不同程度地面临许多现实困难，从而制约着旅游客源地和目的地之间的互联互通，不利于各类旅游发展要素的自由流通和价值转化。

为此，应以“一带一路”、新一轮西部大开发、新基建等战略为契机，不断加强基础设施的互联互通。一要加强跨区域的大通道建设，加强黄河流域与长三角、京津冀、成渝、长江中游等城市群的互联互通，打造南北向、东西向发展大通道，稳固黄河流域在全国发展格局中的地位。二要加快构建现代化的综合交通网，优化提升原有铁路、公路，在中上游地区填补线路空白，提升旅游发展的可进入性。要以中心城市、省会城市为依托，加强邻省毗连区交通网络覆盖，进一步提升革命老区、贫困山区、经济落后地区基础设施水平。探索推动黄河干流适宜河段旅游通航，加快中心城市和上游地区支线机场建设。三要加快建设跨越全流域的新型网络基础设施，加快推进5G在各旅游城市和高等级旅游景区的应用，依托“互联网+”全面提升旅游目的地智能化和信息化水平。四要进一步加大对外开放，充分利用双循环发展格局，对内不断加强市场化改革，优化旅游发展环境，制定完善流域旅游业发展管理体制，打造高效便捷的旅游服务环境，加强旅游发展要素的一体化建设，平等对待各类市场主体，充分发挥市场在资源配置中的决定性作用，对外要深度参与“一带一路”等国家对外开放战略，发挥陆上丝绸之路重要节点和通道的作用，打造内陆地区对外开放高地，促进面向亚洲中西部国家的旅游交流与合作。

五、促进区域协调，优化旅游业高质量发展的均衡格局

黄河流域旅游业高质量发展整体呈现自下游向上游递减的空间差异格局，不同地区旅游业高质量发展水平差异很大。旅游发展要素有限的自由流动，以行政区为单元的旅游发展规划管理，旅游行业分工协同发展机制的不完善等都导致旅游业发展存在明显的分散化、碎片化状态，区域间的旅游合作尚缺乏有效的整合协作机制，旅游业一体化、均衡化发展的任务依然艰巨。

黄河流域旅游业高质量发展要在充分发挥上、中、下游各自旅游发展特色的基础上，坚决贯彻落实流域旅游业高质量发展规划，着重提升区域旅游业发展的一体化、均衡化水平。为此，首先，应设立旅游发展协调委员会，统一协调决策流域旅游业发展的重大事宜，并以这一组织架构为依托，尝试建立不同区域间的生态补偿、利益共享和监督管理等机制，统一规划资源利用、产业布局、市场营销和服务管理等。同时，委员会要积极引导各省市在景区建设、营销宣传、产品开发、交通体系、人才交流、信息共享等方面加强合作，打造黄河流域旅游发展的整体品牌，树立整体形象，增强黄河流域旅游业发展的整体竞争力。其次，要充分发挥山东半岛城市群、中原城市群、关中城市群、晋中城市群、兰西城市群等七大城市群在专业人才会集、信息化水平提升、数字技术应用、旅游新型需求引领等方面的带动作用，打造城市群旅游发展带和区域旅游发展核心区，通过集聚—扩散机制辐射带动邻近地区旅游业的发展。要充分利用西安、郑州等国家中心城市的门户效应，建设流域旅游中心城市，完善旅游城市层次体系，明确各级城市在旅游发展中的地位分工，加强以城市为中心的旅游对外交流合作。最后，要以流域重大文化和旅游工程建设为契机，统一协调推进诸如黄河国家文化公园等重大项目，实施黄河文化系统性保护工程，建设黄河国家遗产廊道，推动国家级重点文化和旅游项目建设，以历史文化城市为节点，以标志性景观为核心吸引物，以线性遗产廊道为纽带，探寻跨区域文旅融合发展的协作机制。

第二节　实施路径

一、要素层面的实施路径

（一）支撑力要素方面

黄河流域具备适宜农业经济和工业化发展的关键资源，同时生态治理与社会经济可持续发展依然是今后高质量发展的核心矛盾。因此，黄河流域旅游业要实现高质量发展，在支撑力要素方面，生态保护是最大的约束力因素，需要持续推进流域绿色发展转型，以生态经济为突破口，研发绿色产品，促进经济结构的转型升级。为此，在做好生态保护治理工作的基础上，应从以下几个方面着手。

黄河流域是我国化石能源集中区，提升黄河流域矿石、煤炭、石油化工等的利用效率，大力推进资源的清洁高效利用，继续加强相关技术的开发与应用，是推动流域资源型城市转型升级的必然选择，这不仅有助于确保我国能源安全，促进流域可持续发展，而且有助于进一步改善流域空气质量、减轻环境压力，为旅游发展营造绿色清新的自然环境。

黄河流域是我国重要的粮食主产区，积极推动黄河流域农业现代化，研发绿色农产品，整合并延伸农业产业链，塑造地方农产品品牌，一方面，有利于持续加强和巩固国家粮食安全供应，发挥域内各地区农业比较优势，推动农业商品化和专业化水平进一步提升；另一方面，为农旅融合发展提供了更大的选择空间，有助于“旅游+农业”发展模式的拓展。

积极发展以旅游休闲产业为代表的现代服务业。以流域重点城市和景区为载体，深入挖掘以黄河文化为核心代表的地方特色文化，打造以黄河主干道为廊道的大河生态游，抓紧推进重点景观节点建设，构筑黄河生态旅游廊道。以黄河文化引领流域文化旅游发展，大力挖掘青藏文化、黄土高原文化、草原文化、红色文化等不同文化资源的潜在旅游价值，开发以黄河文化游为核心，以各类地方文化游为支撑的大河文化旅游带，塑造中国乃至世界大河文明旅游样板。同时，要充分考虑黄河流域的实际，结合黄河流域工业企业多、经济结构偏重等特点，以流域内包头、兰州、郑州等重化工业城市为核心，积极开发工业景观、工业遗产游，建设全国重要的工业旅游带。

（二）内核力要素方面

加强旅游资源保护，要转变片面地以经济利益为本的资源利用模式，重视各类文旅资源原真性利用，防止过度商业化。要深入认识保护和开发的辩证关系，在强调保护传承的同时，设法利用域内丰富的文化遗产资源，在一定限度内发挥文化遗产的旅游价值。在此基础上，要深入挖掘资源的旅游价值，开发一批特色鲜明的旅游产品。以流域特色文化为依托，提升旅游产品的档次，加强文化资源的深度加工和旅游产品的文化创意，将流域特有文化元素融入旅游产品设计、开发、营销全过程。

要做强、做精内容，提升旅游产品的品质，尽力做到旅游供需的高效匹配。一方面，要持续关注并深入分析旅游者消费需求的新趋势，精准掌握游客对旅游产品品质化、个性化、多元化需求的新特点；另一方面，要从供给端发力，持续加强旅游资源的整合挖掘，丰富产品供给层次，创新旅游产品呈现形式，增强旅游产品消费的场景感、体验感。要加强黄河流域旅游产品的品牌化建设，深耕品牌内涵和品质，以黄河文化为核心塑造文化旅游产业链。

要持续深化数字技术在旅游业中的再研发、生产和应用，推进数字技术在旅游业中应用场景的创新，如数字博物馆、云旅游、智慧旅游等平台。要加强数字旅游产品的生产创新，充分挖掘黄河流域优秀的文化资源，提炼特色元素，赋予其鲜明的时代价值。要将数字技术作为旅游业发展生产要素，创造交互式、沉浸式的旅游体验项目，推动旅游 IP 建设。要推进旅游业的智慧化和智能化，运用大数据、大融合思维，促进要素整合，加强旅游业与其他产业的融合深度，实现“旅游+”或者“+旅游”的多种融合方式。

要深入实施人才兴旅战略，为旅游业高质量发展供应复合型的专业人才。

点推进流域旅游业重大项目的发展，增强综合性政策支持力度，统筹好旅游开发与土地利用、环境保护等的关系。

二是要提高协作水平，优化旅游业高质量发展的体制机制。要立足打造世界大河文明旅游示范区的重大目标，创新旅游业高质量发展的体制机制，建立流域旅游业高质量发展组织协调机构，由国家文旅部牵头，以各省区级政府主要领导为成员，成立流域旅游业高质量发展领导小组，落实国家、地方国民经济发展及旅游业发展的重大决策，推进旅游管理体系改革，并负责日常工作。加强各省（区）内部相关部门以及跨地区各有关部门相互协作的长效机制，破除因条块分割、行业分割、地区不同带来的各种壁垒。要建立完善旅游业高质量发展的监督机制，由领导小组负责建立监督机制、配备人员、筹集经费等，对旅游经营管理者、旅游企业、旅游者、基层文旅部门的行为进行有效监督。

三是要增加专项投入，加大旅游业高质量发展的支持力度。要加大旅游业高质量发展的财政资金支持力度，有重点地推进对重大项目、重点地区及落后地区的资金扶持力度。对成功申遗，创建了国家级旅游城市、国家级旅游休闲度假区、国家级乡村旅游名镇/村等世界级、国家级旅游品牌给予资金倾斜和奖励；要加强经济欠发达地区，特别是中上游旅游基础设施发展滞后的“三区”地区，通过生态补偿资金改善旅游基础设施和公共服务设施；各省（区）政府应建立辖区内旅游业高质量发展的资金预算，统筹好国家财政转移支付、专项建设资金、政策性贷款等各类筹资渠道，提高旅游业高质量发展的资金供给。

四是要促进城乡一体，完善旅游业高质量发展的设施建设。要加强域内综合交通体系建设，打造高效的“快进”通道，要完善域内交通网，提高不同道路系统之间的衔接，推进旅游公路建设，解决好旅游交通“最后一公里”的问题；要建立完善域内旅游集散服务体系，以城市等级为依托，打造多层次的旅游集散网络；要加强旅游信息化建设，实现旅游集散中心、乡村旅游景区等网络全覆盖；要整合文旅、交通、工信等部门职能，打造旅游业高质量发展的大数据中心，实现交通、旅游资源、生态环境、旅游消费、旅游流量、游客评价等数据的采集，做到省、市、县及企业的四级联动，促进集合多源旅游数据的互通共享。

（二）旅游者

旅游者应增强旅游业高质量发展方面的知识学习，加强个人修养，提高旅游道德素养和公共空间意识，树立生态文明、可持续旅游、文明旅游思想，建立起科学、健康、积极、向上的旅游出行观，提高自身欣赏和珍爱大自然以及追求真、善、美的能力，避免旅游资源陷入“公地悲剧”。要从对社会及自身负责任的角度出发，保持与自己经济状况、闲暇时间等相适应的适度的旅游需求，杜绝旅游活动中的超前消费、冲动消费、过度消费。

应深入践行绿色出行、文明出行理念。要严格遵守国家法律制度，主动化身为旅游活动中的绿色旅游、文明旅游的践行者，并积极倡导宣传绿色文明旅游理念；要学会尊重劳动、尊重知识、尊重人才、尊重创造多样性，把外在的制度化约束内化为个人的修养，做不负责任旅游、不文明旅游的监督者，并践行于旅游活动当中；要强化个人道德约束，培育并提升公德意识，建立起旅游活动中的敬畏之心和羞耻之心。

重视利益诉求，维护自身旅游权益。一方面，要加强旅游法治意识养成，积极学习旅游方面的法律制度，了解旅游活动中各旅游目的地的制度规范和要求，熟悉旅游活动中消费者的合法权益，了解利益遭受损害时应采取的正当解决手段。另一方面，要通过网络监督平台、旅游企业公众号、景区网站等多种渠道和平台反馈利益受损行为，积极曝光旅游景区或旅游企业的失信、违法行为，坚决通过法律、社会道德约束等武器捍卫自身的旅游经济、旅游安全等权益。

（三）社区

黄河流域旅游业与其他地区相似，整体属于劳动密集型产业，从业门槛相对较低，通过加强社区自身能力建设，可以有效提高社区参与度，改变旅游发展中社区的弱势地位，让社区居民更好地共享旅游发展的成果，实现社区旅游增权，推动社区社会经济发展。

首先，要深入推广参与式的旅游发展，引导社区居民在旅游规划、制度设计、经营管理、利益分配、监督等各个环节参与旅游发展，明确社区在旅游发展中的权、责、利，通过合同、法治规范确保目的地居民可以公平参与旅游发展，将社区具有的特有资本转化为旅游业发展的资本，将社区参与的主动权交还给社区。

其次，要加强社区居民知识教育和专业技能培训，赋能社区旅游发展。社区居民在旅游发展中较低参与度的核心原因之一就是综合素质较为低下，因此，必须加强社区旅游从业者的知识教育和旅游从业技能培训，因地制宜地设计学习内容和培训项目，通过各种教育培训方式赋能社区，提升社区的旅游参与度。

最后，加强社区旅游组织建设，培育社区旅游精英，充分发挥社区精英在旅游发展中的带头作用。要建立健全社区旅游协会等民间旅游组织，增强社区参与旅游发展的社会资本，提高社区在旅游谈判中的能力。要培育挖掘旅游发展的各种能人，建立完善能人选拔使用制度，鼓励号召社区能人在旅游发展中带领其他居民，充分发挥社区精英的示范引领作用。

（四）旅游企业

第一，转变思想观念，关注旅游发展的社会效益和环境效益。旅游企业作为旅游市场中的经济主体，在旅游发展中起着非常重要的作用，为增加地方税收、促进居民就业、促进旅游经济发展贡献了力量。但随着新发展理念的普及以及旅游业发展阶段和外部环境的变化，旅游企业在关注经济利益的同时，应该相应地承担一些与自身实力相符的社会责任、环境责任，积极参与旅游公益事业和环境保护事业。

第二，优化开发模式，促进旅游业良性发展。探索除自主开发外，“政府+企业+农户”“政府+企业+村集体+农户”等不同的开发模式，多方筹措开发资金，加强与社会资本的合作。倡导建立有助于社区参与的旅游发展方式，为社区提供参与旅游决策的机会，与社区一起加强对区内特色文化和环境的保护。加强与旅游主管部门的协作，积极贯彻国家旅游发展政策方针，将企业发展目标与国家需求结合起来，积极参与国家文化公园等旅游重大项目。

第三，提高服务管理水平，提升旅游者的满意度和获得感。在旅游业从粗放式发展向精细化发展的关键时期，旅游服务管理水平的提高是推动品质旅游，提高旅游者满意度、幸福感的重要手段。要密切关注旅游需求的新变化，紧密结合旅游发展新趋势提供好相应的旅游服务。要注重加强从业者的素质培养和能力养成，要善于使用互联网大数据等技术，推介旅游产品，开展云旅游、云购物。要注重与游客的情感联系，加强情感管理，增进旅游者的优良体验和重游意愿。要加强交通、厕所等公共服务设施的建设和管理，为旅游者提供全方位的品质化管理服务，提高旅游者的获得感。

三、区域层面的实施路径

（一）优化流域旅游空间发展格局

推进黄河流域旅游业高质量发展应当按照区域旅游分工，城市等级体系建设，旅游发展轴线拓展、完善等进一步优化流域旅游发展的空间格局。按照流域旅游业发展现状、资源禀赋、旅游发展特色、区域差异及社会经济联系等，打造“一核”“二带”“三圈”“四轴”“五心”“多点”的旅游发展格局，优化流域旅游空间结构，促进流域旅游业均衡发展。

1. “一核”——西安

依托西安作为国家中心城市，贯通东西、连接南北的地理区位中心，我国重要的交通枢纽、内陆开放高地、闻名中外的历史古都和旅游业发展的良好基础，将其作为黄河流域旅游空间格局中的唯一核心，有助于发挥西安旅游知名度和影响力方面的优势，促进区域整体竞争力的提升，借助流域东、北、西不同方向上的交通线可进一步拓展旅游空间，促进资源整合，加快域内各地区之间及与域外的旅游发展联系，对推动流域旅游业一体化发展作用明显。

2. “二带”——黄河旅游带、丝路旅游带

充分利用黄河干流的自然通道联系和资源禀赋，以黄河上、中、下游不

同地区的代表性景观为核心吸引，构筑黄河旅游带，打造大河文明旅游样板，深化黄河旅游内涵和体验，加快推动黄河文化旅游带、黄河生态廊道等次级旅游带的发展。借助“一带一路”等国家战略和悠久的古丝绸之路文化廊道，依托陇海铁路大通道，以郑州、西安、兰州等影响力较大的城市为核心节点和旅游增长极，充分挖掘丝路旅游文化，整合资源，建设贯穿黄河流域南部地区并向西延伸的丝路旅游带。

3. “三圈”

按照黄河流域的自然环境特征和社会经济联系，分别构建上游生态保护塞外边关旅游圈，中游名山览胜文脉赓续旅游圈，下游治水育景人地谐和旅游圈。上游旅游圈可分为三江源生态湿地旅游圈、黄河上游河文化旅游圈和河套旅游圈；中游旅游圈可分为山西旅游圈和关中—陕北—陇东旅游圈；下游旅游圈分为河南旅游圈和山东旅游圈。

4. “四轴”

以西安这一旅游核心增长极为中心，充分考虑各地区之间的旅游联系和产品特色，分别构建西安—太原旅游发展轴、西安—包头旅游发展轴、西安—银川旅游发展轴和银川—济南旅游发展轴，依托这四大轴线串联带动沿线旅游吸引物和节点城市，促进文化旅游、红色旅游、民族旅游、城市旅游等的发展，形成覆盖流域大部分地域的旅游发展网络，并可借助轴线的扩展延伸，中心城市及节点城市的辐射带动作用培育更深一级的发展轴线，建立等级分明、联通高效的域内旅游发展网络，促进旅游发展要素借助旅游网络跨地区、多方向流动，推动流域旅游业均衡发展。

5. “五心”

充分考虑域内城市体系的发育状况、功能和层级，以域内七大城市圈为基础，将上游的兰州、呼和浩特，中游的太原，下游的郑州和济南作为域内旅游发展的五大中心城市，充分借助大城市在人员会集、交通连接、信息交流、对外开放、设施服务、数字科技等方面的优势。同时，考虑上、中、下游的协调发展，构筑五大旅游中心城市，发挥这些城市的辐射带动作用，促进区域旅游业发展。

6. “多点”

以流域各地级城市为主，建立更为丰富立体的旅游城市层级，构筑起“核心—中心—节点”的旅游城市发展体系，促进节点城市更加主动、积极地参与全流域的旅游分工与合作，进一步明确各个节点城市在全流域旅游业发展中的定位和功能，增强中心城市与节点城市的旅游联系，打造地域特色突出的流域旅游节点城市。

在构建“一核”“二带”“三圈”“四轴”“五心”“多点”旅游发展格局基础上，不断夯实“一核”“五心”旅游发展实力，打造流域旅游业高质量发展增长极，发挥旅游中心城市的集聚扩散效应，引领流域旅游业高质量发展；要持续强化旅游发展轴的联动作用，积极培育次级旅游发展轴和特色鲜明的旅游节点城市，通过以点连线、以线构面，打造多元、立体的旅游发展网络，进一步促进资源设施共享、信息交流互惠、产业融合协作，提升流域旅游业整体高质量发展水平。

（二）上游地区实施路径

上游地区包括青海、四川、甘肃、宁夏、内蒙古5省（区）的部分市域单元，整体位于西北内陆和生态环境脆弱区，水资源不足是社会经济发展的重要掣肘。因此，流域上游地区宜通过保护水源、防风固沙、生态修复等环境保护措施，不断巩固和提升区域生态安全屏障作用，为旅游业发展奠定绿色环境基础，不断提升旅游环境承载力。要根据流域资源环境特点、旅游产业基础、客源市场需求等特点，重点发展生态旅游、乡村旅游、民族旅游等旅游业态，深挖民族特色文化和乡村旅游资源，紧密结合新基建、乡村振兴等国家战略加快旅游基础设施和服务设施建设，不断优化旅游供给品质，推动旅游业向绿色、持续、特色鲜明的方向发展。要优化引才、育才机制，引进培育更多的旅游高素质人才。要进一步深化市场化改革，提升旅游发展的市场化水平，推动旅游发展要素的自由流动，让市场在资源配置中发挥决定性作用。要密切关注交通发展的“过道”效应，增强旅游节点城市和景点景区的吸引力、加大宣传力度，推动交通建设的要素汇流作用，聚集更多的旅游发展要素（如人才、信息等），进一步赋能旅游业高质量发展的核心竞争力。

上游地区面积很大，根据自然环境特征和社会经济联系可以进一步细分为黄河源头地区、甘青宁地区和河套地区。黄河源头地区包括玉树、果洛、阿坝、甘南、海南、黄南等地区，该区是黄河发源地，是我国重要的生态功能区、草原湿地，藏族文化极具特色，要结合三江源国家公园建设，彻底贯彻、落实国家主体功能区战略，不断加强对草原、湿地、高原动植物的保护，重点以自然景观观光、户外探险、藏族文化体验感悟等旅游业态为主，发展亲环境旅游业，严防大规模开发建设。甘青宁地区由青海西宁、海北、海东，甘肃陇中各市以及宁夏各市域单位组成，该区应以黄河干流为纽带，以洮河、湟水、清水河为支脉，通过整合挖掘域内自然文化资源，发展纵贯青海、甘肃、宁夏3省（区）的黄河风情游。同时，应以青海湖这一品质极高的高原湖泊为重要吸引，提升草原生态游的发展水平，以宁夏特有的伊斯兰风情为依托，发展塞外江南民族民俗旅游。河套地区主要包括域内内蒙古各市域单元，该区是黄河流域重要的灌区，也是蒙古族聚集地，要充分挖掘河套灌区文化，发展黄河灌区文化游，加快旅游业与农牧业的融合发展，以蒙古族文化为依托，发展蒙古族文化体验游。

（三）中游地区实施路径

中游地区以山西、陕西两省各市域及甘肃陇东的天水、平凉、庆阳为主，是典型的黄土高原地区，是中华文明肇始传承发展的核心地区和我国重要的能源化工业基地。汾渭盆地是中华文明重要的发祥地，该区文化资源极其丰富，古都名城、古建筑、古遗址等广布，为文化旅游发展奠定了坚实的资源基础。区内的晋陕大峡谷、黄河金三角湿地、秦岭、太行山等是区内重要的生态功能区和自然景观富集地带。前文分析发现，本区域旅游从业者对旅游业高质量发展产生了负向影响，没能充分发挥区域丰富的劳动力资源优势，为此，应加强旅游从业者的知识学习和技能培训，提升旅游从业的整体素质。同时，应继续巩固和加强水土保持和资源整合利用，进一步深化旅游市场化改革，扩大与区外的旅游联系。

本区可细分为山西旅游亚区和陕西—陇东旅游亚区。山西拥有全国最为丰富的地上文物资源，闻名中外的平遥古城、晋祠、王家大院等景区是其中的代表，但是长期以来，受限于资金、法律限定等，文物资源旅游化利用程度较低，许多文物资源甚至没有得到保护而致废弃。因此，一方面，山西应当开展更加详尽的文物资源普查，开展文物资源分类和价值评估，深化文物资源的旅游化利用，探索市场化的管理运营机制；另一方面，要加大文物资源专项保护的资金投入力度，积极争取和申请国家相关项目资金，为文物保护提供更多资金保障。山西是我国重要的煤炭产区，随着我国经济结构和能源结构的转型，许多资源型城市面临转型发展的困境，应紧密结合这些城市的实际，引导发展工业遗产游、生态修复游，因地制宜地延长旅游产业链。要在环境保护的基础上，依托五台山、晋陕大峡谷等自然资源，深化生态旅游、宗教旅游、黄河生态旅游的发展，打造高品质的旅游目的地。陕西—陇东地区自然、人文资源同样富集，一方面，区内文化旅游资源富集，如西安、咸阳等古城，帝王墓葬、古遗址、古寺院等，具有发展文化旅游、遗产旅游的先天条件，应进一步借助西安这一历史古都品牌，深化文化资源的旅游化利用，探索文化资源旅游利用的新机制，借助现代数字科技增强文化旅游的体验感和互动性。同时，区内具有高品质的红色旅游资源，已经开发形成了独特的红色旅游品牌，应进一步深挖红色旅游资源和文化，开发更多参与性强的专题旅游产品，要加强同研学教育、爱国主义教育等的融合，进一步拓展红色旅游内涵，延长产业链，提升带动能力。另一方面，区内名山资源丰富，如终南山、太白山、崆峒山、麦积山等，应充分利用秦岭国家公园建设契机，整合沿线自然旅游资源，加大联合营销力度，开发特色鲜明的专题旅游线路产品，打造国家中央公园旅游大品牌，重点发展秦岭养生度假游、森林生态游、蜀道遗产游、户外探险等旅游业态。

（四）下游地区实施路径

下游地区以河南、山东两省的市域单元为主，整体位于华北平原，是流域社会经济最为发达的地区。下游地区坐拥泰山、嵩山、孔庙、龙门石窟等世界级高品质资源，旅游业起步较早，发展层级较高。高质量发展背景下，下游地区应充分借助经济发展优势，进一步加大在旅游领域的精准投资力度。坚持“两山”理论，加快推进水、土、气等环境治理，改善旅游环境。要结合世界级资源优势，进一步优化旅游市场供给，提升旅游消费层级，引导居民的旅游需求朝高质量方向迈进。借助虚拟现实技术、5G、数字科技、互联网大数据等，加大其在旅游领域的应用和创新力度，提升旅游业的科技含量和发展效率。推进旅游市场体制改革，建立健全旅游领域的法治规范，以洛阳、郑州、开封、济南和泰安等旅游市场发育程度较好，旅游市场主体竞争力较强的城市为基础，培育建设引领流域旅游业高质量发展的企业集团。加快品质旅游工程建设，探索建立流域高品质城市旅游协作机制及联盟，加大主题公园等人工旅游吸引物的开发力度，大力发展文创旅游、文化体验游、城市旅游和定制旅游，不断提升旅游供给效能和管理服务水平。

本区可进一步细化为河南、山东两大旅游区。对于河南省而言，一要充分利用其地处中原的绝佳区位，加快完善并提升各节点城市的旅游集散中心建设，打造方便、快捷、安全、舒适的旅游集散中心体系。二要深入推动文化产业和旅游产业的融合发展，探索文旅跨界融合的新模式，构建崭新的文旅消费场景，培育一批文旅产业的新业态。三要充分利用多种宣传媒介，立体式推广旅游产品，加快塑造黄河旅游文化新形象。四要提炼黄河文化特色元素符号，构筑黄河文化旅游新平台，探索文化“活”起来的新途径，讲好黄河文化故事。四要紧密结合国家文化公园建设战略，加快推进旅游设施改造提升和重大项目建设进程，打造具有重大影响的旅游吸引物节点。山东是流域社会经济发展的“领头羊”，也是唯一的沿海省份，具有对外联络的更多优势。对于山东省而言，要在旅游发展的诸多领域加快创新发展步伐，建成流域旅游业创新发展示范区，带领其他省（区）旅游业向高质量目标迈进。为此，首先，要进一步提升公共文化服务效能，拓展公共文化服务功能，创新公共文化服务的供给方式，推进文化惠民工程建设。其次，要培养新型旅游人才，加快建立新型旅游人才的培养机制，促进新型旅游人才多元化的培养方式，建立新型旅游人才数据库，打造人才培养工程，加大对新型旅游人才的培养力度和支持力度。再次，要进一步规范旅游市场主体行为，积极探索旅游市场管理的新方式。坚持高标准、严要求规范市场主体行为，进一步优化文旅项目行政审批，精简审批流程，持续推进“一窗受理”等便民措施。最后，要持续提升文旅市场综合执法能力，健全文旅执法体制，形成覆盖省、市、县三级的综合文旅执法体系。

第三节　本章小结

旅游业高质量发展是一项复杂的系统性工程，既需要在推进战略上深谋远虑，也需要在具体实现路径上精心设计。为此，本章结合前述章节的研究结果，从推进策略和实施路径两大方面提出了黄河流域旅游业高质量发展的具体策略和发展路径。

一、推进策略

推进策略方面，黄河流域应从规划引领、生态保护、要素赋能、基础支撑和区域协调 5 个方面发力，谋划旅游业高质量发展的具体策略。具体来看，一要重视规划在旅游业高质量发展中的引领作用，积极编制旅游业高质量发展综合规划和专项规划，重视规划的可实施性和公众的公平参与；二要密切结合流域生态环境脆弱、水资源短缺的现实问题，持续加强全流域有侧重点的生态环境保护工作，为旅游业高质量发展提供绿色底线；三要加大文旅资源保护性利用，加快完善旅游设施，提升服务管理水平，培育旅游业发展的专业人才，加大新兴技术在旅游业发展中的应用和创新力度，进而加强各个核心要素赋能旅游业高质量发展的能力；四要进一步提升流域交通等基础支撑水平，构建新型的综合立体交通网，提升流域整体，特别是中上游部分地区的可进入性，并紧密结合“一带一路”倡议，进一步提升对外开放水平，深度参与旅游领域的国际分工与合作；五要秉持均衡化发展理念，持续推动流域均衡协调发展。为此，应建立旅游业高质量发展的组织构架和工作机制，协调流域旅游业发展的重大事宜。要充分发挥国家中心城市、区域中心城市的带动作用，同时也应紧密结合不同省份的国家级重大项目建设，以项目建设为抓手，积极探索旅游协作发展机制。

二、实施路径

实施路径方面，旅游业高质量发展不仅与各发展要素相关，而且与旅游利益相关者以及不同地区的现实状况和制约因素相关，为此本章从旅游支撑力要素、核心力要素和连接力要素出发，提出应进一步夯实旅游支撑实力，加快赋能旅游核心发展要素，持续改善旅游交通、信息网络等连接系统。主体层面，本章分别从政府、旅游者、社区和旅游企业的职责和发展重点出发，提出了具体的实施路径。政府应加强旅游政策供给，提升旅游协作水平，加大旅游领域的资金投入力度，并进一步完善旅游公共设施建设。旅游者应理性消费，保持适度的旅游需求，规范旅游行为，坚持绿色文明出行。社区应加强自身能力建设，学习旅游知识和技能，充分发挥社区精英的带动作用，积极参与社区旅游发展。旅游企业要转变以经济利益为唯一目标的发展理念，承担起相应的社会责任和环境责任，要优化旅游开发模式，探索良性的旅游发展道路，要以公众的满意度和获得感为出发点和落脚点，提升企业服务管理水平。区域层面，一方面，应优化流域旅游业发展的空间格局，打造“一核”“二带”“三圈”“四轴”“五心”“多点”的旅游发展格局；另一方面，本章从上、中、下游旅游业发展的现实制约因素出发，提出了三大地区以及地区内部不同亚区旅游业高质量发展的具体路径，以便为不同尺度单元的旅游业高质量发展提供可行的路径参考。

第九章　结论、创新与展望

第一节　研究结论

本书从旅游业高质量发展的现实背景及研究价值出发，通过系统梳理国内外旅游业高质量发展方面的研究进展，剖析了旅游业高质量发展的概念内涵及特征，构建了旅游业高质量发展的分析框架和评测指标体系，并以黄河流域这一国家重点发展战略区域为例，刻画了2010—2019年黄河流域省市域单元旅游业高质量发展的时空变化特征，探讨了黄河流域旅游业高质量发展的影响因素及其空间效应，共得出如下结论：

第一，旅游业不仅具有显著的产业属性（经济性），是与旅游业相关的众多产业形成的产业集群，而且具有明显的社会价值（社会性）。进入新发展阶段的旅游业需要在充分发挥经济价值的基础上，彰显旅游业社会价值，实现旅游业的社会功能。基于此，本书将旅游业高质量发展分解为经济产业和社会事业两大方面，经济产业方面，旅游业高质量发展主要体现在旅游经济运行稳定、需求和供给适配、产业结构合理优化、效率不断提升等方面；社会事业方面，主要包括发展目标多元、发展成果共享、利益分配公平、发展环境绿色友好。旅游业高质量发展的特征主要体现为民生性、多维性、动态性、均衡性和可量性。

第二，以所构建的旅游业高质量发展分析框架为指引，坚持科学性、系统性、代表性、数据可获得性等原则，通过系统梳理既有的旅游业高质量发展评价指标体系，从旅游业高质量发展内涵中析出旅游经济产业和社会事业两个维度选取评价指标。经济产业方面，为实现旅游经济的质量、效率和路径变革，重点考察了旅游经济运行平稳、供需升级、结构优化及效率提升问题；社会事业方面，重点从旅游发展的民生福祉角度选取了公平受益、成果共享和环境友好 3 个方面的指标进行评测。由于研究单元涉及省、市两级，数据可获取性不同，在坚持评价指标体系总体思路和框架结构一致的基础上，分别建构了省、市域旅游业高质量发展评价指标体系，详细阐述了指标体系中各指标数据的具体来源及计算过程。通过比较不同的指标权重赋值方法，最终选取熵值法确定指标权重，并分别计算得出了省、市各级指标的具体权重。在此基础上，通过加权求和法计算得出了 2010—2019 年黄河流域省、市域空间单元旅游业高质量发展的综合水平，旅游经济产业高质量发展水平及旅游社会事业高质量发展水平得分，为时空变化分析奠定了数据基础。

第三，以计算所得的旅游业高质量发展水平为数据源，借助数理统计、空间分析等方法刻画了 2010—2019 年旅游业高质量发展水平的时空变化特征。首先，省域旅游业高质量发展方面。省域旅游经济高质量发展呈现东南高、西北低的分异格局，绝对差异在增大，相对差异在缩小，东西分异高于南北分异，东西向分异始终呈现东高西低的特征，而南北向分异呈现先强化后弱化的变化趋势；省域旅游事业整体保持北高南低的分异格局，绝对差异和相对差异都在增大，东西向的分异格局由东高西低转变为西高东低，南北向一直维持北高南低的格局；旅游业高质量发展综合水平始终存在东高西低的分异格局，绝对差异和相对差异都在缩小，东高西低的分异趋势逐渐缩小，南北分异呈现“U”形变化，先强化再弱化，东西向差异大于南北向差异。旅游业高质量发展存在明显的路径依赖，与高水平省域相邻时，发展水平提升的可能性较大；反之，上升的可能性较小。水平接近省域更容易发生状态转移，上游地区省域转移幅度更大。其次，市域旅游业高质量发展方面。市域旅游经济高质量发展呈现由下游向上游递减的空间分异格局，绝对差异在增大，相对差异在缩小，东高西低的分异趋势逐渐缩小，南北分异呈现“U”形变化，先强化再弱化；市域旅游事业高质量发展呈现西北高、东南低的分异格局，绝对差异和相对差异都在增大，东西向的分异由东高西低转变为西高东低，南北向一直维持北高南低的格局。旅游业高质量发展呈现高、中、低市域交错分布特征，省会城市、民族地区州/盟以及中下游部分市域发展水平更高，绝对差异在增大，相对差异保持稳定，分异趋势与省域相一致。旅游业高质量发展的路径依赖特征明显，低水平区和高水平区尤为突出。与高水平市域相邻时，旅游业高质量发展水平提升的可能性较大，反之则较小。大多数市域状态向上转移1~2级，主要集中在中上游地区。最后，省、市域对比分析发现，空间尺度越小，旅游业高质量发展的绝对分异程度越高，相对分异程度越低；东西方向上省、市域旅游业高质量发展均呈现东高西低的分异趋势，南北分异都存在先强后弱的演化过程，省域的南北向分异波动更大；空间尺度越小，旅游业高质量发展越容易出现低水平或高水平的路径依赖，其原有状态发生变化的幅度也越小。随着邻域旅游业高质量发展水平的提升，空间尺度越小的研究单元旅游业高质量水平越有可能向上转移。

第四，依据旅游地域系统理论和旅游业发展的内外力因素，建构了旅游业高质量发展的SIC框架，该框架由支撑力系统（S）、内核力系统（I）、连接力系统（C）三大系统组成。其中，支撑力系统是旅游业高质量发展的重要基础和制约条件，是实现旅游业平稳运行、环境友好、公平共享等具体目标的重要因素。内核力系统是旅游业高质量发展的核心动力，有助于提升旅游业的发展效率，优化旅游业产业结构，促进旅游业实现提质增效的核心目标。连接力系统是旅游业高质量发展的桥梁和纽带，有助于促进旅游发展要素的优化配置，打破地方壁垒，发挥旅游业的正外部效应，促进区域均衡化发展。在此基础上，从黄河流域实际和数据的可获得性出发，选取了人均GDP、第三产业固定资产投资、博物馆数量等12项具体指标，并借助面板数据模型对黄河流域整体和上、中、下游三大地区的旅游业高质量发展影响因素进行了实证分析。流域整体旅游业高质量发展分析发现，文化基础、生态环境、旅游资源吸引力、旅游服务设施水平、专业人才、信息化水平、市场化水平对旅游业高质量发展具有正向影响，政府投资、交通条件、对外开放程度对旅游业高质量发展具有负向影响。上、中、下游三大地区的影响分析发现，各因素对三大地区旅游业高质量发展的影响各不相同，影响因素的地区差异充分反映了各因素对不同地区旅游业高质量发展的异质性影响作用。

第五，从空间依赖效应、空间溢出效应和空间异质性效应3个方面探讨了各因素对旅游业高质量发展的空间影响效应。首先，空间依赖效应方面。

旅游业高质量发展具有显著的空间依赖性，2010—2019 年旅游业高质量发展的依赖程度呈现波动变化趋势。其次，空间溢出效应方面。从流域整体上看，各因素对旅游业高质量发展的空间溢出效应各不相同，其中市场化水平、文化基础的提升会带动周边市域旅游业高质量发展，而经济发展质量、服务设施水平和交通条件的提升会抑制周边地区旅游业高质量发展。政府投资对上游各市域旅游业高质量发展具有正向空间溢出效应，生态环境、信息化水平和对外开放程度为负向溢出。中游地区，政府投资、文化基础、服务设施、人力资源水平的提升能够有效带动邻近市域旅游业高质量发展，经济发展质量、资源禀赋和技术创新则会抑制邻近市域旅游业高质量发展。下游地区资源禀赋和技术创新对邻近市域旅游业高质量发展产生了正向溢出作用，经济发展质量、生态环境、交通条件和信息化水平为负向溢出。最后，空间异质性效应方面。不同年份对旅游业高质量发展产生异质性影响的因素及其作用各不相同，旅游资源禀赋在各节点年份均呈现显著的正向作用，且西强东弱的分异格局总体稳定；交通条件在研究期后段对大部分市域具有显著的负向影响；市场化水平的分异格局从东强西弱转向东弱西强，而后又转变为东强西弱。

第二节　研究创新之处

第一，从双重属性视角对旅游业高质量发展的概念内涵进行解读。不同于以往学者主要关注旅游业产业属性与经济效益，本书提出了旅游业产业属性与事业属性并重的观点，并基于旅游业双重属性，结合新时代新发展理念，提出旅游发展要立足的人民性、事业性，加强旅游发展对人民科学素养、社会文明程度、旅游成果惠民等社会效益的考察。要从产业稳定高效、供需协调升级、结构合理优化、社会公平共享及区域绿色发展角度出发全面阐释区域旅游业高质量发展的概念内涵及其内在逻辑联系，科学筛选指标，构建区域旅游业高质量发展评价指标体系，定量衡量国家重点发展战略区——黄河流域旅游业高质量发展水平的变化过程，探寻旅游业高质量发展的时空演变规律。

第二，提出了旅游业高质量发展影响因素的SIC框架，为区域旅游业高质量发展影响因素分析构建了较为系统的分析框架。本书认为，支撑力系统（S）是推动区域旅游业高质量发展的基础支撑，内核力系统（I）是推动区域旅游业高质量发展的核心驱动力，连接力系统（C）是推动旅游业高质量发展的纽带和桥梁，三大系统之间相互联系、相互作用，共同推动旅游业朝着健康平稳、产业高效、公平受益、生态绿色、区域均衡的高质量发展目标迈进。在此基础上，以黄河流域为例，在三大系统下科学遴选指标，通过面板数据模型测量了各因素对旅游业高质量发展的影响作用，通过实证分析进一步检验了SIC分析框架的稳定性和合理性。

第三，引入新方法丰富并深化空间视角下旅游业高质量发展的研究内容。在分析中，本书注重旅游学、地理学、经济学等多种学科理论和方法的结合。在旅游业高质量发展的时空变化分析中，引入空间马尔可夫链，深入探讨了省、市域单元旅游业高质量发展状态的转移规律，进一步拓展了旅游业时空变化的分析内容；在旅游业高质量发展影响因素的空间效应分析中，引入SPDM模型，从空间视角探讨了各因素对旅游业高质量发展的影响，剖析了各因素对旅游业高质量发展的空间溢出效应；在旅游业高质量发展影响因素的空间异质性分析中，借助最新的GWR模型——MGWR模型分析了各影响因素的异质性作用及尺度效应，深化了旅游业高质量发展影响因素异质性分析，加深了对各因素影响作用尺度大小差异的理解，有助于有针对性地识别区域旅游业发展的障碍因素并采取更为细致、具体的应对措施。

第三节　研究不足与展望

首先，本书立足区域层面旅游业高质量发展，以省、市域单元的有关统计数据反映旅游业高质量发展的供需、效率、结构、公平、共享等问题，有助于从区域整体层面把握旅游业高质量发展水平并进行比较分析，但是分析数据主要来源于供给侧，未来可进一步从需求侧收集数据进行分析。同时，旅游业高质量发展也需要关注微观主体，如游客、居民、从业者的切身感受，了解这些主体在旅游发展中的获得感，这有助于进一步加深对旅游业高质量发展民生福祉的认识和理解，深入分析旅游业高质量发展带给民众的满足感、幸福感、获得感及其影响机制。为此，未来可通过大范围的抽样调查了解旅游者、目的地居民、从业人员在旅游发展中的满足感、获得感等数据，并将其与区域层面的统计数据相结合，进一步优化旅游业高质量发展的评测体系，增强宏观与微观相结合的综合分析，为旅游业高质量发展探索新认知和新发现。

其次，本书以省、市域单位为例，分析了黄河流域旅游业高质量发展的变化过程及影响因素，整体属于中观尺度的分析。考虑到黄河流域巨大的地区差异性，不同地区旅游业发展特点、发展阶段、发展政策方面的区别，未来可以在此基础上进一步关注地域空间完整、旅游特征鲜明的微观单元或者主题旅游活动的高质量发展问题。例如，黄河三江源地区生态保护与旅游业高质量发展问题，陕西、甘肃、宁夏毗邻区红色旅游高质量发展，晋陕大峡谷黄河生态廊道高质量发展，关中、晋中文化旅游高质量发展，西安、洛阳、开封等古都旅游高质量发展，以及黄河金三角、黄河入海口湿地保护性开发利用等，进一步聚焦各个地区旅游业发展的具体问题，提高旅游研究有针对性地解决地区实际发展问题的能力。

最后，考虑到流域旅游业发展的阶段性特点及市域单元统计数据的完整性，本书重点探究了 2010—2019 年黄河流域市域单元旅游业高质量发展问题，研究期限相对较短，可能对旅游业高质量发展时空变化规律的理解有限。未来，随着各市域单元统计年鉴等市域层面各种统计数据的公开和完善，特别是上游市域相关数据的公开完善，可进一步拓展研究期限，并进行长期跟踪研究，持续关注流域整体、上中下游等流域次级单元、域内七大城市群、三江源和黄河入海口湿地等重点生态功能区旅游业高质量发展综合水平、分维度水平及各要素水平等的动态变化过程，多级、多面呈现旅游业高质量发展的时空变化过程，全面、客观地把握旅游业高质量发展的变化规律，进而借助相关方法开展预测工作，以便为流域旅游业高质量发展决策提供更多的借鉴和参考。

参考文献

[1] Abdullah K, Jan M T, Hazilah N. A structural equation modeling approach to validate the dimensions of Servperf in airline industry of Malaysia [J]. International Journal of Engineering & Management Sciences, 2012 (3): 134-141.

[2] Agyeiwaah E, Mckercher B, Suntikul W. Identifying core indicators of sustainable tourism: A path forward? [J]. Tourism Management Perspectives, 2017 (24): 26-33.

[3] Ahn B Y, Lee B K, Shafer C S. Operationalizing sustainability in regional tourism planning: An application of the limits of acceptable change framework [J]. Tourism Management, 2002, 23 (1): 1-15.

[4] Ajwinder S, Ajay P, Navdeep K. Assessment of hospital service quality parameters from patient, doctor and employees' perspectives [J]. Total Quality Management & Business Excellence, 2020 (14): 1-20.

[5] Al K, Aldehayyat J S. Perceptions of service quality in jordanian hotels [J]. International Journal of Business and Management, 2011, 6 (7): 226-233.

[6] Albacete-Saez C A, Fuentes-Fuentes M M, Lloréns-Montes F J. Service quality measurement in rural accommodation [J]. Annals of Tourism Research, 2007, 34 (1): 45-65.

[7] Alipour H, Kilic H. An institutional appraisal of tourism development and planning: The case of the Turkish Republic of North Cyprus (TRNC) [J]. Tourism Management, 2005, 26 (1): 79-94.

[8] Anselin L. Lagrange multiplier test diagnostics for spatial dependence and spatial heterogeneity [J]. Geographical Analysis, 1988, 20 (1): 1-17.

[9] Anselin L. Local indicators of spatial association—LISA [J]. Geographical Analysis, 2010 (27): 93-115.

[10] Antonakakis N, Dragouni M, Filis G. How strong is the linkage between tourism and economic growth in Europe? [J]. Economic Modelling, 2015, 44 (1): 142-155.

[11] Attallah N F. Evaluation of perceived service quality provided by tourism establishments in Egypt [J]. Tourism and Hospitality Research, 2015, 15 (3): 149-160.

[12] Babi-Hodovi V, Arslanagi-Kalajdi M, Banda A, et al. Ipa and Servperf quality conceptualisations and their tole for satisfaction with hotel services [J]. Tourism and Hospitality Management, 2019, 25 (1): 1-17.

[13] Backman S J, Veldkamp C. Examination of the relationship between service quality and user loyalty [J]. Journal of Park and Recreation Administration, 1995, 13 (2): 29-41.

[14] Baker D A, Crompton J L. Quality, satisfaction and behavioral intentions [J]. Annals of Tourism Research, 2000, 27 (3): 785-804.

[15] Balaguer L, Cantavella-Jorda M. Tourism as a long-run economic growth factor: The Spanish case [J]. Applied Economics, 2002, 34 (7): 877-884.

[16] Bigne J E, Martynez C, Miquel M J, et al. Servqual reliability and validity in travel agencies [J]. Annals of Tourism Research, 2003, 30 (1): 258-262.

[17] Blancas F J, Gonzalez M, Lozano-Oyola M, et al. The assessment of sustainable tourism: Application to Spanish coastal destinations [J]. Ecological Indicators, 2010, 10 (2): 484-492.

[18] Capone F, Boix R. Sources of growth and competitiveness of local tourist production systems: An application to Italy (1991-2001) [J]. Annals of Regional Science, 2008, 42 (1): 209-224.

[19] Cappelli L, Pisano A. A territorial intergration approach for the quality of the tourism offer: The slot model [J]. Journal of Commodity Science Technology

and Quality, 2008, 47 (I-IV): 191-208.

[20] Chelladurai P, Chang K. Targets and standards of quality in sport services [J]. Sport Management Review, 2000, 3 (1): 1-22.

[21] Chen H B, Dong K, Wang F F, et al. The spatial effect of tourism economic development on regional ecological efficiency [J]. Environmental Science and Pollution Research International, 2020, 27 (30): 1-18.

[22] Cheng Z, Yang Z S, Gao H N, et al. Does PPP matter to sustainable tourism development? An analysis of the spatial effect of the tourism PPP policy in China [J]. Sustainability, 2018, 10 (11): 1-15.

[23] Cheng J, Xu J, Huang Z. Spatiotemporal analysis of regional tourism development: A semiparametric geographically weighted regression model approach [J]. Habitat International, 2019 (87): 1-10.

[24] Cliff A. D. Ord, K. Spatial autocorrelation: A review of existing and new measures with Applications [J]. Economic Geography, 1970, 46 (sup1): 269-292.

[25] Cronin J J, Taylor S A. Measuring service quality: A reexamination and extension [J]. Journal of Marketing, 1992, 56 (7): 55-68.

[26] David J. Perception of service quality, satisfaction ang the intent to return among toursits attending a sports event [D]. US: The Ohio State University, 2006.

[27] Dritsakis N. Tourism as a long-run economic growth factor: An empirical investigation for Greece using causality analysis [J]. Tourism Economics, 2004, 10 (3): 305-316.

[28] Durbarry R. The economic contribution of tourism in Mauritius [J]. Annals of Tourism Research, 2002, 29 (3): 862-865.

[29] Dwyer L. Tourism development and sustainable well-being: A beyond GDP perspective [J]. Journal of Sustainable Tourism, 2020 (1): 1-18.

[30] Een C A, Verma R. Strategies for the implementation of service innovations [J]. Cornell Hospitality Quarterly, 2012, 53 (3): 187-195.

[31] Ekinci Y, Riley M, Fife S C. Whichschool of thought? The dimensions

of resort hotel quality [J]. International Journal of Contemporary Hospitality Management, 1998, 10 (2): 63-67.

[32] Elhorst J P. Specification and estimation of spatial panel data models [J]. International Regional Science Review, 2003, 26 (3): 244-268.

[33] Elkington J. Cannibals with forks: The triple bottom line of 21st century business [M]. Oxford: Capstone, 1999.

[34] Fick G R, Ritchie J. Measuring service quality in the travel and tourism industry [J]. Journal of Travel Research, 1991, 30 (2): 2-9.

[35] Fotheringham A S, Brunsdon C, Charlton M E. Quantitative geography: Perspectives on spatial data analysis [J]. Geographical Analysis, 2010, 33 (4): 370-372.

[36] Fotheringham A S, Yang W, Kang W. Multiscale geographically weighted regression (MGWR) [J]. Annals of the American Association of Geographers, 2017, 107 (6): 1247-1265.

[37] George F, Deasy, Phyllis R. Impact of a tourist facility on its hinterland [J]. Annals of the Association of American Geographers, 1966, 56 (2): 290-306.

[38] Goeldner C, Ritchie B. Tourism: Principles, practices, philosophies [M]. Hoboken, NJ: Wiley, 2006.

[39] Grnroos C. A service quality model and its marketing implications [J]. European Journal of Marketing, 1984, 18 (4) : 36-44.

[40] Gunduz L, Hatemi J A. Is the tourism-led growth hypothesis valid for Turkey [J]. Applied Economics Letters, 2005 (12): 499-504.

[41] Habibi F. The determinants of inbound tourism to Malaysia: A panel data analysis [J]. Current Issues in Tourism, 2017 (20): 909-930.

[42] Hogstrom C, Rosner M, Gustafsson A. How to create attractive and unique customer experiences: An application of Kano's theory of attractive quality to recreational tourism [J]. Marketing Intelligence & Planning, 2010, 28 (4): 385-402.

[43] Jamal T, Higham J. Justice and ethics: Towards a new platform for tourism and sustainability [J]. Journal of Sustainable Tourism, 2021, 29 (2-3): 143-157.

[44] Jennifer F, Gijsbert H. An analysis of factors affecting tourists'accounts of weather in South Africa [J]. International Journal of Biometeorology, 2018, 62 (12): 2161-2172.

[45] Jiao G, Lu L, Chen G, et al. Spatiotemporal characteristics and influencing factors of tourism revenue in the Yangtze River Delta Urban Agglomeration Region during 2001-2019 [J]. Sustainability, 2021 (13): 3658.

[46] Jiao S T, Gong W J, Zheng Y Q, et al. Spatial spillover effects and tourism-led growth: An analysis of prefecture-level cities in China [J]. Asia Pacific Journal of Tourism Research, 2019, 24 (7): 1-10.

[47] Kang J, Duan X, Yan W. Spatial differentiation and impact factors of tourism development: A case study of the central plains, China [J]. Sustainability, 2022 (14): 7313.

[48] Kenneth W. Market industry confusion in tourism economics analyses [J]. Annals of Tourism Research, 1998, 25 (4): 803-817.

[49] Kim H J, Chen M H, Jang S C. Tourism expansion and economic development: The case of Taiwan [J]. Tourism Management, 2006 (27): 925-933.

[50] Kim J H, King B E M, Kim S S. Developing a slow city tourism evaluation index: A Delphi-AHP review of Cittaslow requirements [J]. Journal of Sustainable Tourism, 2021 (4): 1-23.

[51] Konstantinos E, Evangelos S. Tourism-growth nexus and spatial spillovers: Evidence from Greece [J]. Tourism Economics, 2019, 25 (2): 297-302.

[52] Kumar S R, Wesley R J, Sudhahar C J. Predictors of overall service quality in medical tourism in Kerala State [J]. SMART Journal of Business Management Studies, 2016, 12 (1): 58.

[53] Koval V, Mykhno Y, Antonova L, et al. Analysis of environmental factors' effect on the development of tourism [J]. Journal of Geology Geography and

Geoecology, 2019, 28 (3): 445-456.

[54] LeBlanc G. Factors affecting consumer evaluation of service quality in travel agencies: An Investigation in consumer perceptions [J]. Journal of Travel Research, 1992, 30 (4): 10-16.

[55] Lehtinen J R, Lehtinen U. Two approaches to service quality dimensions [J]. The Services Industries Journal, 1991, 11 (3): 287-303.

[56] LeSage J P, Fischer M M. Spatial growth regressions: Model specification, estimation and interpretation [J]. Spatial Economic Analysis, 2008, 3 (3): 275-304.

[57] Lesage J, Pace R K. Introduction to spatial econometrics [M]. New York: CRC Press, 2009.

[58] Li J J, Duan K F, Xu Q W, et al. Efficiency of tourism development in China's major cities under the constraint of $PM_{2.5}$ [J]. Plos One, 2021, 16 (8): e0255508.

[59] Liu H, Liu W, Wang Y. A Study on the influencing factors of tourism demand from mainland China to Hong Kong [J]. Journal of Hospitality & Tourism Research, 2021 (45): 171-191.

[60] Lu Y. The Measurement of high-quality development level of tourism: Based on the perspective of industrial integration [J]. Sustainability, 2022, 14 (6): 1-18.

[61] Lucas R E. On the mechanics of economic development [J]. Journal of Monetary Economics, 1988, (22): 3-42.

[62] MacKay K J, Crompton J L. A conceptual model of consumer evaluation of recreation service quality [J]. Leisure Studies, 1988, 7 (1): 41-49.

[63] MacKay K J, Crompton J L. Measuring the quality of recreation services [J]. Journal of Park and Recreation Administration, 1990, 8 (3): 47-56.

[64] Majewska J. Inter-regional agglomeration effects in tourism in Poland [J]. Tourism Geographies, 2015, 17 (3): 1-29.

[65] Mbaiwa J E. Enclave tourism and its socio-economic impacts in the Oka-

vango Delta, Botswana [J]. Tourism Management, 2005, 26 (2): 157-172.

[66] Montfort M, Ren T, Sampawende J A T. A quality of growth index for developing countries: A proposal [J]. Social Indicators Research, 2017, 134 (2): 675-710.

[67] Moyle B, Moyle C, Ruhanen L, et al. Are we really progressing sustainable tourism research? A bibliometric analysis [J]. Journal of Sustainable Tourism, 2020, 29 (1): 106-122.

[68] Murphy J P. Clusters in regional tourism: An Australian case [J]. Annals of Tourism Research, 2006, 33 (4): 1018-1035.

[69] Nam J H, Lee T J. Foreign travelers' satisfaction with traditional Korean restaurants [J]. International Journal of Hospitality Management, 2011, 30 (4): 982-989.

[70] Narayan B. Dimensions of service quality in tourism-an Indian perspective [J]. Total Quality Management & Business Excellence, 2009, 20 (1): 61-89.

[71] Nenonen J K, Stepanova S V. Geological tourism development in the Finnish-Russian Borderland: The case of the cross-border geological route "Mining Road" [J]. Acta Geoturistica, 2018, 9 (1): 23-29.

[72] Neil L. The framework of tourism: Towards a definition of tourism, Tourist and theTourist Industry [J]. Annals of TourismResearch, 1979, 79 (10): 390-407.

[73] Nguyen P H. A fuzzy analytic hierarchy process (FAHP) based on SERVQUAL for hotel service quality management: Evidence from Vietnam [J]. Journal of Asian Finance Economics and Business, 2021, 8 (2): 1101-1109.

[74] Oden N L. Spatial Processes: Models & applications [M]. London: Pion Ltd, 1981.

[75] OECD. Towards green growth: Monitoring progress OECD indicators [R]. Paris: OECD Publishing, 2011.

[76] Oh C O. The contribution of tourism development to economic growth in the Korean economy [J]. Tourism Management, 2005 (26): 39-44.

[77] Ostrowski P L, O'Brien T V, Gordon G L. Service quality and customer loyalty in the commercial airline industry [J]. Journal of Marketing, 1993, 22 (2): 16-24.

[78] Palmer A, Martin O N. The effects of perceptual processes on the measurement of service quality [J]. Journal of Services Marketing, 2003, 17 (3): 254-274.

[79] Panasiuk A. Marketing concept of the brand in tourism [J]. Marketing Concept of the Brand in Tourism, 2006, 1 (6): 130-134.

[80] Parasuraman A, Zeithaml V A, Berry L L. A conceptual model of service quality and its implications for future research [J]. Journal of Marketing, 1985, 49 (4): 41-50.

[81] Parasuraman A, Zeithaml V A, Berry L, et al. A multiple item scale for measuring consumer perceptions of service quality [J]. Journal of Retailing, 1988, 64 (1): 12-37.

[82] Park J H, Lee C, Yoo C. An analysis of the utilization of Facebook by local Korean governments for tourism development and the network of smart tourism ecosystem [J]. International Journal of Information Management, 2016, 36 (6): 1320-1327.

[83] Peter K, Klaus W. A review of the 47th AIEST Congress quality and quality management in tourism: Towards a synthesis of the Congress [J]. Tourism Review, 1997, 52 (4): 2-6.

[84] Pike A, Rodríguez-Pose A, Tomaney J. Shifting horizons in local and regional development [J]. Regional Studies, 2017, 51 (1): 46-57.

[85] Pratt S. The economic impact of tourism in SIDS [J]. Annals of Tourism Research, 2015, 52 (5): 148-160.

[86] Pulido-Fernandez J I, Cardenas-Garcia P J, Espinosa-Pulido J A. Does environmental sustainability contribute to tourism growth? An analysis at the country level [J]. Journal of Cleaner Production, 2019, 213 (3): 309-319.

[87] Prokkola E K. Resources and barriers in tourism development: Cross-

border cooperation, regionalization and destination building at the Finnish-Swedish border [J]. Fennia-International Journal of Geography, 2010, 186 (1): 31-46.

[88] Pyo S. Quality research in tourism and hospitality: Perspectives and research agenda [J]. Journal of Quality Assurance in Hospitality & Tourism, 2000, 1 (1): 1-12.

[89] Radjenovic M. The quality of human resources in tourism and hospitality industry in Montenegro [J]. Transformations in Business & Economics, 2018 (2): 86-94.

[90] Romao J, Nijkamp P. Impacts of innovation, productivity and specialization on tourism competitiveness spatial econometric analysis on European regions [J]. Current Issues in Toruism, 2019, 22 (10): 1150-1169.

[91] Romer P M. Human capital and growth: Theory and evidence [J]. American Economic Review, 1990 (77): 56-62.

[92] Shafiq A, Mostafiz M I, Taniguchi M. Using SERVQUAL to determine Generation Y' s satisfaction towards hoteling industry in Malaysia [J]. Journal of Tourism Futures, 2019, 1 (5): 62-74.

[93] Smith S. Measurement of tourism's economic impacts [J]. Annals of Tourism Research, 2000, 27 (2): 530-531.

[94] Steene A. Quality and safety-two sides of the same coin in hospitality and tourism [J]. Tourism and Hospitality Management, 2009, 15 (2): 193-204.

[95] Tang C F, Tan E C. Does tourism effectively stimulate Malaysia's economic growth? [J]. Tourism Management, 2015 (46): 158-163.

[96] Theil H. Economics and information theory [M]. Amsterdam: North Holland Publishing Company, 1967.

[97] Tosun C. Roots of unsustainable tourism development at the local level: The case of Urgup in Turkey [J]. Tourism Management, 1998, 19 (6): 595-610.

[98] Vogt C A, Andereck K L, Pham K. Designing for quality of life and sustainability [J]. Annals of Tourism Research, 2020 (83): 102963.

[99] Wan Y, Li X. Sustainability of tourism development in Macao, China [J]. International Journal of Tourism Research, 2013, 15 (1): 52-65.

[100] Wan J, Yan J, Wang X, et al. Spatial-temporal pattern and its influencing factors on urban tourism competitiveness in city agglomerations across the Guanzhong Plain [J]. Sustainability, 2019 (11): 6743.

[101] Xu D, Huang Z F, Hou G L, et al. The spatial spillover effects of haze pollution on inbound tourism: Evidence from mid-eastern China [J]. Tourism Geographies, 2020, 22 (1): 1-22.

[102] Yakovchuk A A. Tourism industry development issues in the Arctic zone of the Russian Federation [J]. Arctic and North, 2020 (38): 56-72.

[103] Yang Y, Fik T. Spatial effects in regional tourism growth [J]. Annals of Tourism Research, 2014 (46): 144-162.

[104] Yu H, Fotheringham A S, Li Z, et al. Inference in multiscale geographically weighted regression [J]. Geographical Analysis, 2019, 52 (1): 87-106.

[105] Zhang S, Zhang G, Ju H. The spatial pattern and influencing factors of tourism development in the Yellow River Basin of China [J]. PLOS ONE, 2020, 15 (11): e0242029.

[106] Zhang X, Guo W, Bashir M B. Inclusive green growth and development of the high-quality tourism industry in China: The dependence on imports [J]. Sustainable Production and Consumption, 2021 (29): 57-78.

[107] 安树伟，李瑞鹏．黄河流域高质量发展的内涵与推进方略 [J]. 改革，2020 (1): 76-86.

[108] 敖荣军，韦燕生．中国区域旅游发展差异影响因素研究：来自1990—2003年的经验数据检验 [J]. 财经研究，2006 (3): 32-43.

[109] 白廷斌，WALL Geoffrey. 旅游与发展：一个分析框架的形成与演变 [J]. 旅游学刊，2010，25 (4): 13-19.

[110] [美] 保罗·萨缪尔森，威廉诺德豪斯．经济学 [M]. 萧琛，译．北京：华夏出版社，1999.

[111] 曹大伟，郝晓娟，高世颖，等．基于需求侧管理的冰雪产业高质量发展影响因素及进路选择［J］．体育文化导刊，2021（7）：7-13.

[112] 曹开军，王秘秘．中国美丽乡村空间格局演变及其影响因素［J］．地理科学，2022，42（8）：1446-1454.

[113] 曹诗图，郑宇飞，黄其新．基于旅游属性与本质的中国旅游起源探析［J］．地理与地理信息科学，2013，29（6）：95-99.

[114] 曾玉兰，沈克印．体育旅游业高质量发展的动力要素与实现路径［J］．体育文化导刊，2020（10）：84-91.

[115] 钞小静，薛志欣．新时代中国经济高质量发展的理论逻辑与实践机制［J］．西北大学学报（哲学社会科学版），2018（6）：12-22.

[116] 钞小静，薛志欣．以新经济推动中国经济高质量发展的机制与路径［J］．西北大学学报（哲学社会科学版），2020，50（1）：49-56.

[117] 陈超凡，王赟．连片特困区旅游扶贫效率评价及影响因素——来自罗霄山片区的经验证据［J］．经济地理，2020，40（1）：226-233.

[118] 陈锦龙，王良健，李晶晶．我国省际旅游业发展影响因素的空间计量研究［J］．旅游论坛，2011，4（2）：41-46，58.

[119] 陈景华，陈姚，陈敏敏．中国经济高质量发展水平、区域差异及分布动态演进［J］．数量经济技术经济研究，2020，37（12）：108-126.

[120] 陈敬敬，周艳丽，邓倩倩，等．文旅项目高质量发展实证分析——以沧州市为例［J］．全国流通经济，2021（2）：142-144.

[121] 陈强．计量经济学及 Stata 应用［M］．北京：高等教育出版社，2015.

[122] 陈万明，戴克清，王磊．旅游产业创新绩效影响因素研究——基于共享经济视角［J］．软科学，2018，32（5）：24-27，36.

[123] 陈晓艳，徐冬，黄睿，等．浙江省县域旅游经济增长的空间溢出效应［J］．地理科学进展，2020，39（9）：1512-1521.

[124] 陈秀琼，黄福才．中国旅游业发展质量的定量评价研究［J］．旅游学刊，2006（9）：59-63.

[125] 程圩，张澄．中国文化遗产竞争力指标体系构建与测评［J］．人

文地理，2021，36（3）：76-86.

[126] 程永生，张德元，赵梦婵．黄河流域生态保护和高质量发展的时空演变与驱动因素 [J]. 经济体制改革，2021（5）：61-69.

[127] 崔丹，李沅曦，吴殿廷．京津冀地区旅游经济增长的时空演化及影响因素 [J]. 地理学报，2022，77（6）：1391-1410.

[128] 崔佳琦，王文龙，邢金明．新发展格局下我国冰雪体育旅游产业高质量发展困境与路径探索 [J]. 体育文化导刊，2021（8）：7-13.

[129] 崔盼盼，赵媛，夏四友，等．黄河流域生态环境与高质量发展测度及时空耦合特征 [J]. 经济地理，2020，40（5）：49-57，80.

[130] 戴璐，白彩全，梁龙武．中国红色旅游政策实施对网络关注度的空间溢出效应——基于语义分析与空间计量的实证 [J]. 自然资源学报，2021，36（11）：2778-2796.

[131] 丁水平，林杰．地区经济发展对旅游增长影响的空间效应分析 [J]. 统计与决策，2018，34（15）：154-157.

[132] 方创琳．黄河流域城市群形成发育的空间组织格局与高质量发展 [J]. 经济地理，2020，40（6）：1-8.

[133] 方世敏，黄琰．长江经济带旅游效率与规模的时空演化及耦合协调 [J]. 地理学报，2020，75（8）：1757-1772.

[134] 丰晓旭，夏杰长．中国全域旅游发展水平评价及其空间特征 [J]. 经济地理，2018，38（4）：183-192.

[135] 冯烽，崔琳昊．高铁开通与站点城市旅游业发展："引擎"还是"过道？[J]. 经济管理，2020，42（2）：175-191.

[136] 冯娟，胡静，谢双玉，等．2020 中国旅游业发展报告 [M]. 北京：中国旅游出版社，2020.

[137] 傅云新，胡兵，王烨．中国 31 省市旅游竞争力时空演变分析 [J]. 经济地理，2012，32（6）：144-149.

[138] 高培勇，袁富华，胡怀国，等．高质量发展的动力、机制与治理 [J]. 经济研究，2020，55（4）：4-19.

[139] 高伟丽，程龙生．基于因子分析和空间计量模型的我国旅游业发

展的差异性分析 [J]. 数理统计与管理, 2014, 33 (1): 138-146.

[140] 耿松涛, 张鸿霞. 中国旅游业高质量发展: 战略使命、动力要素和推进路径 [J]. 宏观经济研究, 2022 (1): 91-101.

[141] 龚艳, 张阳, 唐承财. 长江经济带旅游业效率测度及影响因素研究 [J]. 华东经济管理, 2016, 30 (9): 66-74.

[142] 关伟, 许淑婷. 中国能源生态效率的空间格局与空间效应 [J]. 地理学报, 2015, 70 (6): 980-992.

[143] 国家发展改革委经济研究所课题组. 推动经济高质量发展研究 [J]. 宏观经济研究, 2019 (2): 5-17, 91.

[144] 韩瑛, 史庆斌, 冯文勇, 等. 山西省旅游业效率时空差异及影响因素研究 [J]. 干旱区资源与环境, 2019, 33 (7): 187-194.

[145] 郝淑双, 朱喜安. 中国区域绿色发展水平影响因素的空间计量 [J]. 经济经纬, 2019, 36 (1): 10-17.

[146] 何建民. 新时代我国旅游业高质量发展系统与战略研究 [J]. 旅游学刊, 2018, 33 (10): 9-11.

[147] 何昭丽, 王松茂. "一带一路" 沿线四大区域入境旅游全要素生产率的空间差异及溢出效应研究 [J]. 数量经济技术经济研究, 2020, 37 (6): 130-147.

[148] 胡静, 贾垚焱, 谢鸿璟. 旅游业高质量发展的核心要义与推进方向 [J]. 华中师范大学学报 (自然科学版), 2019, 9 (4): 1-11.

[149] 胡森林, 焦世泰, 张晓奇. 中国城市旅游发展的时空演化及影响因素——基于动态空间马尔可夫链模型的分析 [J]. 自然资源学报, 2021, 36 (4): 854-865.

[150] 黄睿, 黄震方, 靳诚, 等. 国内大循环背景下国内旅游发展的时空格局演化与影响因素——以江苏省县域尺度为例 [J]. 自然资源学报, 2022, 37 (2): 348-361.

[151] 黄秀琳. 惠众与公平: 未来旅游发展的终极诉求 [J]. 中国软科学, 2011 (3): 65-71.

[152] 黄远水, 宋子千. 论旅游业的概念、范围与层次 [J]. 河北工程

大学学报（社会科学版），2007（2）：8-10，13.

［153］纪晓萌，秦伟山，李世泰，等．中国地级单元旅游业发展效率格局及影响因素［J］．资源科学，2021，43（1）：185-196.

［154］贾垚焱，胡静，刘大均，等．中国省域生态—文化—旅游协调发展时空分异及影响因素研究［J］．世界地理研究，2021，30（3）：620-631.

［155］许思雨，薛鹏．中国经济高质量发展的内涵与评判：一个文献综述［J］．商业经济，2019（5）：132-134.

［156］简新华，聂长飞．论从高速增长到高质量发展［J］．社会科学战线，2019（8）：86-95.

［157］姜海宁，陆玉麒，吕国庆．江苏省入境旅游经济的区域差异研究［J］．旅游学刊，2009，24（1）：23-28.

［158］［苏］卡马耶夫．经济增长的速度和质量［M］．陈华山，左东官，等，译．武汉：湖北人民出版社，1983.

［159］柯晓兰．乡村旅游高质量发展的困境及路径优化——基于四川省17县（区）25个乡镇的调查［J］．资源开发与市场，2021，37（10）：1247-1255.

［160］雷莹，杨红．红色旅游景区高质量发展影响因素研究——基于DEMATEL-ISM-MICMAC方法［J］．云南财经大学学报，2021，37（6）：100-110.

［161］李冬花，张晓瑶，陆林，等．黄河流域高级别旅游景区空间分布特征及影响因素［J］．经济地理，2020，40（5）：70-80.

［162］李菲菲，耿修林，袁少茹．高质量发展背景下新丝绸之路经济带省域旅游产业竞争力生态位演化研究［J］．经济问题探索，2019（9）：30-40.

［163］李锋，万年庆，史本林，等．基于“环境—结构”集成视角的旅游产业脆弱性测度——以中国大陆31个省区市为例［J］．地理研究，2014，33（3）：569-581.

［164］李光勤，胡志高，曹建华．制度变迁与旅游经济增长——基于双重差分方法的“局改委”政策评估［J］．旅游学刊，2018，33（1）：13-24.

［165］李国兵，田亚平．珠三角旅游资源竞争力与旅游业发展水平的效度分析［J］．经济地理，2019，39（3）：218-224，239.

[166] 李金昌，史龙梅，徐蔼婷．高质量发展评价指标体系探讨 [J]．统计研究，2019，36 (1)：4-14.

[167] 李林山，赵宏波，郭付友，等．黄河流域城市群产业高质量发展时空格局演变研究 [J]．地理科学，2021，41 (10)：1751-1762.

[168] 李霖，吴凡．空间数据多尺度表达模型及其可视化 [M]．北京：科学出版社，2004.

[169] 李梦欣，任保平．新时代中国高质量发展的综合评价及其路径选择 [J]．财经科学，2019 (5)：26-40.

[170] 李鹏，邓爱民．"双循环"新发展格局下旅游业发展路径与策略 [J]．经济与管理评论，2021，37 (5)：21-30.

[171] 李淑娟，王彤，高宁．我国滨海城市旅游发展质量演化特征研究 [J]．经济与管理评论，2019，35 (3)：147-160.

[172] 李天元，旅游学概论（第七版） [M]．天津：南开大学出版社，2014.

[173] 李细归，吴清，周勇．中国省域旅游生态安全时空格局与空间效应 [J]．经济地理，2017，37 (3)：210-217.

[174] 李志远，夏赞才．长江经济带旅游业高质量发展水平测度及失配度时空格局探究 [J]．南京师大学报（自然科学版），2021，44 (4)：33-42.

[175] 厉新建，宋昌耀．文化和旅游融合高质量发展：逻辑框架与战略重点 [J]．华中师范大学学报（自然科学版），2022，56 (1)：35-42.

[176] 林兆木．关于我国经济高质量发展的几点认识 [N]．人民日报，2018-01-17 (7)．

[177] 刘冰洁，曾嘉悦，赵彦云．旅游产业的政策量化及其影响分析 [J]．经济问题探索，2021 (12)：71-82.

[178] 刘昌雪，汪德根．城市创意旅游资源空间效应及发展模式——以苏州市中心城区为例 [J]．地理研究，2016，35 (5)：977-991.

[179] 刘春济，冯学钢，高静．中国旅游产业结构变迁对旅游经济增长的影响 [J]．旅游学刊，2014，29 (8)：37-49.

[180] 刘大均，谢双玉，逯付荣．中国旅游业发展质量空间差异综合分

析［J］. 资源开发与市场，2012，28（8）：761-763.

［181］刘汉，宋海岩，王永莲．入境旅游人数、收入与我国经济增长——基于混频 Granger 因果关系检验的实证研究［J］. 经济管理，2016，38（9）：149-160.

［182］刘家明．创建全域旅游的背景、误区与抓手［J］. 旅游学刊，2016，31（12）：7-9.

［183］刘嘉毅，夏鑫．国外旅游质量研究进展与启示［J］. 经济问题探索，2012（10）：100-106.

［184］刘建国．北京市旅游发展绩效格局及其空间效应［J］. 干旱区资源与环境，2016，30（9）：196-202.

［185］刘军，李庆婕，刘兴智．旅游人才结构对区域旅游经济增长的效应研究［J］. 经济与管理评论，2018，34（6）：151-160.

［186］刘琳轲，梁流涛，高攀，等．黄河流域生态保护与高质量发展的耦合关系及交互响应［J］. 自然资源学报，2021，36（1）：176-195.

［187］刘秋艳，吴新年．多要素评价中指标权重的确定方法评述［J］. 知识管理论坛，2017，2（6）：500-510.

［188］刘瑞明，李林，亢延锟，等．景点评选、政府公共服务供给与地区旅游经济发展［J］. 中国工业经济，2018（2）：118-136.

［189］刘树成．论又好又快发展［J］. 经济研究，2007（6）：4-13.

［190］刘晓静，梁留科．旅游社会公平及其评价指标体系研究［J］. 武汉科技大学学报（社会科学版），2015，17（4）：438-443.

［191］刘英基，韩元军．要素结构变动、制度环境与旅游经济高质量发展［J］. 旅游学刊，2020，35（3）：28-38.

［192］刘瑜，汪珂丽，邢潇月，等．地理分析中的空间效应［J］. 地理学报，2023，78（3）：517-531.

［193］刘雨婧，唐健雄．中国旅游业高质量发展水平测度及时空演化特征［J］. 统计与决策，2022，38（5）：91-96.

［194］刘振锋，薛东前，庄元，等．文化产业空间尺度效应研究——以西安市为例［J］. 地理研究，2016，35（10）：1963-1972.

［195］刘中艳，罗琼．省域城市旅游竞争力测度与评价——以湖南省为例［J］．经济地理，2015，35（4）：186-192.

［196］龙志，曾绍伦．生态文明视角下旅游发展质量评估及高质量发展路径实证研究［J］．生态经济，2020，36（4）：122-128，162.

［197］陆大道，孙东琪．黄河流域的综合治理与可持续发展［J］．地理学报，2019，74（12）：2431-2436.

［198］罗文斌，徐飞雄，贺小荣．旅游发展与经济增长、第三产业增长动态关系——基于中国 1978~2008 数据的实证检验［J］．旅游学刊，2012，27（10）：20-26.

［199］吕腾捷．旅游业高质量发展的测度与促进［D］．北京：中国社会科学院研究生院，2020.

［200］《旅游概论编》写组，旅游概论［M］．天津：天津人民出版社，1983.

［201］马波，高丽鑫，寇敏．旅游业高质量发展的微观机理探析——以旅游性价比为中心［J］．华中师范大学学报（自然科学版），2022，56（1）：16-24.

［202］马海涛，徐楦钫．黄河流域城市群高质量发展评估与空间格局分异［J］．经济地理，2020，40（4）：11-18.

［203］马慧强，燕明琪，李岚，等．我国旅游公共服务质量时空演化及形成机理分析［J］．经济地理，2018，38（3）：190-199.

［204］毛军，石信秋．旅游产业发展的减贫效应与空间政策选择［J］．中国软科学，2021（2）：90-97.

［205］孟庆雷．中国边境贸易与边境旅游耦合发展水平评价及空间效应研究［J］．北方民族大学学报，2021（6）：31-39.

［206］苗长虹，张佰发．黄河流域高质量发展分区分级分类调控策略研究［J］．经济地理，2021，41（10）：143-153.

［207］穆学青，郭向阳，明庆忠，等．黄河流域旅游生态安全的动态演变特征及驱动因素［J］．地理学报，2022，77（3）：714-735.

［208］倪向丽．我国省际旅游产业竞争力因子聚类评估［J］．统计与决

策，2018，34（21）：54-56.

［209］潘秋玲，宋玉强，陈乐，等．陕西省县域旅游效率的空间格局及影响因素［J］．自然资源学报，2021，36（4）：866-878.

［210］屈小爽，徐文成．旅游业与生态环境协调及高质量发展——基于黄河流域研究［J］．技术经济与管理研究，2021（10）：123-128.

［211］任保平，杜宇翔．黄河流域经济增长—产业发展—生态环境的耦合协同关系［J］．中国人口·资源与环境，2021，31（2）：119-129.

［212］任保平，宋雪纯．以新发展理念引领中国经济高质量发展的难点及实现路径［J］．经济纵横，2020（6）：45-54.

［213］任保平，赵通．高质量发展的核心要义与政策取向［J］．红旗文稿，2019（13）：23-25.

［214］任保平．经济增长质量的内涵、特征及其度量［J］．黑龙江社会科学，2012（3）：50-53.

［215］任保平．新时代中国经济从高速增长转向高质量发展：理论阐释与实践取向［J］．学术月刊，2018，50（3）：66-74，86.

［216］阮文奇，郑向敏，李勇泉，等．中国入境旅游的“胡焕庸线”空间分布特征及驱动机理研究［J］．经济地理，2018，38（3）：181-189，199.

［217］沈体雁，于瀚辰，周麟，等．北京市二手住宅价格影响机制——基于多尺度地理加权回归模型（MGWR）的研究［J］．经济地理，2020，40（3）：75-83.

［218］生延超．旅游产业结构优化对区域旅游经济增长贡献的演变［J］．旅游学刊，2012，27（10）：11-19.

［219］盛广耀．黄河流域城市群高质量发展的基本逻辑与推进策略［J］．中州学刊，2020（7）：21-27.

［220］石培华，翟燕霞．改革开放以来的中国旅游业：演进历程、伟大成就及经验模式——基于WSR系统方法论视角［J］．西南民族大学学报（人文社会科学版），2022，43（1）：23-35.

［221］石培华，翟燕霞．文旅融合视野下文物保护利用与创新路径研究——以黄河流域为例［J］．广西师范大学学报（哲学社会科学版），2021：

1-14.

［222］石燕，詹国辉．文旅融合高质量发展的指数建构、影响因素与提升策略——以江苏为例［J］．南京社会科学，2021（7）：165-172.

［223］舒伯阳，蒋月华，刘娟．新时代乡村旅游高质量发展的理论思考及实践路径［J］．华中师范大学学报（自然科学版），2022，56（1）：73-82.

［224］宋长海．旅游业发展质量评价指标体系构建与指数编制方法［J］．统计与决策，2016（5）：39-42.

［225］苏建军，孙根年．要素禀赋结构升级对旅游经济发展的影响与地区差异［J］．宁夏社会科学，2017（3）：71-80.

［226］孙根年，潘潘．陕西十地市旅游业发展的地区差异及其影响因素分析［J］．干旱区资源与环境，2013，27（11）：184-191.

［227］孙豪，桂河清，杨冬．中国省域经济高质量发展的测度与评价［J］．浙江社会科学，2020（8）：4-14，155.

［228］孙晓，刘力钢，陈金．中国旅游经济高质量发展的测度［J］．统计与决策，2021（17）：126-130.

［229］唐任伍，徐道明．新时代高质量旅游业发展的动力和路径［J］．旅游学刊，2018，33（10）：11-13.

［230］唐业喜，左鑫，伍招妃，等．旅游经济高质量发展评价指标体系构建与实证——以湖南省为例［J］．资源开发与市场，2021，37（6）：641-647.

［231］田瑾，明庆忠．旅游扶贫效率与空间溢出效应测度［J］．统计与决策，2021，37（20）：85-89.

［232］田里，隋普海，杨懿．旅游发展与经济增长关系研究述评——基于近20年CSSCI期刊载文［J］．资源开发与市场，2018，34（6）：862-867.

［233］田小波，胡静，徐欣等．历史时期全国重点文物保护单位时空分布特征及影响机理［J］．经济地理，2021，41（1）：191-201.

［234］童昀，刘海猛，马勇，等．中国旅游经济对城市绿色发展的影响及空间溢出效应［J］．地理学报，2021，76（10）：2504-2521.

［235］涂人猛．旅游地域系统及发展模式研讨［J］．开发研究，1994

(3): 26-28.

[236] 王德刚.互联网对旅游业创新能力提升的促进作用 [J].旅游学刊, 2016, 31 (5): 7-8.

[237] 王慧娴, 张辉.市场主导视角下的中国旅游业多主体改革研究 [J].经济问题, 2014 (10): 122-129.

[238] 王晶晶, 谢超颖, 周发明.中国旅游产业减贫的空间溢出效应的实证检验 [J].统计与决策, 2021, 37 (8): 107-111.

[239] 王俊, 夏杰长.中国省域旅游经济空间网络结构及其影响因素研究——基于 QAP 方法的考察 [J].旅游学刊, 2018, 33 (9): 13-25.

[240] 王开泳, 张鹏岩, 丁旭生.黄河流域旅游经济的时空分异与 R/S 分析 [J].地理科学, 2014, 34 (3): 295-301.

[241] 王坤, 黄震方, 曹芳东, 等.泛长江三角洲城市旅游绩效空间格局演变及其影响因素 [J].自然资源学报, 2016, 31 (7): 1149-1163.

[242] 王坤, 黄震方, 曹芳东, 等.泛长江三角洲城市旅游经济发展的空间效应 [J].长江流域资源与环境, 2016, 25 (7): 1016-1023.

[243] 王昆欣.旅游、旅游业和旅游学的认识与辨析 [J].旅游研究, 2012, 4 (1): 1-5.

[244] 王庆, 林卿.新时代森林旅游高质量发展的现实困境与实施路径研究 [J].生态经济, 2021, 37 (10): 137-143, 163.

[245] 王少剑, 王洋, 赵亚博.1990 年来广东区域发展的空间溢出效应及驱动因素 [J].地理学报, 2015, 70 (6): 965-979.

[246] 王胜鹏, 乔花芳, 冯娟, 等.黄河流域旅游生态效率时空演化及其与旅游经济互动响应 [J].经济地理, 2020, 40 (5): 81-89.

[247] 王松茂, 褚玉静, 郭安禧, 等."一带一路"沿线重点省份旅游经济高质量发展研究——基于旅游资源转换效率的测度 [J].地理科学, 2020, 40 (9): 1505-1512.

[248] 王松茂, 何昭丽, 郭英之, 等.旅游减贫具有空间溢出效应吗? [J].经济管理, 2020, 42 (5): 103-119.

[249] 王新越, 芦雪静, 朱文亮.我国主要旅游城市旅游业发展影响因

素分析与评价［J］. 经济地理，2020，40（5）：198-209.

［250］王雄青，胡长生．文旅融合背景下红色文化旅游高质量发展路径研究——基于江西的视角［J］. 企业经济，2020，39（11）：100-107.

［251］王秀伟，李晓军．中国乡村旅游重点村的空间特征与影响因素［J］. 地理学报，2022，77（4）：900-917.

［252］王一鸣．百年大变局、高质量发展与构建新发展格局［J］. 管理世界，2020，36（12）：1-13.

［253］王永明，马耀峰，王美霞．上海入境旅游流对长江流域各省区空间场效应研究［J］. 经济地理，2010，30（5）：854-858.

［254］王勇．高质量发展视角下推动乡村旅游发展的路径思考［J］. 农村经济，2020（8）：75-82.

［255］王兆峰，刘庆芳．中国省域旅游效率空间网络结构演化及其影响因素［J］. 地理科学，2021，41（3）：397-406.

［256］王兆峰，谢佳亮，吴卫．环长株潭城市群旅游业高质量发展水平变化及其影响因素［J］. 经济地理，2022，42（3）：172-181，221.

［257］王兆峰．科技创新驱动旅游产业发展能力的时空分异特征研究——以湖南武陵山片区为例［J］. 湖南师范大学社会科学学报，2019，48（1）：69-75.

［258］魏俊，胡静，朱磊，等．鄂皖两省旅游发展效率时空演化及影响机理［J］. 经济地理，2018，38（8）：187-195.

［259］魏敏，李书昊，徐杰．高质量发展背景下中国省际旅游竞争力再测度——基于PROMETHEE方法［J］. 商业研究，2020（2）：91-100.

［260］吴良平，胡健敏，张健．中国省域入境旅游发展的空间计量建模与影响因素效应研究［J］. 旅游学刊，2020，35（3）：14-27.

［261］吴姗姗，王录仓，刘海洋．黄河流域旅游流网络结构特征研究［J］. 经济地理，2020，40（10）：202-212.

［262］吴桐，江文，沈道权，等．西部地区旅游业发展质量评价及空间相关性分析［J］. 华中师范大学学报（自然科学版），2022，56（3）：437-444.

［263］吴杨，倪欣欣，马仁锋．入境旅游影响因素及其空间效应计量——

以上海市为例［J］．财经科学，2016（3）：122-132.

［264］吴媛媛，宋玉祥．中国旅游经济空间格局演变特征及其影响因素分析［J］．地理科学，2018，38（9）：1491-1498.

［265］吴玉鸣．旅游经济增长及其溢出效应的空间面板计量经济分析［J］．旅游学刊，2014，29（2）：16-24.

［266］伍凤兰．经济发展质量的综合评价研究——以深圳市为例［J］．证券市场导报，2014（2）：42-46.

［267］席建超，刘孟浩．中国旅游业基本国情分析［J］．自然资源学报，2019，34（8）：1569-1580.

［268］夏杰长，周玉林．旅游业是最具发展潜力的幸福产业［J］．社会科学家，2019（5）：3-6，161.

［269］夏赞才，邹泉，罗文斌，等．中国省域旅游业效率时空演变分析［J］．统计与决策，2020，36（8）：62-66.

［270］肖凡，王姣娥，黄宇金，等．中国高新技术企业分布影响因素的空间异质性与尺度效应［J］．地理研究，2022，41（5）：1338-1351.

［271］肖刚．长江经济带城市旅游科技创新差异的时空格局演变研究［J］．世界地理研究，2020，29（4）：825-833.

［272］肖黎明，王彦君，郭瑞雅．乡愁视域下乡村旅游高质量发展的空间差异及演变——基于黄河流域的检验［J］．旅游学刊，2021，36（11）：13-25.

［273］肖妮，黄悦，刘继生．中国本土主题公园旅游体验质量评价及空间分异特征研究［J］．地理科学，2019，39（6）：978-986.

［274］谢爱良，陆相林．旅游创新竞争力评价指标体系的构建与影响因素分析［J］．统计与决策，2020，36（18）：65-68.

［275］谢朝武，樊玲玲，吴贵华．黄河流域城市旅游效率的空间网络结构及其影响因素分析［J］．华中师范大学学报（自然科学版），2022，56（1）：146-157.

［276］谢珈，马晋文，朱莉．乡村振兴背景下我国乡村文化旅游高质量发展的思考［J］．企业经济，2019，38（11）：88-92.

［277］徐爱萍．我国旅游业高质量发展评价及影响因素研究［D］．上海：

华东师范大学，2021.

［278］徐冬，黄震方，胡小海，等．浙江省县域旅游效率空间格局演变及其影响因素［J］．经济地理，2018，38（5）：197-207.

［279］徐冬，黄震方，黄睿．基于空间面板计量模型的雾霾对中国城市旅游流影响的空间效应［J］．地理学报，2019，74（4）：814-830.

［280］徐辉，师诺，武玲玲，等．黄河流域高质量发展水平测度及其时空演变［J］．资源科学，2020，42（1）：115-126.

［281］徐建华．计量地理学［M］．北京：高等教育出版社，2006.

［282］许贤棠．长江经济带旅游发展绩效的空间格局演化、机理与优化［D］．武汉：华中师范大学，2016.

［283］杨德进，徐虹．互联网新动能激发旅游业七大战略性变革［J］．旅游学刊，2016，31（5）：1-3.

［284］杨立勋，陈晶，程志富．西北五省区旅游产业绩效影响因素分析——基于面板数据分位数回归［J］．旅游学刊，2013，28（8）：94-101.

［285］杨丽，陈季君，时朋飞，等．红色旅游发展效率评价及影响因素研究——以黔北黔西红色旅游区为例［J］．自然资源学报，2021，36（11）：2763-2777.

［286］杨淋杰，李翠林，车国庆．中国旅游内外循环效率的区域差异及分布动态演进［J］．统计与决策，2021，37（21）：57-61.

［287］杨新军，马晓龙，霍云霈．旅游产业部门结构合理性的SSM分析——以陕西省为例［J］．人文地理，2005（1）：49-52.

［288］杨永春，穆焱杰，张薇．黄河流域高质量发展的基本条件与核心策略［J］．资源科学，2020，42（3）：409-423.

［289］杨勇．互联网促进旅游业提质增效了吗？——基于我国省级面板数据的实证分析［J］．旅游学刊，2020，35（1）：32-46.

［290］叶建赓，PoJu Chen，陶柯方．云南省旅游产业发展质量评价指标体系构建［J］．统计与决策，2019，35（9）：56-59.

［291］于法稳，黄鑫，岳会．乡村旅游高质量发展：内涵特征、关键问题及对策建议［J］．中国农村经济，2020（8）：27-39.

[292] 于洪雁，王群勇，张博，等．中国旅游供需耦合协调发展的空间分异及驱动机制研究［J］．地理科学，2020，40（11）：1889-1898.

[293] 余凤龙，黄震方，曹芳东．制度变迁对中国旅游经济增长的贡献——基于市场化进程的视角［J］．旅游学刊，2013，28（7）：13-21.

[294] 余宇芬，董姝娜，李家源．吉林省森林旅游业高质量发展水平测度的灰色关联分析［J］．长春师范大学学报，2021，40（6）：82-89.

[295] 虞虎，陆林，朱冬芳．长江三角洲城市旅游与城市发展协调性及影响因素［J］．自然资源学报，2012，27（10）：1746-1757.

[296] 岳蕾阳．新发展格局下民族地区旅游业发展的路径分析［J］．人民论坛，2021（2）：71-73.

[297] 岳立，雷燕燕．中国旅游资源绿色转换效率的时空演化及影响因素研究［J］．统计与决策，2021，37（22）：41-45.

[298] 张爱平，钟林生，徐勇，等．中国省际旅游发展质量特征及空间差异［J］．地理科学，2015，35（3）：283-292.

[299] 张朝枝，杨继荣．基于可持续发展理论的旅游高质量发展分析框架［J］．华中师范大学学报（自然科学版），2022，56（1）：43-50.

[300] 张城铭，翁时秀，保继刚．1978 年改革开放以来中国旅游业发展的地理格局［J］．地理学报，2019，74（10）：1980-2000.

[301] 张贡生．黄河流域生态保护和高质量发展：内涵与路径［J］．哈尔滨工业大学学报（社会科学版），2020，22（5）：119-128.

[302] 张广瑞．旅游真是产业吗？［J］．旅游学刊，1996（1）：68-70.

[303] 张广瑞．中国旅游发展新常态的发展理念与战略选择［J］．旅游学刊，2015，30（4）：1-3.

[304] 张洪昌．新时代旅游业高质量发展的治理逻辑与制度创新［J］．当代经济管理，2019，41（9）：60-66.

[305] 张建威，黄茂兴．黄河流域经济高质量发展与生态环境耦合协调发展研究［J］．统计与决策，2021，37（16）：142-145.

[306] 张军扩，侯永志，刘培林，等．高质量发展的目标要求和战略路径［J］．管理世界，2019，35（7）：1-7.

［307］张瑞英，席建超，葛全胜．1996—2013年中国入境旅游市场时空演变研究：结构效应与空间效应［J］．地域研究与开发，2014，33（6）：80-85.

［308］张卫民．基于熵值法的城市可持续发展评价模型［J］．厦门大学学报（哲学社会科学版），2004（2）：109-115.

［309］张新成，梁学成，宋晓，等．黄河流域旅游产业高质量发展的失配度时空格局及成因分析［J］．干旱区资源与环境，2020，34（12）：201-208.

［310］张亚林．旅游地域系统及其构成初探［J］．地理学与国土研究，1989（2）：39-43.

［311］张瑜，任以胜，陆林，等．入境旅游集聚对城乡居民收入差距的空间效应——基于空间计量模型分析［J］．世界地理研究，2021，30（5）：1061-1072.

［312］张祝平．以文旅融合理念推动乡村旅游高质量发展：形成逻辑与路径选择［J］．南京社会科学，2021（7）：157-164.

［313］钟士恩，张捷，尹力杰，等．从旅游业发展质量看中国旅游现象与问题：兼探讨“游赏理念”的学科意义［J］．人文地理，2014，29（6）：125-132，116.

［314］周丽，蔡张瑶，黄德平．西部民族地区乡村旅游高质量发展的现实需求、丰富内涵和实现路径［J］．农村经济，2021（6）：137-144.

［315］周铭扬，缪律，严鑫．我国体育旅游产业高质量发展研究［J］．体育文化导刊，2021（4）：8-13.

［316］周强，薛海燕，马效．旅游产业发展影响因素的区域差异研究——基于中国省际面板数据的分析［J］．城市发展研究，2018，25（1）：12-17.

［317］朱鹤，刘家明．中国东部地区旅游业竞争力研究——基于时序全局主成分分析法［J］．地域研究与开发，2015，34（5）：100-104.

［318］左冰，蔡书漫，杨艺，等．旅游产业网络拓扑结构演进与旅游经济增长：阳朔案例［J］．旅游学刊，2020，35（6）：25-39.

［319］左鑫，唐业喜，袁媛，等．张家界旅游经济高质量发展评价及阻碍因素研究［J］．统计与管理，2021，36（6）：110-115.

附录1　黄河流域省域旅游业高质量发展水平计算结果

附表1.1　省域旅游业高质量发展综合维度及分维度水平

类别	年份	山西	内蒙古	山东	河南	四川	陕西	甘肃	青海	宁夏
旅游业高质量发展综合水平	2010	20.75	19.72	33.18	20.88	23.98	19.63	14.00	13.03	16.21
	2011	20.43	20.61	33.17	22.00	26.82	22.91	15.41	17.77	16.92
	2012	23.79	23.27	34.20	24.51	32.39	24.26	17.44	28.90	17.57
	2013	23.08	25.12	28.28	20.62	25.09	23.14	16.53	24.23	16.47
	2014	24.04	26.16	32.03	22.16	25.92	23.77	18.60	17.75	18.11
	2015	27.18	29.76	30.85	22.70	29.01	26.01	19.29	20.06	18.42
	2016	34.43	34.68	28.83	23.75	29.68	26.55	19.50	20.84	19.92
	2017	37.45	36.70	32.91	26.81	33.91	30.59	26.09	24.96	22.44
	2018	38.61	38.64	33.78	28.05	33.41	32.92	28.49	27.64	23.04
	2019	39.84	37.88	35.46	31.33	35.65	36.65	31.12	32.74	24.11
旅游经济产业高质量发展水平	2010	11.95	8.82	21.13	14.30	17.07	11.77	7.74	3.51	4.72
	2011	12.05	8.61	20.99	15.00	19.68	13.79	9.14	6.46	5.40
	2012	15.27	9.65	21.64	17.47	25.21	14.62	10.22	17.99	6.35
	2013	14.94	10.17	16.23	15.06	17.90	13.65	9.12	13.38	4.62
	2014	15.24	11.26	19.67	15.29	18.76	12.63	9.19	5.70	4.88
	2015	18.28	13.24	17.47	15.54	20.75	13.54	9.64	6.86	4.99
	2016	23.65	16.00	14.99	15.26	21.70	14.87	9.82	8.05	6.45
	2017	28.06	17.67	18.32	17.45	23.86	17.69	14.09	8.58	7.61
	2018	28.53	18.74	18.37	17.89	22.35	19.75	15.58	9.55	6.58
	2019	28.98	17.17	20.55	20.56	23.00	22.54	17.62	10.77	6.29

续表

类别	年份	山西	内蒙古	山东	河南	四川	陕西	甘肃	青海	宁夏
旅游社会事业高质量发展水平	2010	8.79	10.90	12.05	6.58	6.91	7.86	6.26	9.52	11.49
	2011	8.37	12.00	12.18	7.00	7.14	9.11	6.27	11.31	11.52
	2012	8.52	13.62	12.57	7.04	7.18	9.64	7.22	10.91	11.22
	2013	8.14	14.94	12.04	5.55	7.18	9.49	7.40	10.85	11.85
	2014	8.80	14.90	12.36	6.87	7.17	11.14	9.41	12.04	13.22
	2015	8.90	16.52	13.38	7.16	8.26	12.46	9.66	13.19	13.43
	2016	10.78	18.68	13.84	8.49	7.98	11.68	9.68	12.79	13.48
	2017	9.39	19.02	14.59	9.35	10.06	12.90	11.99	16.37	14.83
	2018	10.08	19.89	15.41	10.17	11.06	13.17	12.92	18.10	16.46
	2019	10.86	20.71	14.91	10.78	12.65	14.11	13.50	21.97	17.82

附录2　黄河流域市域旅游业高质量发展水平计算结果

附表 2.1　市域旅游业高质量发展综合水平

地级单元	2010 年	2011 年	2012 年	2013 年	2014 年	2015 年	2016 年	2017 年	2018 年	2019 年
西宁市	17.79	19.17	20.34	21.66	22.81	25.59	26.94	28.61	31.42	32.83
海东市	10.03	10.92	11.67	12.54	12.72	14.15	15.03	15.79	17.38	19.25
海北州	11.53	11.98	12.43	13.73	15.85	17.36	18.50	20.99	23.89	30.08
黄南州	10.42	10.74	11.83	12.24	13.59	15.16	16.30	18.09	19.26	20.01
海南州	9.69	10.56	12.34	12.26	13.31	15.61	16.45	18.21	18.93	20.80
果洛州	9.00	12.01	10.34	11.05	12.24	13.68	14.54	14.82	14.15	14.86
玉树州	7.77	8.47	8.11	8.33	9.88	10.74	11.53	13.06	14.77	15.19
阿坝州	23.83	29.67	33.32	32.33	35.06	35.68	38.24	33.53	29.39	32.86
兰州市	15.94	17.10	18.73	19.96	20.59	21.35	23.39	27.34	27.00	30.33
白银市	11.92	13.03	13.77	15.03	13.85	14.90	15.22	16.09	18.65	18.65
天水市	14.18	15.65	24.95	16.11	16.52	17.82	18.36	20.87	22.37	23.51
平凉市	13.79	13.60	14.61	15.13	16.04	17.43	17.96	19.38	21.59	21.59
庆阳市	12.61	12.77	13.30	14.01	13.62	14.11	14.11	14.28	16.44	16.70
定西市	11.14	11.27	13.15	12.62	12.87	13.33	13.87	14.28	16.21	15.60
临夏州	12.05	12.65	13.42	14.34	14.99	16.14	17.07	20.25	22.58	24.82
甘南州	21.43	22.07	23.32	24.24	25.19	27.87	28.67	30.05	31.37	32.78
银川市	18.50	19.15	19.33	18.93	20.37	21.27	22.52	22.67	22.75	22.45
石嘴山市	11.78	12.65	12.92	14.00	14.79	14.14	13.69	15.45	15.54	15.65

续表

地级单元	2010 年	2011 年	2012 年	2013 年	2014 年	2015 年	2016 年	2017 年	2018 年	2019 年
吴忠市	10.89	11.28	11.83	12.76	13.14	12.26	13.03	16.52	14.26	15.52
固原市	10.74	10.72	10.78	11.64	12.78	12.54	15.10	16.10	16.98	18.20
中卫市	10.31	11.30	12.21	13.15	13.57	13.42	13.60	16.52	17.04	17.18
呼和浩特市	21.14	21.98	22.60	23.18	24.08	26.20	34.80	35.01	33.31	36.24
包头市	15.32	15.20	16.20	17.05	18.09	19.45	25.63	23.43	24.81	24.12
乌海市	12.04	14.01	14.56	15.42	16.44	18.28	20.20	22.54	23.75	23.24
鄂尔多斯市	18.14	20.36	23.55	23.96	25.49	26.18	27.97	31.76	31.54	33.23
巴彦淖尔市	10.24	12.04	12.31	13.64	14.10	15.19	15.79	16.88	17.76	16.97
阿拉善盟	18.28	19.66	21.43	23.60	25.89	30.31	31.51	38.69	42.91	45.57
太原市	20.78	22.52	23.19	23.22	23.42	23.17	28.81	27.57	26.77	29.22
长治市	15.60	16.60	17.57	18.04	19.31	20.43	23.56	24.66	24.43	28.53
晋城市	16.64	16.15	18.42	18.47	19.06	19.94	22.46	26.31	25.92	30.60
朔州市	15.09	15.66	16.18	16.28	16.95	16.80	19.56	21.79	22.37	25.16
晋中市	16.79	17.45	20.35	22.24	24.55	25.46	31.90	33.02	32.80	39.88
运城市	15.63	16.59	17.56	18.30	18.78	19.35	23.96	25.84	26.99	31.27
忻州市	17.35	16.86	18.41	19.89	20.52	20.72	23.94	26.14	25.70	30.90
临汾市	15.78	16.82	17.35	17.45	18.68	18.58	22.45	25.74	27.66	32.34
吕梁市	11.96	13.26	14.19	14.44	15.18	16.32	19.90	23.07	22.79	26.70
西安市	30.10	30.84	36.14	37.29	34.63	37.40	37.64	36.67	38.18	41.05
铜川市	13.77	15.84	17.11	18.32	19.24	20.59	21.19	22.39	24.14	24.50
宝鸡市	17.43	19.25	20.33	22.11	22.55	23.45	24.31	25.76	28.26	29.34
咸阳市	13.93	15.24	16.79	17.19	15.95	16.69	17.44	17.97	18.94	21.73
渭南市	14.11	16.37	17.72	17.89	17.46	19.10	19.31	20.91	22.43	22.66
延安市	15.33	16.97	18.49	20.58	20.92	22.45	24.21	24.86	28.09	28.07
榆林市	11.04	11.60	13.36	13.55	13.27	14.47	14.73	14.63	16.45	16.08
商洛市	14.86	16.60	18.34	18.63	19.08	19.55	19.51	21.60	23.03	24.34
郑州市	23.92	24.57	25.82	28.18	22.25	24.14	24.54	26.16	27.48	27.44
开封市	15.99	16.73	17.58	17.77	16.83	17.71	19.58	21.37	23.56	24.37

续表

地级单元	2010 年	2011 年	2012 年	2013 年	2014 年	2015 年	2016 年	2017 年	2018 年	2019 年
洛阳市	20.72	21.99	23.66	26.27	25.04	27.55	28.16	30.33	31.28	32.23
新乡市	12.37	13.10	13.83	14.46	14.11	14.82	15.30	16.35	16.88	17.68
焦作市	16.17	17.60	18.30	19.02	18.44	18.68	19.48	19.91	20.01	20.51
濮阳市	9.74	10.35	10.12	11.11	10.91	11.56	12.93	12.61	13.45	14.01
三门峡市	15.34	16.60	17.43	18.18	18.57	18.63	19.34	20.62	21.41	22.89
济南市	25.08	25.25	26.69	26.63	25.06	25.32	21.83	26.06	28.36	28.69
淄博市	28.02	29.90	30.78	31.13	21.11	22.05	21.87	25.33	26.30	28.42
东营市	14.35	15.15	16.66	17.15	17.35	17.58	18.03	17.73	18.73	21.18
济宁市	20.07	19.97	21.04	21.83	21.30	21.80	20.19	24.33	24.81	26.20
泰安市	20.42	21.58	22.61	23.30	22.17	23.10	21.98	26.38	27.08	28.99
德州市	13.11	14.78	16.44	16.79	14.47	14.94	14.61	15.46	15.69	16.22
聊城市	13.35	13.74	15.00	15.78	14.02	13.70	13.28	14.74	15.28	16.13
滨州市	13.42	14.25	14.72	15.46	15.66	14.44	13.84	15.14	16.57	17.29
菏泽市	14.46	14.83	15.75	13.15	13.52	13.41	12.99	14.49	15.23	15.75

附表 2.2　市域旅游经济产业高质量发展水平

地级单元	2010 年	2011 年	2012 年	2013 年	2014 年	2015 年	2016 年	2017 年	2018 年	2019 年
西宁市	6.85	7.50	8.10	8.91	8.66	9.29	9.95	10.99	12.14	12.58
海东市	3.64	4.06	4.61	4.77	4.65	5.01	5.49	5.71	6.33	7.05
海北州	2.67	3.05	3.20	4.14	5.21	5.64	6.20	8.15	10.18	15.44
黄南州	3.60	3.53	4.19	4.16	4.51	4.83	5.39	5.73	6.04	5.88
海南州	1.88	2.51	3.91	3.37	3.45	4.52	4.76	5.52	5.94	7.10
果洛州	2.70	4.04	2.14	2.53	2.87	3.40	3.79	3.93	2.56	2.79
玉树州	1.81	2.61	2.05	2.14	3.28	3.59	4.26	4.76	6.02	5.94
阿坝州	14.93	18.52	22.36	21.07	23.38	24.34	25.82	20.80	16.18	18.96
兰州市	6.20	7.00	8.10	8.64	8.80	9.24	9.82	11.29	12.54	13.96
白银市	3.86	4.83	4.77	5.58	5.13	5.03	5.06	6.25	7.38	8.39
天水市	6.44	8.02	17.01	8.69	8.53	9.25	9.73	11.72	12.85	13.96

续表

地级单元	2010 年	2011 年	2012 年	2013 年	2014 年	2015 年	2016 年	2017 年	2018 年	2019 年
平凉市	5. 41	5. 46	6. 15	6. 47	6. 99	7. 81	8. 19	10. 09	10. 43	11. 26
庆阳市	4. 50	4. 14	3. 69	3. 89	3. 63	4. 20	4. 53	4. 61	5. 53	6. 23
定西市	3. 85	4. 04	5. 22	4. 49	4. 68	4. 40	4. 92	5. 21	5. 73	5. 96
临夏州	4. 52	4. 76	5. 74	6. 41	6. 54	7. 16	7. 75	10. 41	12. 68	14. 62
甘南州	5. 47	5. 64	6. 02	6. 73	7. 20	8. 97	9. 52	9. 87	10. 37	10. 47
银川市	6. 52	7. 14	7. 69	7. 81	8. 69	8. 35	9. 42	9. 61	8. 42	8. 67
石嘴山市	3. 10	3. 69	3. 76	3. 90	3. 62	3. 62	3. 63	4. 04	3. 54	3. 49
吴忠市	3. 69	4. 01	4. 27	4. 44	4. 69	3. 62	4. 18	5. 06	4. 85	5. 07
固原市	3. 75	3. 53	3. 78	4. 48	4. 81	4. 26	5. 85	5. 61	5. 92	6. 07
中卫市	3. 83	4. 34	4. 40	4. 65	4. 93	5. 02	5. 37	5. 72	6. 33	6. 56
呼和浩特市	9. 11	9. 68	10. 13	10. 51	11. 14	12. 66	20. 87	17. 50	18. 69	17. 55
包头市	5. 72	5. 68	6. 25	6. 93	7. 86	9. 00	14. 61	11. 67	12. 85	12. 16
乌海市	2. 82	4. 05	3. 92	4. 17	4. 57	5. 01	6. 48	8. 51	9. 95	9. 75
鄂尔多斯市	6. 60	7. 79	9. 63	10. 11	10. 59	11. 66	12. 56	14. 43	14. 89	14. 98
巴彦淖尔市	3. 60	4. 15	4. 03	4. 20	4. 72	5. 15	5. 34	6. 02	6. 90	5. 40
阿拉善盟	4. 50	4. 55	5. 22	6. 45	7. 27	8. 29	9. 04	14. 13	17. 80	18. 61
太原市	10. 63	11. 94	12. 36	12. 59	12. 28	11. 82	15. 13	15. 63	14. 42	16. 32
长治市	8. 09	9. 71	10. 20	10. 65	11. 13	11. 74	13. 97	15. 72	14. 74	18. 19
晋城市	7. 75	8. 27	10. 17	10. 55	10. 92	11. 72	13. 04	17. 46	16. 76	21. 02
朔州市	5. 17	5. 56	5. 91	6. 26	7. 04	7. 34	8. 76	12. 22	12. 63	15. 04
晋中市	9. 11	9. 59	12. 13	13. 79	15. 82	16. 98	22. 41	25. 35	23. 25	29. 61
运城市	8. 39	9. 14	9. 69	10. 45	10. 60	11. 18	15. 04	17. 52	18. 38	22. 33
忻州市	10. 30	10. 47	11. 24	12. 28	12. 55	13. 07	15. 07	17. 64	16. 79	21. 43
临汾市	8. 48	9. 66	10. 11	10. 43	10. 95	10. 88	13. 77	16. 84	19. 47	23. 53
吕梁市	5. 74	6. 69	7. 54	7. 89	8. 53	9. 47	12. 26	15. 88	15. 09	18. 60
西安市	18. 67	20. 40	22. 43	23. 50	20. 42	22. 37	22. 32	22. 43	24. 30	25. 62
铜川市	4. 05	5. 43	6. 05	6. 73	7. 19	7. 91	8. 11	9. 47	10. 58	11. 21
宝鸡市	8. 86	10. 14	11. 14	12. 76	13. 21	13. 97	14. 73	16. 05	17. 83	18. 78

续表

地级单元	2010年	2011年	2012年	2013年	2014年	2015年	2016年	2017年	2018年	2019年
咸阳市	7.43	8.65	9.47	9.68	8.30	9.11	9.53	9.92	11.05	12.25
渭南市	7.77	9.84	10.74	11.25	10.68	11.89	12.30	12.93	14.24	14.59
延安市	7.44	8.55	8.63	9.04	7.87	8.41	9.65	10.48	12.01	12.75
榆林市	4.29	4.77	5.84	5.61	4.79	4.95	5.47	5.61	5.99	5.75
商洛市	7.41	8.76	10.46	10.78	11.06	11.63	11.81	13.04	14.27	15.60
郑州市	16.55	17.30	18.30	20.39	13.75	15.11	14.29	15.34	16.34	16.05
开封市	10.15	10.42	10.63	10.84	9.47	9.59	11.00	12.31	14.17	14.71
洛阳市	14.22	15.19	15.99	17.87	15.69	18.05	18.07	19.43	20.10	20.70
新乡市	6.00	6.68	7.14	7.82	7.25	8.01	7.97	8.63	9.07	9.51
焦作市	8.86	9.77	10.22	10.81	10.16	10.32	10.57	10.56	10.76	10.73
濮阳市	3.80	4.01	4.17	4.34	3.81	4.51	5.64	4.70	5.23	5.15
三门峡市	7.23	8.26	8.85	9.66	9.77	10.16	10.46	11.56	12.46	13.35
济南市	15.21	15.24	16.13	16.40	14.33	14.48	10.78	14.80	15.88	15.77
淄博市	19.37	20.54	21.27	21.70	10.99	11.27	9.63	12.18	12.58	14.09
东营市	4.67	5.08	5.25	5.46	4.81	5.06	5.23	5.88	6.38	7.11
济宁市	12.23	12.86	13.50	13.81	12.89	12.96	10.89	14.01	14.35	15.38
泰安市	11.92	12.61	13.27	13.71	12.97	13.53	11.40	14.78	15.30	16.95
德州市	6.99	7.48	8.17	8.21	5.44	5.72	5.13	6.15	6.33	6.53
聊城市	6.54	6.70	7.07	7.21	5.33	5.49	4.97	6.06	6.28	6.87
滨州市	5.98	6.20	6.32	6.64	6.60	5.83	5.17	6.22	6.65	6.96
菏泽市	8.37	8.43	8.85	6.22	6.32	6.24	5.59	6.55	7.06	7.02

附表2.3 市域旅游社会事业高质量发展水平

地级单元	2010年	2011年	2012年	2013年	2014年	2015年	2016年	2017年	2018年	2019年
西宁市	10.94	11.67	12.24	12.75	14.16	16.30	16.99	17.62	19.28	20.25
海东市	6.39	6.86	7.06	7.77	8.07	9.14	9.54	10.09	11.05	12.20
海北州	8.86	8.93	9.23	9.59	10.64	11.72	12.30	12.84	13.71	14.64
黄南州	6.82	7.21	7.64	8.07	9.07	10.33	10.91	12.37	13.21	14.12

续表

地级单元	2010 年	2011 年	2012 年	2013 年	2014 年	2015 年	2016 年	2017 年	2018 年	2019 年
海南州	7.81	8.05	8.43	8.89	9.86	11.09	11.69	12.68	12.99	13.70
果洛州	6.29	7.98	8.20	8.53	9.37	10.28	10.75	10.89	11.59	12.07
玉树州	5.95	5.86	6.06	6.19	6.60	7.14	7.28	8.30	8.75	9.25
阿坝州	8.90	11.16	10.96	11.26	11.68	11.35	12.41	12.73	13.21	13.90
兰州市	9.74	10.10	10.63	11.32	11.79	12.11	13.58	16.05	14.46	16.37
白银市	8.06	8.20	8.99	9.46	8.71	9.87	10.15	9.84	11.28	10.25
天水市	7.74	7.62	7.94	7.42	7.99	8.56	8.62	9.15	9.52	9.54
平凉市	8.38	8.13	8.46	8.66	9.06	9.62	9.77	9.29	11.16	10.32
庆阳市	8.12	8.63	9.62	10.12	10.00	9.90	9.58	9.67	10.91	10.47
定西市	7.29	7.23	7.93	8.13	8.19	8.93	8.95	9.07	10.48	9.65
临夏州	7.54	7.90	7.69	7.92	8.45	8.98	9.33	9.84	9.90	10.20
甘南州	15.96	16.43	17.30	17.51	17.99	18.90	19.14	20.18	21.01	22.30
银川市	11.98	12.01	11.64	11.11	11.68	12.92	13.11	13.06	14.33	13.78
石嘴山市	8.68	8.96	9.16	10.11	11.17	10.52	10.06	11.41	11.99	12.16
吴忠市	7.20	7.27	7.55	8.32	8.45	8.64	8.86	11.46	9.42	10.45
固原市	6.99	7.19	7.00	7.16	7.97	8.28	9.25	10.49	11.06	12.13
中卫市	6.49	6.96	7.81	8.50	8.64	8.41	8.23	10.79	10.71	10.62
呼和浩特市	12.03	12.30	12.47	12.67	12.93	13.54	13.93	17.51	14.63	18.69
包头市	9.60	9.53	9.95	10.11	10.23	10.45	11.02	11.76	11.96	11.96
乌海市	9.22	9.96	10.64	11.26	11.87	13.28	13.72	14.03	13.79	13.49
鄂尔多斯市	11.54	12.57	13.92	13.84	14.90	14.52	15.42	17.32	16.65	18.25
巴彦淖尔市	6.64	7.88	8.28	9.44	9.38	10.03	10.45	10.87	10.86	11.57
阿拉善盟	13.78	15.11	16.21	17.15	18.63	22.02	22.46	24.56	25.12	26.96
太原市	10.15	10.58	10.83	10.63	11.14	11.35	13.67	11.94	12.35	12.89
长治市	7.51	6.89	7.36	7.39	8.18	8.69	9.59	8.94	9.68	10.34
晋城市	8.89	7.88	8.25	7.92	8.13	8.22	9.42	8.85	9.16	9.58
朔州市	9.92	10.09	10.27	10.02	9.91	9.46	10.80	9.57	9.75	10.13
晋中市	7.68	7.86	8.21	8.45	8.72	8.48	9.49	7.67	9.55	10.27

续表

地级单元	2010 年	2011 年	2012 年	2013 年	2014 年	2015 年	2016 年	2017 年	2018 年	2019 年
运城市	7.24	7.45	7.87	7.85	8.18	8.17	8.91	8.32	8.61	8.94
忻州市	7.05	6.39	7.17	7.61	7.96	7.65	8.87	8.50	8.91	9.47
临汾市	7.29	7.16	7.25	7.03	7.73	7.70	8.68	8.90	8.19	8.80
吕梁市	6.22	6.57	6.65	6.56	6.65	6.85	7.64	7.19	7.70	8.09
西安市	11.43	10.44	13.70	13.78	14.21	15.03	15.32	14.24	13.88	15.43
铜川市	9.72	10.41	11.06	11.60	12.05	12.68	13.07	12.93	13.56	13.29
宝鸡市	8.56	9.11	9.20	9.34	9.34	9.48	9.59	9.72	10.43	10.56
咸阳市	6.50	6.59	7.32	7.52	7.65	7.58	7.92	8.06	7.88	9.48
渭南市	6.34	6.52	6.97	6.64	6.78	7.21	7.01	7.98	8.19	8.07
延安市	7.89	8.42	9.86	11.54	13.06	14.05	14.56	14.38	16.08	15.33
榆林市	6.75	6.83	7.52	7.94	8.49	9.52	9.26	9.02	10.46	10.33
商洛市	7.45	7.84	7.88	7.85	8.02	7.93	7.69	8.55	8.76	8.75
郑州市	7.37	7.27	7.52	7.79	8.51	9.03	10.25	10.82	11.14	11.39
开封市	5.84	6.30	6.95	6.93	7.36	8.12	8.58	9.06	9.39	9.66
洛阳市	6.50	6.80	7.68	8.40	9.35	9.51	10.08	10.89	11.18	11.53
新乡市	6.37	6.42	6.69	6.64	6.86	6.81	7.34	7.72	7.81	8.17
焦作市	7.31	7.83	8.08	8.20	8.29	8.37	8.92	9.35	9.25	9.78
濮阳市	5.93	6.35	5.95	6.77	7.10	7.05	7.29	7.91	8.22	8.86
三门峡市	8.12	8.34	8.59	8.52	8.80	8.47	8.88	9.06	8.94	9.54
济南市	9.88	10.02	10.56	10.24	10.73	10.85	11.06	11.26	12.48	12.92
淄博市	8.65	9.36	9.50	9.43	10.12	10.78	12.25	13.15	13.72	14.32
东营市	9.68	10.07	11.41	11.69	12.54	12.52	12.80	11.84	12.35	14.07
济宁市	7.84	7.11	7.54	8.02	8.41	8.84	9.30	10.31	10.46	10.82
泰安市	8.50	8.97	9.33	9.59	9.21	9.56	10.58	11.60	11.78	12.05
德州市	6.12	7.30	8.27	8.58	9.03	9.22	9.48	9.31	9.36	9.69
聊城市	6.81	7.04	7.94	8.57	8.68	8.21	8.31	8.67	9.00	9.26
滨州市	7.44	8.04	8.40	8.82	9.06	8.61	8.67	8.91	9.92	10.32
菏泽市	6.09	6.40	6.90	6.92	7.21	7.18	7.41	7.94	8.17	8.74